I0474930

CONTENTS

Title Page 2

Copyright 3

DEDICATÓRIA 4

APRESENTAÇÃO 6

1 INTRODUÇÃO 10

2 ANTES DE ENTRAR NO TEMA 17

2.1 A visão do conflito 18

2.2 O conceito que temos das diferenças 21

2.3 A visão da negociação 23

2.4 As soluções imediatas 25

2.5 O desconhecimento das leis que intervêm no processo da negociação 26

2.6 A insuficiência das técnicas de negociação 27

3 UM POUCO DE HISTÓRIA 29

4 O CONFLITO 34

4.1 TIPOS DE CONFLITO 35

5 GÊNESE E DESENVOLVIMENTO DO CONFLITO 40

6 CAUSAS OU FATORES DOS CONFLITOS 43

7 A NEGOCIAÇÃO 48

7.1 CARACTERÍSTICAS DA NEGOCIAÇÃO 50

8 OUTRAS FORMAS DE RESOLVER OS CONFLITOS 52

8.2 LIMITAÇÕES DA MEDIAÇÃO 55

8.3 ARBITRAGEM 59

9. AS FORMAS TRADICIONAIS DE NEGOCIAR 61

9.1 A NEGOCIAÇÃO COMPETITIVA 62

9.2 A NEGOCIAÇÃO DE COLABORAÇÃO 77

10 O MODELO DE NEGOCIAÇÃO DE HARVARD 97

10.1 PRINCÍPIOS BÁSICOS DE NEGOCIAÇÃO 106 COM O MODELO HARVARD

10.1.2 Segundo PRINCÍPIO: PARA NEGOCIAR, 120 NOS CONCENTRAMOS NOS INTERESSES, NÃO NAS POSIÇÕES

10.1.3 Terceiro princípio: CRIE OPÇÕES DE 128 BENEFÍCIO MÚTUO

10.1.4 Quarto princípio: EM TODA 141 NEGOCIAÇÃO OS CRITÉRIOS TÊM QUE SER OBJETIVOS

11 AVALIAÇÃO DOS MODELOS APRESENTADOs 147

11.2 SISTEMA DE NEGOCIAÇÃO GANHA-GANHA 149

11.3 O MODELO DE NEGOCIAÇÃO DE HARVARD 156

12 A CIBERNÉTICA SOCIAL proporcional 159 APLICADA À NEGOCIAÇÃO

12.1 O PARADIGMA TRI-UNO DA CIBERNÉTICA 161 SOCIAL

12.2 O CÉREBRO TRI-UNO OU TRIÁDICO 167

12.3 A LEI DO JOGO TRIÁDICO 172

12.4 A LEI DA PROPORCIONALIDADE 181

12.5 OS QUADROS DE REFERÊNCIA 193

12.6 O CCF - CICLO CIBERNÉTICO DE FEEDBACK)   204
13 A COMUNICAÇÃO NA NEGOCIAÇÃO   215
O QUE É A COMUNICAÇÃO?   217
ELEMENTOS QUE INTERVÊM NO PROCESSO DE   219
COMUNICAÇÃO
O EMISSOR   221
A GESTICULAÇÃO   227
O SILÊNCIO   229
O RECEPTOR   233
COMO ESCUTAR E PERSUADIR OS OUTROS   240
A MENSAGEM   243
A RETROINFORMAÇÃO   246
O CANAL DA COMUNICAÇÃO   250
O CÓDIGO   253
14 PROCEDIMENTOS DE NEGOCIAÇÃO COM O   256
MÉTODO DA CIBERNÉTICA SOCIAL
14.1 PERSONAGENS: 259
OS MEDIADORES   266
OS ÁRBITROS   271
14.2 ESPAÇO, LUGAR, ENTORNO FÍSICO   273
14.3 CRONOLOGIA, TEMPO, HORÁRIOS   275
14.4 PROCEDIMENTOS   277
PASSO 1 DO CCF   282
PASSO 2 DO CCF   286
PASSO 3 DO CCF   297
PASSO 4 DO CCF   304
PASSO 5 DO CCF   310

PASSO 6 DO CCF   317
PASSO 7 DO CCF   325
PASSO 8 DO CCF   332
PASSO 9 DO CCF   334
PASSO 10 DO CCF   338
15 A COMPOSIÇÃO DAS EQUIPES DE   341
NEGOCIADORES
16 CONSIDERAÇÕES FINAIS   351
17 CONCLUSÃO   356
18 GLOSSÁRIO   358
20 ILUSTRAÇÃO DE NÍVEIS   376
BIBLIOGRAFIA   377

1

ALFREDO MARTÍNEZ GONZÁLEZ

A NEGOCIAÇÃO
COM O MODELO DA CIBERNÉTICA SOCIAL

UM PASSO ADIANTE DE HARVARD

Brasília - 2019

Copyright © Alfredo Martínez González
alfredomart21@gmail.com
Todos os direitos reservados.

Proibida a reprodução total ou parcial, de qualquer forma e por qualquer meio mecânico ou eletrônico, inclusive através de fotocópias e de gravações, sem a expressa per missão do autor. Todo conteúdo desta obra é de inteira responsabilidade do autor.

Tradutores:

Dr. Waldemar De Gregori: é formado em Filosofia e Letras, com mestrado e doutorado em Sociologia Política. É autor da teoria da Cibernética Social Proporcionalista que criou os fundamentos e as ferramentas para a Ciência Social Geral.

Entre suas publicações estão: Cibernética Social; Capital Tricerebral; Educação do Opressor, do Oprimido e do Revolucionário da América Latina; Sociologia Política Pós-Capitalista, Pós-socialista; Proporcionalismo ou Caos; Ciência Social Geral etc. (wgregori@gmail.com) http://es.wikipedia.org/wiki/Waldemar_De_Gregori

Dr. Sebastião Batista: é Doutor em Direito pela Universidade de Almería (Esp) com a tese *Aproximación al Concepto del Derecho desde la Perspectiva Triádica: descripción de su estructura, su dinâmica y su finalidad.* Avaliador do Sistema Nacional de Avaliação da Educação Superior, do MEC. Membro da Academia Internacional de Cibernética Social Proporcionalista e do Instituto dos Advogados de Minas Gerais. Advogado nas Seccionais da OAB de Goiás, Minas Gerais e Distrito Federal. Foi Professor nas Pontifícias Universidades PUC Goiás e PUCMinas e no Uniceub; Vice-presidente da Associação de Professores da Pontifícia Universidade Católica de Goiás e da Associação de Professores da Pontifícia Universidade Católica de Minas Gerais. Foi Diretor do Departamento de Pesquisa da Escola Superior de Advocacia da OAB/MG. Dedica-se ao ensino e à pesquisa do Direito (batistasebastiao@ymail.com).

DEDICATÓRIA

A o iniciar este trabalho, eu tinha uma ideia meio vaga do que pretendia. Mas ao entrar de cheio nele, dei-me conta das verdadeiras implicações e da envergadura do projeto, principalmente pelo tempo que me exigiria. Isto alterou minhas rotinas familiares, especialmente os fins de semana, que "devem ser dedicados ao descanso".

Por isso, faço esta dedicatória especial, com todo carinho, para minha esposa Elena que teve a suficiente paciência comigo para não "gerar conflitos" por essas alterações da convivência familiar.

Também dedico este trabalho, com igual carinho, a meu filho Juan Sebastián que já estuda Negócios Internacionais. Oxalá a carreira que escolheu venha algum dia a confluir com o modelo de negociação que estou propondo. Com certeza, isso seria de grande ajuda e utilidade para ele.

Dedicaria, também, este trabalho a um grande número de pessoas, mas especialmente a Antônio Rubbo Müller, *in memoriam*, autor da Teoria da Organização Humana em 14 subsistemas sociais, a quem tive a oportunidade de conhecer como uma pessoa humilde e sábia. Mais especialmente, quero agradecer a Waldemar De Gregori por sua inestimável Teoria da Cibernética Social, que me deu as bases científicas para a realização deste trabalho. Adicionalmente, já no plano de amigos, quero agradecer-lhe o puxão de orelhas que me deu há uns trinta e cinco anos, que de fato me fez "despertar". Waldemar, meu profundo agradecimento a você.

Entre as muitas outras pessoas a mencionar por me terem ajudado com suas sugestões, estão Maria Judith Hurtado, pioneira da Cibernética Social no Equador; Jorge Flachier e, especialmente, Verônica Flachier que destinaram muitas horas de seu precioso tempo à edição deste livro no Equador. Não posso esquecer meus grandes amigos das artes marciais, de maneira especial, Arturo García. Ele me foi soprando ao ouvido algumas ideias que serviram muito para fortalecer-me e não desanimar enquanto tratava de encarar este desafio.

Para não me alongar, vai meu agradecimento extensivo a tantos outros familiares e amigos a quem deixei um pouco abandonados enquanto pesquisava e escrevia. A todos meu cordial agradecimento!

Alfredo

APRESENTAÇÃO

E stimado leitor. Quando tiver este livro em suas mãos e der uma olhada por cima, talvez você torça o nariz ou morda os lábios, perguntando-se que interesse teria ele para você. Peço só um favorzinho: leia pelo menos esta apresentação até o fim; se, ao terminar, você não enxergou o valor da negociação/ mediação em seus rolos diários, então largue o livro e vá tocar sua vida, vá ao chat, ao whatsapp, vá a suas obrigações, vá em frente e seja feliz!

Que proveito se pode tirar da leitura deste livro? Simples: **aprender a negociar.** Não é pouca coisa não! Em minha atividade profissional – sou psicólogo - e em conversações informais, tenho escutado comentários assim: "Sou um bom profissional, mas reconheço que não sei negociar". Minha resposta costuma ser: "Com a profissão somente, é como se você andasse em cadeira de rodas; mas se aprender a negociar, é como poder competir nos 100 metros rasos".

Há pouco, outra pessoa me fez este comentário: "Em realidade, o tema deste livro não tem nada a ver com minha profissão, não vejo utilidade alguma". Este indivíduo deve usar antolhos ou está tão autocentrado que não se percebe em relação com outras pessoas e os atritos que causa. Terá esquecido até o básico "desculpe", "sinto muito". Ele pode ser médico ou arquiteto, professor ou chef de restaurante. Como nenhuma atividade está livre de controvérsias, desavenças, confrontos ou problemas, ao **não saber negociar** para resolvê-los ou diminuir os prejuízos pelas boas, o profissional vai pegando fama de individualista, de intratável, e as pessoas o evitarão, afetando o êxito e os ganhos.

Herb Cohen, um negociador reconhecido universalmente, diz: *"Além de ser um profissional competente, é preciso saber negociar para conseguir o que se quer"*. Negociar é uma aprendizagem que não podemos negligenciar. Toda nossa vida é construção de relações. Se não aprendemos a negociar, nossa vida encontrará tantos obstáculos que se tornará insuportável e amargurada.

Sendo um pouco mais pragmáticos, pode-se preguntar:

- A que atividades se podem aplicar as técnicas e orientações que oferece este livro? Aqui vão algumas sugestões:

➢ Em primeiro lugar, recomendo que você as utilize em sua própria família. Estou convicto que, em sua família, surgem problemas de pais com os filhos, de irmão com irmão, de esposo e esposa, com muita divergência na maneira de resolvê-los. Nem é preciso lembrar o que acontece na partilha de uma herança (se o falecido soubesse...). Muitas famílias se desintegram nessa hora porque não encontram um modelo de negociação que lhes permita realizar uma partilha equitativa e proporcional.

➢ Podem-se aplicar, também, na escola, para negociar quando os filhos aprontam. Se você tiver que lidar com pessoa intratável, mesmo que não queira nem vê-la, terá que sentar-se com ela para negociar. Se não o fizer, o problema ficará cada vez maior. Coragem, faça boa cara a tal situação, aprenda a usar as ferramentas que apresento neste trabalho. Vão aliviar sua barra.

➤ Outras situações. Você terá que aplicar essas ferramentas e suas habilidades negociadoras quando for ao banco para conseguir a prorrogação de uma dívida vencida ou para conseguir mais um empréstimo. Não basta a lábia. Você será mais persuasivo se aplicar essas ferramentas e regras de negociação. O mesmo vale na hora de fazer e assinar um contrato.

➤ Se você tiver um negócio parado por intransigência da outra parte, posso assegurar que poderá desatar esse nó utilizando esses conhecimentos. O mesmo vale para os confrontos entre sua empresa e o sindicato.

➤ Se você tiver aspirações de carreira política e, quem sabe, até de chegar a Presidente da República, esses conhecimentos serão ainda mais indispensáveis. Sem negociar, você não chega nem a vereador. Menos ainda pensar em ser Secretário Geral da ONU. Aí sim é que é preciso negociação para costurar alianças, apoios, e não se perder no xadrez das relações internacionais.

Em síntese, a aplicação desses princípios, procedimentos, e dessas técnicas e orientações lhe poupará uma quantidade enorme de esforços e de tempo. Sobretudo, **economizará dinheiro em quantidades que você nem imagina.**

- Por quê?

- Por saber negociar. Guarde bem isso: *"Sempre pagará mais pelo que não sabe; ignorância sai caro".*

Quando tem uma dor de dente persistente, você vai ao dentista. Se você soubesse como tratar a dor

8

de dente não precisaria ir ao dentista. Sua ignorância nisso, o faz gastar com o dentista. Isso vale para a mecânica de seu automóvel, para o conserto de um vazamento na torneira da cozinha, para comprar passagens aéreas na Internet etc. Se não aprender a negociar para resolver, sozinho, suas pendengas, cairá na arapuca de advogados e juízes..., de conta bem salgada. Por isso, é melhor aprender a negociar e, bem, poupará um bom dinheiro.

Estimado amigo leitor. Estou convidando-o a apoderar-se deste novo modelo de negociação e de convivência mais harmoniosa. Com ele você aprenderá a destrinchar as verdadeiras causas dos conflitos tanto interpessoais e grupais, como os nacionais e internacionais, sejam eles econômicos, políticos, religiosos, de família, de divórcio, de toda a variedade das relações humanas. Você vai ver tudo mais claramente. Vai ter mais luzes e capacidade para achar melhores soluções para os conflitos, mais técnicas para criar colaboração e entendimento entre as partes implicadas, conduzindo a resultados tão compensatórios que, os antes "inimigos", terminam abraçados, e gratos a você como mediador. Essas contribuições estão à sua disposição neste livro. Aprender a negociar e fazer mediação realmente vale a pena e chega a ser, até... divertido.

1 INTRODUÇÃO

Hoje vivemos imersos em conflitos como nunca. Todo mundo tem problemas na família, no trabalho, com o cônjuge, com os filhos, com os pais, com o chefe, com o subalterno, com o vizinho, com a concorrência, com quem governa, com os governados, com os chineses, com os gringos ou com os europeus. Isto é, com tudo e com todos. Definitivamente, a conclusão é:

- "O mundo real é uma imensa mesa de negociações"[1], onde todos temos que sentar e negociar. Se não o fizermos, é porque estamos dispostos a render-nos, sem tentar nada. *Aprender a negociar é a chave do êxito em qualquer tarefa ou situação.*

Os problemas ou conflitos sempre nascem da relação com o outro. É mais dramático quando não podemos ou não convém romper essa relação. Se rompermos a relação ou nos isolarmos usando a tática do avestruz, geramos outro problema ou pioramos o anterior. Nosso progresso na formação dos grupos humanos e de uma sociedade sustenta-se na relação com os outros. Por isso, temos que encontrar maneiras de resolver os problemas *sem romper a relação*. Os outros são necessários para que eu também exista.

"A vida está cheia de problemas". É uma frase que se ouve com muita frequência. Quando pensamos ter resolvido um problema, no mesmo instante aparece outro. Nenhum problema vem sozinho, bem como nenhuma solução é definitiva. É uma cadeia interminável.

Alguns, embora sejam poucos, por sua maestria e experiência adquirida, conseguem sopesar e resolver problemas com certa habilidade. Mas a imensa maioria dos problemas ou conflitos nos sufocam, geram preocupação constante e stress; tratamos de ir levando, dia a dia, momento a momento, na medida em que nossas luzes mentais alcançam e até que nossas forças se esgotem; aí jogamos a toalha.

É possível que nossa família seja mais tolerante com nossas trapalhadas. Se for assim, os problemas serão menores. Mas no mundo laboral e social não há desculpas e não há perdão. Os erros têm que ser pagos.

O mundo laboral e empresarial, concebido como sobrevivência dos mais aptos ou mais fortes, leva-nos a entrar em conflito com os demais. No mercado, ou estão eles ou estamos nós. É um modelo de competição livre, baseado numa estrutura de poder. Se você "triunfa" e tira do mapa o concorrente ou quem detinha o poder, está resolvido o conflito - ao menos é isso que você acha. Também ganha reconhecimento e adquire mais poder. Esfrega as mãos de contente, dizendo-se: Ganhei, ganhei! Mas, ganhei o que?

Outra crença a reexaminar é que a empresa e a vida não premiam os que têm mais estudos ou os que mais sabem. Tampouco os que trabalham muito e bem. O que faltaria então? Acrescentar algo mais: "além de ser um bom intelectual e um profissional competente, é preciso ter a capacidade de negociar para conseguir o que se quer"[2].

A negociação se define como o conhecimento e a

ação para criar disposição favorável nas pessoas das quais eu quero algo que eu preciso. Parece fácil. Mas observe que isso implica "afetar o comportamento de outras pessoas". E, geralmente, as pessoas não estão dispostas e nem querem mudar seu comportamento. Estão muito aferradas ao que consideram que é seu, a suas conquistas, a seus caprichos, a seus gostos, a seus hábitos.

Negociar é tarefa de todos os dias. Por isso é preciso aprender para fazer bem. Todos os dias, logo cedo, tem-se que negociar. Se seu filhinho faz cena porque não quer ir à escola, você terá que negociar. Se o guarda de trânsito quer dar-lhe uma multa por estacionamento em lugar indevido, você vai querer negociar. Se você quer comprar alguma coisa e pode pagar à vista ou a prazo, mas o vendedor não quer fazer diferença no preço, você tem que negociar. Quando o locador quer subir o preço do aluguel, você precisa negociar. Se você chega todo tranquilo ao hotel onde fez uma reserva prévia, e a recepção informa que, infelizmente, todos os apartamentos estão ocupados... haja negociação. Podemos seguir enumerando casos e casos que demonstram que a necessidade de negociação aparece todos os dias e a toda hora.

Os problemas, os conflitos, são o passatempo favorito de muitas pessoas; e quanto mais desocupadas estão, mais tempo têm para criar problemas aos outros. Por outro lado, cada vez há menos pessoas dispostas a aceitar decisões tomadas por outros. Por isso é tão importante aprender a negociar. Afirmo, sem temor a engano, que a profissão de negociador/mediador é uma das que mais futuro tem.

Os peritos em negociação cada vez são menos. A população mundial cresce e os conflitos com ela. Mas os negociadores e mediadores profissionais não crescem no mesmo ritmo. As inúmeras universidades do mundo a cada ano põem no mercado fornadas impressionantes de profissionais que chamamos doutores em jurisprudência ou advogados. E parece que chegam com o objetivo de gerar mais conflitos com seu mesquinho legalismo, porque disso vivem. Conhecemos umas duas dúzias de universidades no mundo que preparam negociadores. A assimetria entre o número de negociadores e o número de conflitos é extrema. Por isso, o melhor é: "faça você mesmo".

Nas páginas que seguem, farei referência aos diversos modelos de negociação que se vêm utilizando, e que poderíamos classificar, a priori, em duros e brandos. Os duros são fundamentados numa posição de poder, de autoritarismo, de imposição, que levam a impasses e deixam seus usuários falando sozinhos. No modelo brando, que apresentarei depois, os negociadores procuram evitar os conflitos pessoais e fazem concessões para chegar a um acordo, no qual às vezes uma das partes se sentirá prejudicada e termina amargurada.

Farei, também, referência especial ao Modelo Harvard que, por certo, fez avanços importantes sobre os dois modelos anteriores, ainda que insuficientes. Como tudo pode ser melhorado, pretendo pôr sobre a mesa *um novo modelo de negociação* que se fundamenta no conhecimento e respeito absoluto a umas Leis que a maioria das pessoas desconhece, inclusive os negociadores.

Refiro-me às leis do **Jogo Triádico e da Proporcion-**

alidade, como as verdadeiras bases de toda negociação efetiva e duradoura. Não basta o conhecimento das Leis; é indispensável e imperioso o respeito às mesmas. Então, sim, poderemos falar de entendimento, conciliação, convivência.

As Leis existem e funcionam com nosso assentimento ou sem ele. Não fazem nenhuma distinção entre quem as conhece, e quem não as conhece. Simplesmente funcionam. As leis se distinguem dos postulados, dos supostos, dos teoremas, porque funcionam numa sequência de três fases inseparáveis de causa-processo-efeito. Toda causa desencadeia um processo que gera um efeito; e todo efeito vem de um processo que teve uma causa. É uma lei sistêmica de funcionamento universal.

Conhecemos algumas das leis da natureza, que são domínio da Física e da Química; por seu carácter inexorável, não nos atrevemos a desafiá-las. Parece até que somos inteligentes e precavidos!

Na Biologia, também funcionam as leis. Por exemplo, as Leis de Mendel sobre a hereditariedade. Estas leis são mais desconhecidas para a maioria das pessoas. Quando aparecem genes recessivos em filhos e netos, surpreendidas se perguntam: O que é isso? Um grão de milho no meio do meu cafezal (Euclides da Cunha)?

Entretanto, somos ainda mais ignorantes das leis que definem a convivência e as relações entre os seres humanos; e ficamos perplexos ao não obter entendimentos duradouros, ao não conseguir os objetivos desejados, e ao ver que os acordos feitos não se cumprem.

Achamos que somos bons negociadores quando arrancamos quase tudo da outra parte, seus bens e direitos; e não nos damos conta de que nosso desconhecimento das leis que intervêm na negociação – mesmo registrada em cartório – é como assinar nossa derrota, logo adiante.

Insisto uma vez mais. A verdadeira NEGOCIAÇÃO requer *o conhecimento e o respeito absoluto* a essas Leis que mencionei. Embora não sejam tão visíveis ou tangíveis como as da Física, da Química e da Biologia, elas estão presentes e se impõem em todo processo de entendimento e negociação nas relações humanas. As Leis naturais não discriminam, não têm favoritos. Simplesmente entram em ação e impõem os resultados correspondentes. Uma causa sempre gera um efeito.

Este conhecimento e respeito das leis do Jogo Triádico e da Proporcionalidade me chegaram de dois de meus mentores: Antônio Rubbo Müller, criador da Teoria da Organização Humana em 14 subsistemas; e Waldemar De Gregori, criador da Cibernética Social Proporcionalista, aos quais rendo minhas homenagens e agradecimentos. Juntando a contribuição desses dois autores, da Fundação Escola de Sociologia e Política de São Paulo, um instituto da USP, formou-se a Ciência Social Geral. Mesmo não sendo eles negociadores, elaboraram um *novo modelo de conhecimento e ferramentas de ciências sociais e humanas,* verdadeiramente excepcional quando o aplicamos para a compreensão das origens dos conflitos e para criar possíveis soluções.

Com este livro, quero chegar aos profissionais da negociação, aos aprendizes e aos novatos. Por isso, usarei uma linguagem simples e clara, de maneira a facilitar a assimilação. Como se trata de um novo modelo de negociação, isso requer algum aprofundamento em certos tópicos e conceitos elaborados pelos criadores da Cibernética Social e da Ciência Social Geral, desconhecidos pelas Escolas tradicionais de Psicologia, Sociologia, Direito etc.

Há vários conceitos inovadores para o leitor, como: Cérebro Tri-uno, Ciclo Cibernético de Feedback, Jogo Triádico, Proporcionalidade, Cibernética Social, Hológrafo com seus Subsistemas, Fatores Operacionais e Esferas Dinâmicas de funcionamento. Todos eles serão amplamente explicados e ilustrados em gráficos, já que constituem a estrutura do novo sistema de negociação que proponho. Outros novos termos aparecerão, por isso haverá um Glossário ao final do livro.

2 ANTES DE ENTRAR NO TEMA

Antes de entrar no tema deste livro, vêm-me à mente algumas considerações.

Na hora de pensar em negociação ou solução de conflitos, imaginamos logo um cenário com mesa e cadeiras, tendo que sentar frente a um "adversário" pelo qual não temos a menor simpatia e com o qual não gostaríamos de falar; mas já que é inevitável, querendo livrar-me dele o quanto antes... Esta é e tem sido nossa cultura ou tradição ao ter que conversar com quem temos problemas. Encontro aí fatores, crenças e preconceitos referentes ao conflito e à negociação, que podem distorcer e comprometer a mente e a comunicação das partes ou interlocutores em questão. Vamos esclarecer alguns deles.

2.1 A visão do conflito

O conflito é visto como um problema que nos tira de nossa rotina e zona de conforto, onde sentimos segurança. Por isso, "problema" é sinónimo de dor de cabeça, de incômodo, de tropeço nos afazeres; isso nos exaspera e cria postura de intransigência e prevenção. Estamos convencidos de que nosso mundo pessoal, nossos hábitos e estilo de vida são uma conquista particular e exclusiva que ninguém pode tocar. É que são os nossos direitos que estão em jogo pela intromissão ou interferência de outros personagens que nem conhecemos e preferiríamos nem conhecer.

Por esta visão, consideramos a outra parte que se nos opõe - seja uma pessoa ou um grupo - como pretensiosos intrometidos, que não têm nada a reclamar "do que é meu, dos meus esforços, do meu dinheiro, dos meus bens". Se eles não fizeram nada por mim, ou se já lhes dei o que combinamos, por que têm que vir com mais exigências? Naturalmente, dessas considerações nascerá minha decisão de não fazer caso a tais exigências ou de tratá-los como inimigos a derrotar ou, até, eliminar.

Mas os conflitos existem e persistem, desde que o homem é homem e também antes, entre os animais. Mas os próprios conflitos, que são inerentes à natureza dos seres, têm seu lado positivo: provocam esforço, criatividade e fazem, assim, a humanidade avançar. A Humanidade está onde está, graças à gradual superação de conflitos com a natureza, com animais e entre tribos, etnias e países.

Aquilo que nos falta, "as carências", chame-se a isso bens satisfatores físicos que queremos conquistar ou psicológicos como segurança, reconhecimento, privacidade do lar e família etc. que nos querem tirar – isso é o que gera o conflito. É a competição na disputa de tudo e por sempre mais, que nos acicata e nos impele a lutar e buscar táticas para conseguir o que queremos, em concorrência com outros. Estar seguro e tranquilo frente ao futuro e aos demais é um dos maiores bens a conquistar. Nada de incertezas e ameaças. Não posso perder ou ver desmoronar o que estruturei ao longo da vida, só por inveja de outrem!

Um conflito se forma quando uma das partes acha que a outra parte a está prejudicando, mesmo que isso não seja real. Basta a mais leve suspeita de uma das partes de que há uma ameaça, e já está em gestação o conflito. Em consequência, nossas relações com a outra parte já são de defensiva, ocultando informação, evitando relacionamento e mantendo o "adversário" quanto mais longe melhor.

Mas existe outra visão que gente muito melindrosa não está interessada em conhecer: um conflito é a plataforma de lançamento para resolver um problema ou impasse e alcançar um estágio superior nas relações entre as partes em questão, depois de superado o conflito. Pouca gente quer e sabe ver o conflito com essa nova visão ou perspectiva proativa, que faço questão de expor, tornar aceita, desfazendo o medo da competição e de situações conflitantes. Basta aprender a conduzir o jogo triádico, como ensinarei aqui. Acho que isso até bastaria para justificar este livro.

2.2 O conceito que temos das diferenças

De maneira automática e inconsciente, somos levados a opinar que quem pensa diferente está equivocado e, portanto, é um "bicho raro", um desorientado, um fora dos trilhos etc. Isso implica acreditar que minha opinião é a única verdadeira, a única sensata e correta. Isso é conhecido como modo ou paradigma monádico ou unilateral, de usar a cabeça: só há uma maneira certa de pensar que é a minha; os outros têm que estar de acordo comigo. Quem pensa como eu é "dos meus". Quem pensa diferente é "da parte dos outros", de fora, não combina, pode até vir a ser um inimigo. Cuidado com ele!

A verdade é que sobre um mesmo problema, há tantas visões diferentes como pessoas. Se fizermos um círculo e colocarmos um objeto meio indefinido no centro, e pedimos a cada um ao redor do círculo que o descreva sem que os demais conheçam sua descrição, teremos descrições quase todas diferentes. Cada um tem seu próprio ângulo de visão, seu modo de perceber e julgar, um paradigma particular instalado em sua cabeça, que se projetará na hora de perceber a realidade e de lidar com ela. E não é por maldade. Por isso, temos que admitir que todas as visões têm acertos parciais a aplaudir e, insuficiências a tolerar. Eu inclusive.

Se colocarmos um tema em debate, como aborto, maioridade penal, bancos, políticos etc. acontecerá a mesma variedade de visões.

O lado positivo disso é que quanto mais visões diferentes conheçamos, mais informação teremos sobre tal objeto ou tema. Então, não convém "converter" a todos à minha maneira de ver, de pensar, de opinar, nem excluir os que não se deixam "converter". A variedade de opiniões ou de visões é enriquecedora, porque quase sempre, a solução de um dado problema surge dessas diferentes visões e ideias.

Não se trata, então, de ver quantos votos estão a favor de minha opinião e quantos estão contra, "seguindo o estilo parlamentar" da democracia, *onde não importa o que se está vendo,* porque se tem que votar pela linha do partido. Por essa regra e pela compra de votos, qualquer estupidez se eleva à categoria de verdade. Mais adiante, veremos como aproveitar as diferenças para encontrar a melhor resposta aos problemas e, como desfrutar da sensação derivada de ter resolvido o problema.

2.3 A visão da negociação

E m nosso meio há pouca tradição de negociação. De certa maneira, o fato de buscar a contraparte para propor uma solução conjunta é considerado um sinal de debilidade, de falta de hombridade. Só diante de uma posição de força da contraparte aceitamos negociar, porque vemos que a alternativa é um processo judicial. O processo é mais temível que conversar com a outra parte, porque o processo sairá bem mais caro e mais demorado. Além do que, corre-se o risco de um juiz dar sentença contra nós. De tão errática, a cultura popular retrata a justiça assim: "de cabeça de juiz e de bundinha de neném, ninguém sabe o que vem". O medo e custo de um processo judicial estão resumidos neste adágio: "Mais vale um mau acordo que um bom juízo".

Na maioria dos processos de negociação que se realizam diretamente entre as partes envolvidas, muitas vezes prevalece a astúcia ou algum tipo de pressão para convencer ou enganar a contraparte. Mesmo um mediador sem muita experiência, ou que está, de alguma maneira, pressionado, também pode ser influenciado pelo contendor mais astuto ou com maior capacidade de persuasão.

Quando há um verdadeiro mediador, experimentado e não influenciável, ele pode convencer as partes a chegarem a um acordo sadio e equitativo. Pena que a oferta de mediadores seja tão escassa. Como foi dito antes, pouquíssimas universidades se têm preocupado com a profissão. E não só os negociadores e mediadores desconhecem as leis ocultas do conflito e suas soluções, como as próprias universidades as desconhecem.

2.4 As soluções imediatas

Como o conflito é algo que nos exaspera, buscamos sempre uma solução imediata, ainda que seja precipitada. O importante é sair logo do problema. Ouve-se muita gente afobada pronunciar frases como esta: "Isso se resolve já"! Não aguentamos incômodos, esperas, incertezas. Mas a maioria dos conflitos é gestada lentamente, dia após dia, e queremos soluções instantâneas, como se fosse questão de apertar um botão e... já. Só porque estamos acostumados ao controle remoto da televisão onde as coisas acontecem apertando botões?

Essas soluções rápidas, geralmente, não passam de gambiarras. O problema seguirá incubando e, mais cedo que tarde, irromperá com maior força e virulência. Não é questão de livrar-se da pessoa que nos gera o problema. Logo aparecerão outras. O melhor é aprender a buscar soluções autênticas, verdadeiras e duradouras, ainda que tome algum tempo e paciência. Uma doença se cura realmente ou...

2.5 O desconhecimento das leis que intervêm no processo da negociação

Isso se demonstra até na seleção das pessoas que integrarão a equipe de negociação. Buscamos os mais agressivos pensando que são os que melhor vão defender os interesses do grupo ou da empresa; geralmente são os que mais boicotam o processo de negociação por sua atitude impositiva e beligerante. Outra tradição é o presidente ou o gerente geral contratarem o escritório de advocacia mais prestigioso da cidade ou do país, acreditando com isso impressionar e dobrar a outra parte. Certamente, será uma intimidadora e cara demonstração de poder, mas nenhuma negociação positiva.

Os que conhecem o funcionamento das leis da negociação e trabalham em consonância com elas são os verdadeiros estrategistas e os que realmente solucionam o conflito. Mas onde encontrar essas figuras? Há que prepará-los, há que formá-las nesses novos princípios e métodos de trabalho.

2.6 A insuficiência das técnicas de negociação

As técnicas de negociação que se utilizam atualmente são de resultados precários. Os Centros de Arbitragem e Mediação que algumas Câmaras de Comércio têm estabelecido restringem sua ação ao acerto de desacertos comerciais, circunstanciais e momentâneos, que não geram uma continuação das relações entre as partes, que seria a prova de haver-se chegado a um verdadeiro entendimento. É o que se vê: realmente não são soluções duradouras, porque na maioria dos casos, os contendores não voltam a encontrar-se e a fazer negócios.

Insisto. Se desconhecermos ou não respeitarmos as leis da negociação que funcionam ocultamente, a solução dos conflitos ou problemas não passará de aparência que suavizará momentaneamente as fricções entre as partes, mas que não remove as causas.

As técnicas de negociação, reconhecendo seus pioneiros, têm sido e são uma grande contribuição, mas há muito que aperfeiçoar para dar um passo adiante na arte da negociação. É necessário profissionalizar a Negociação e a Solução de Conflitos. Se os conflitos sempre existiram, existem e existirão, por que não ir fundo nas pesquisas para formular currículos de formação de verdadeiros especialistas ou profissionais da negociação? Do jeito que o mundo vai, NEGOCIAÇÃO é a carreira profissional que mais futuro tem, porque negociar é mais barato, e é sempre melhor preservar as relações que rompê-las. Por isso a vantagem de aprender a negociar. A briguenta humanidade agradecerá.

3 UM POUCO DE HISTÓRIA

Se consultarmos a definição da palavra "guerra", o dicionário terá uma parecida a esta: "É a solução que buscam os homens para resolver seus problemas ou conflitos, quando não podem fazê-lo racionalmente".

Os conflitos e as guerras ao longo da história têm sido incontáveis. Muitas dessas guerras terminaram com a aniquilação mútua dos beligerantes, deixando algum vestígio paleontológico ou vagos registros históricos. Não usaram a negociação; pagaram com sua desaparição.

São as elites e suas arrogâncias de poder as que têm gerado mais conflitos. Quando um rei ou imperador tinha demasiados súditos e demasiada demanda de seus estômagos, fazia seus cálculos sobre possíveis conquistas. Se esses cálculos parecessem favoráveis, mandava seus soldados à guerra, alegando que a escassez que sofriam era culpa de tal cidade ou nação e, portanto, havia que conquistá-la e apoderar-se de seus recursos. Para anular a memória da pirataria, o território era anexado e seus habitantes eram convertidos em cidadãos do estado conquistador... na prática, escravos.

Só se negociavam tratados e alianças quando a cidade ou país vizinho era suficientemente forte para resistir a uma invasão. "Se não puder vencer o inimigo, alie-se a ele".

Vale a pena citar alguns dos mais célebres, como o Tratado de Westfália, em 1648. Foi feito para pôr fim à guerra dos 30 anos, na região onde está a Alemanha de hoje, uma das guerras religiosas que se seguiram à Reforma/Revolução protestante. Os dois lados em guerra – católicos e protestantes – tinham perdido um terço das respetivas populações e, levado à ruína os cofres dos reinos envolvidos. A solução dada pelo tratado foi: "a religião do rei será a religião do reino", uma espécie de tratado de liberdade religiosa para cada reino, embora não para cada cidadão.

Outro foi o Tratado de Versalhes, de 1783, um conjunto de acordos para finalizar a guerra da independência estadunidense. Foi incluído, também, o fim do enfrentamento britânico e espanhol, já que a Espanha estivera ajudando o exército americano, como represália pelos ataques dos piratas ingleses às embarcações espanholas que moviam o comércio entre as colônias e a metrópole. *Neste Tratado, se declararam amizade e paz perpétua entre as duas nações.*

Posteriormente, em 1919, se dá um segundo Tratado de Versalhes, no fim da Primeira Guerra Mundial, com a dissolução do II Império Alemão e, a criação da Sociedade das Nações, como garantia da nova distribuição territorial de Europa. Entretanto, a Alemanha (a chamada República de Weimar) nunca foi convidada às conversações; e sentiu-se despojada de seus territórios que chegavam até a Lituânia. Perdeu, também, todo seu império colonial e a obrigaram a destruir praticamente todo seu exército e seu armamento, além de condená-la a indenizações de guerra, impagáveis.

Este Tratado levantou duras críticas na Alemanha que o qualificou como *diktat* (imposição), e deu lugar à aparição de numerosos grupos nacionalistas que exigiam a revisão do mesmo, e que serviram de suporte para a chegada ao poder do nacional-socialismo, melhor conhecido como nazismo, em 30 de janeiro de 1933. Em outras palavras, nem os vencedores nem a Sociedade das Nações souberam manejar sua vitória. Pior ainda: não souberam negociar, o que desembocou numa rebelião popular subterrânea canalizada por Hitler, e que levou a humanidade a viver os dias mais trágicos de sua história recente.

Quero destacar outro exemplo de Tratado, ainda que fora da sequência cronológica, mas onde aparece um novo elemento no processo de negociação: O Mediador. Concretamente, a 7 de junho de 1494, foi firmado o Tratado de Tordesilhas, pelo qual os reis de Espanha e Portugal se comprometiam a cumprir uma série de cláusulas, para repartir-se o Oceano e as terras do Continente Americano, recém-achado por espanhóis e portugueses. Como eles não conseguiam entrar em acordo recorreram ao Papa, o célebre Alexandre (Borgia) VI, para que fizesse a arbitragem. É um dos casos mais claros da presença do mediador, que proclamou as famosas "Bulas Alexandrinas" que estabeleceram a paz entre as duas nações (o Brasil acabou empurrando suas fronteiras rumo ao Oeste).

Bastante mais tarde, aparece a Negociação coletiva. Foi no Reino Unido do século XIX, com os sindicatos. Desde então, as relações de trabalho entre empresários e trabalhadores, sobre os termos e condições de trabalho, salários, número de horas de trabalho, margem de benefícios, segurança, etc., se fazem por negociação coletiva. Ela tem evoluído muito e já é parte do Desenvolvimento Organizacional das empresas. Com isso, reduziram-se muito os conflitos entre empresários e trabalhadores.

A Negociação é cada vez mais presente também entre nações, construindo grandes alianças político-econômicas e administrativas, que geram grandes mercados e possibilitam negócios multinacionais. Com a criação desses grandes blocos econômicos, caminha-se para um mercado global integrado, ainda que disputado como um jogo triádico planetário e complexo. Uma prévia dessa globalização é a Internet, são as comunicações, os transportes. Nos grandes blocos econômicos, como a União Europeia, estão desmoronando as fronteiras, com a livre circulação de pessoas, capitais e mercadorias (e terroristas); não seria nada estranho se fossem suprimidas as fronteiras entre estados, lá por 2030. Oxalá! Toda esta tarefa inovadora se faz com acordos, com Negociação, com olhos no futuro, enfrentando e resolvendo os problemas do presente.

A Negociação se vem utilizando há séculos e milênios, umas vezes para finalizar as guerras, outras para proteger o comércio e, outras vezes mais, para fazer alianças frente a um inimigo mais poderoso. Hoje (embora não faltem governantes psicopatas ameaçando seus vizinhos) a maioria das nações busca entendimentos de larga duração, onde se gerem e repartam os bens e serviços entre todos seus cidadãos.

Olhando com calma e com a vantagem do dis-

tanciamento histórico, embora reconhecendo as limitações e o pouco refinamento dos negociadores de
épocas passadas, constatamos que tiveram resultados
positivos. Hoje, a humanidade se defronta com novos
e graves desafios, impostos pelas armas atómicas,
guerras, pela crise ambiental e desigualdade social, que
não se solucionam, a não ser pelo entendimento e a
colaboração. E isso se consegue - negociando.

4 O CONFLITO

(O problema)

O conflito ocorre quando as partes, sejam indivíduos ou grupos, estão em desacordo sobre temas ou assuntos importantes que afetam seu desempenho e sua convivência, já que todos os envolvidos são interdependentes.

O que pode gerar conflitos numa organização são as diferentes maneiras de pensar sobre estruturas, procedimentos e métodos de trabalho, práticas organizacionais e, naturalmente, o correspondente desentendimento entre setores e níveis da empresa. Além disso, surgem conflitos de ordem emocional e inconsciente, sem causas reais ou objetivas, mas que criam fricção entre as pessoas. Esses são os tipos de conflito mais frequentes e os mais difíceis de resolver.

Como dito anteriormente, um conflito se dá quando uma das partes percebe ou crê que a outra parte a está prejudicando, sendo isso real ou não. A simples percepção ou suspeita de uma das partes de que há um conflito, acaba gerando o conflito. Por isso, não convém ignorá-lo ou esperar que passe sozinho. O conflito está aí e pede atenção urgente para que não vire bola de neve e seja cada dia mais destrutivo.

4.1 Tipos de conflito

O conflito tem duas formas básicas de apresen-tar-se Conflito Real

O conflito real, que outros autores preferem chamar **Conflito Substantivo**, é um desacordo sério sobre objetivos e fins pelos quais há que lutar, assim como sobre os meios para alcançá-los[3].

Os pontos de vista diferentes na hora de fixar metas organizacionais, de destinar recursos e fixar a estratégia para lançar um novo produto no mercado, ou de atribuir tarefas às pessoas de uma equipe, são problemas que os gerentes têm que enfrentar todos os dias, gerando conflitos reais ou substantivos.

Estes tipos de conflitos são fáceis de identificar porque:

a)   São um desacordo interpessoal ou grupal sobre questões e situações reais, substanciais, objetivas como, tempo, informação, estruturas, políticas e práticas organizacionais etc.

b)   Fazem ruído no mesmo minuto e lugar em que são criados. São situações que se referem ao presente.

c)   Podem resolver-se logo, se houver maturidade e equilíbrio das partes envolvidas, com ou sem assessoria ou mediação.

d)   Não há muita descarga emocional quando se tratam problemas desse tipo. São discussões e análises frias e objetivas que, na maioria das vezes, se resolvem por propostas e contrapropostas, num papo amigável e um cafezinho.

Conflito emocional

O conflito emonional nasce de dificuldades interpessoais que surgem de sentimentos de raiva, desconfiança, ciúmes, desgosto, luta de poder, medo ou ressentimento. É o que geralmente definimos como "choque de personalidades", que consome a energia das pessoas e as aparta das prioridades de seu trabalho[4].

Surgem em todos os ambientes, entre colegas de trabalho, entre chefes e subordinados, entre membros de uma mesma família. São os mais desgastantes e perturbadores, já que se alastram por todo o ambiente e geram rompimentos difíceis de restaurar.

O Conflito Emocional se identifica porque:

A) Estas pessoas *revivem problemas mal resolvidos (recorrências) do passado.* Todos têm soterrados, em seu inconsciente, eventos que foram situações desagradáveis, acompanhadas de ressentimento; lá ficam essas marcas, esses eventos ou engramas, como arco e flecha retesados, à espera de disparar quando uma situação ou pessoa evocar (sem ter nada a ver com isso) aquela situação do passado. Como se trata de impulso inconsciente, faltarão a calma e a comunicação racional para abordar a questão ou para fazer jogo aberto com as pessoas supostamente implicadas. E a coisa evolui para uma guerra surda de solapar o piso dos "adversários", negando-se a qualquer entendimento, e avolumando o jogo sujo para eliminar os que se vão tornando "os inimigos".

B) Às vezes, isso se resolve com um mediador; se não, o "magoado" precisará de orientação ou terapia psicológica, para higienizar seu passado, revisar sua infância e adquirir mais controle sobre si mesmo. Mas requer-se bastante maturidade e delicadeza para enfrentar estas situações, porque é doloroso e problemático corrigir estados e processos mentais inconscientes.

Pelo número de pessoas afetadas por um conflito, podemos fazer outra classificação.

Conflito intrapessoal

O conflito interpessoal que ocorre dentro de um indivíduo devido a pressões reais ou só percebidas por ele mesmo, que vêm de objetivos ou expectativas pessoais incompatíveis entre si[5]. Podem-se apresentar algumas variantes:

a) *Conflito de tipo dilema positivo*: Ocorre quando uma pessoa deve escolher entre duas alternativas, igualmente boas, por exemplo, escolher entre uma promoção no emprego ou uma bolsa de estudos.

b) *Conflito de dilema negativo:* Ocorre quando uma pessoa tem que escolher entre duas alternativas, nenhuma das quais é do seu agrado, por exemplo, ser transferido para outra cidade de que não gosta ou, perder o emprego.

c) *Conflito de ganha-perde:* Ocorre quando uma pessoa deve decidir sobre algo que deve fazer, mas que tem consequências tanto positivas como negativas, por exemplo, uma promoção com bom salário, porém as novas responsabilidades deixariam pouco tempo para si e para sua família.

O conflito interpessoal é o que nasce entre duas ou mais pessoas que se enfrentam. O conflito pode ser de natureza real ou emocional, ou ambas.

Conflito intergrupal

O Conflito intergrupal é o que se dá entre duas equipes ou dois grupos e tem componentes do conflito real, do emocional ou de ambos. Este tipo de conflito é muito comum nas organizações e faz com que a coordenação das atividades e tarefas seja muito difícil. São bem frequentes as confrontações do pessoal de produção com o pessoal de vendas[6]. Uma equipe vende muito, mas a outra não produz o suficiente; ou vice-versa.

Conflito inter-organizacional

O conflito inter-organizacional é o que nasce da competição e rivalidade entre empresas que operam no mesmo ramo[7]. Cada uma dessas empresas considera que o mercado que conquista é tomado da outra, daí a rivalidade. Isso impele a campanhas promocionais e publicitárias para atrair os clientes da empresa rival, com nova oferta de produtos ou serviços. A isso, eufemisticamente chamam de "competitividade". E o conflito, quase *dumping*, se intensificará até que chegue alguém mais inteligente e descubra que é mais interessante e mais barato unir forças e colaborar, que gastar tanto dinheiro em competir, anular e destruir o outro.

O conflito internacional nasce quando um Estado, para proteger-se ou garantir seus interesses (geralmente econômicos), empreende algo que afeta os interesses de outro Estado, que pode ser vizinho ou não. Os governantes sempre encobrem seus reais interesses com apelos de **caráter emocional**, como o patriotismo, o nacionalismo, a soberania, com discursos incendiários que levantam o brio de seus cidadãos e o apoio popular. Levados pela angústia e pela excitação do momento, os governantes chegam a tomar decisões de graves consequências, como rompimento de relações diplomáticas, fechamento de fronteiras e, até, declaração de guerra.

Felizmente, existem hoje algumas instâncias supranacionais como a OEA, a UNASUL, o Grupo de Rio, a ONU, que atuam como **mediadores,** dando aos contendores a oportunidade de dialogar e negociar, para deter a ascensão aos extremos como a guerra, o que seria muito mais doloroso e mais caro.

5 GÊNESE E DESENVOLVIMENTO DO CONFLITO

U m conflito não nasce por geração espontânea. Passa por todo um processo de incubação e de desenvolvimento, até alcançar sua manifestação aberta e ações de hostilidade ou agressão.

Em cada conflito devemos diferenciar quatro elementos básicos:

- Os problemas que dão origem ao conflito.
- As circunstâncias que precipitam o conflito manifesto.
- Os atos dos protagonistas e antagonistas do conflito.
- As consequências do conflito.

Os conflitos interpessoais são *cíclicos*. Duas pessoas que são antagônicas, não estão permanentemente guerreando-se. Entram em conflito de maneira intermitente. Há períodos em que os problemas entre elas ficam em estado latente. Depois, algum atrito casual, mesmo sem importância, inflama os ânimos, ressuscita o conflito e começa o embate. Feitas algumas escaramuças e sentindo as consequências do mútuo desgaste, tiram o time; e o conflito, mesmo sem ter sido resolvido, submerge numa nova fase de latência por mais um tempo, até que[8]...

Os conflitos interpessoais são *dinâmicos*. Os problemas que se manifestaram no primeiro ciclo tendem a camuflar-se e a incrementar-se. Há uma escalada que leva a uma agudização do conflito, para de novo decrescer e dar uma trégua. Quando a raiz do conflito não é tratada, ele é recorrente, é reincidente com diferentes atores, mudando de táticas, e com aumento no número de problemas colaterais. Serão cada vez mais frequentes e intensas as explosões e cada vez mais curtas as tréguas.

Podemos usar uma metáfora para entender melhor este tipo de conflito. É como uma tarde ensolarada, que de repente passa a cobrir-se de nuvens que vão escurecendo até que relâmpagos e trovões se fazem seguir de um aguaceiro. Chove por algum tempo, depois vai diminuindo até parar. Aí o tempo escampa e volta a brilhar o sol. A atmosfera ficou mais limpa e transparente; e nós seguimos em nossas atividades diárias sem dar maior importância à chuvarada. Até a próxima...

O conflito nasce sempre das relações com os outros, porque as ações de uns, querendo ou não, afetam os interesses dos outros e vice-versa, o que gera *um problema.* Tudo existe e funciona em rede, tudo é interdependente, tudo se apoia em tudo, tudo favorece ou incomoda tudo, em ciclos sucessivos. Um problema tem um começo, um meio e um fim, ou consequências que vão gerar novo ciclo.

Quando começa o novo ciclo que vem de um anterior e cresce com novos problemas, tem-se o que se chama *eventos disparadores*[9]. As coisas vão-se acumulando e fazem com que o conflito tenha uma nova fase de agravamento. Passamos do episódio 1 ao episódio 2, onde as circunstâncias são mais graves, os atos de agressão são mais violentos e as consequências da confrontação, mais difíceis de controlar até concluir um acordo. Podemos ver, claramente, a sequência de fatos que conduzem ao conflito, no gráfico que propõe Walton[10].

EPISÓDIO 1 ⟶ EPISÓDIO 2 ⟶ EPISÓDIO 3
Modelo de Ciclo de Conflito Interpessoal

Daí a necessidade de enfrentar os conflitos em sua fase inicial, como qualquer doença. Quanto antes se consiga que as pessoas parem para falar do problema, com franqueza e honestidade, mais rápida será a solução e mais barato o custo.

6 CAUSAS OU FATORES DOS CONFLITOS

O conflito interpessoal se dá quando o comportamento de um indivíduo ou de um grupo é afetado pelo comportamento de outro indivíduo ou pelo comportamento de outro grupo. Repetindo: a simples percepção ou suspeita do indivíduo ou do grupo, de que o estão prejudicando – seja, tal suspeita, real ou fantasiosa - gera o conflito. Aqui entra em jogo a parte emocional dos indivíduos, que definimos, antes, como conflito emocional.

São inumeráveis as causas de um conflito; é difícil enumerá-las todas. Por isso, vou propor os seguintes blocos:

• **Responsabilidades ou jurisdições imprecisas.** Isso gera frequentes problemas no campo empresarial. É o que se costuma chamar "invasão de papel ou função". Outros a chamam "invasão de campo".

O certo é que a pessoa ou grupo que se sentirem "invadidos" no desempenho de suas funções, por outra pessoa ou grupo, acham que seu trabalho e status são menosprezados. Os "invasores" socavam e minimizam a responsabilidade, a autoridade e a autoestima do outro indivíduo ou grupo.

Os "invadidos", ao sentirem-se menosprezados, poderão inicialmente pensar: "Já que tanto sabem, que se encarreguem eles de fazer tudo". Mas logo começará um "trabalho de sapa" para sabotar tudo que fizerem os "invasores". Uma guerra, inicialmente em surdina, irá crescendo em manifestações de hostilidade até que se produza a explosão.

São jogos de poder que levam ao confronto, sem que nenhuma das duas partes perceba, a tempo, que estão juntando ingredientes para a fabricação de uma bomba. A explosão vai atingir a todos e, como consequência final, quem perde sempre é a família, a empresa, ou o grupo humano dividido em duas frentes comandadas por seus líderes, sacrificando os demais membros que as compõem, sem ter nada a ver com tal encrenca.

• **Estrutura organizacional que incita à competição.** Pode apresentar-se de maneira dissimulada como "competitividade", um termo da moda, e que disfarçamos com certa "aura de ambiguidade". Mas não deixa de ser uma "competição pura e dura" que, pouco a pouco, irá escalando, para provar que "eu sou mais importante, ou mais inteligente, ou mais produtivo que você, que meu trabalho é mais importante que o seu, ou que eu produzo mais dinheiro que você".

A outra parte sentirá frustração por essa investida humilhante que afeta sua autoestima. Sentindo-se assediada, vai organizando sua defesa e seu contra-ataque, porque tampouco tem que render-se porque sim, perder seu status, seus privilégios e as oportunidades de progresso que já estava construindo em sua mente.

• **Conflito de interesses.** Manifesta-se em divisão desproporcional ou desigual de poder, de tempo, de estímulos, de informação, de benefícios econômicos etc.

Em outras palavras, o tempo, os estímulos, a informação e os benefícios econômicos constituem um botim que ambas as partes desejam controlar ao máximo. Se a convivência o exige, conformam-se em compartilhar, mas o que nenhum aceita é deixar-se lograr pela outra parte. "Se o outro tem mais que eu, é porque o roubou de mim".

- **Necessidades pessoais incompatíveis.** Quem disputa são, geralmente, pessoas egocêntricas e impositivas que acham que seus interesses são os únicos legítimos e que têm que prevalecer por qualquer meio. Um exemplo claro disso é quando uma pessoa dessas exerce uma liderança: autoritária, agressiva e dominadora, mesmo que a outra parte trate de ser colaboradora, pacífica, aceite o intercâmbio de opiniões e experiências, numa boa. Ou um dá prioridade à estrutura e à letra, enquanto o outro dá prioridade às boas relações. O problema está aí e, a menos que um refreie um pouco sua prepotência e, o outro seja um pouco mais assertivo dando chances à negociação de boa vontade, o problema continuará onde está e como está.

O individualista egocêntrico vê, nas concessões e na satisfação das necessidades do outro, uma perda de prestígio e de vantagens pessoais. É a mentalidade que não sabe somar, só subtrair: *o que dou ao outro, é perda pra mim*.

- **Barreiras à comunicação.** A função da comunicação é unir, ligar o que está separado. As vias de comunicação verbal ou de transporte (uma ponte, por exemplo) se constroem para unir e para criar relações entre as pessoas ou grupos que antes estavam separados ou comunidades de ambos os lados da ponte. Sem boa comunicação é impossível o entendimento. Tudo que uma pessoa fizer, a outra interpreta como uma indireta, uma insinuação, uma gozação ou um ataque disfarçado contra ela. Isto justifica a necessidade de explicações, de pedidos de desculpa e de cabeça fria.

Sem comunicação é impossível negociar, é impossível construir. Por isso, antes de falar de uma negociação formal e final, é preciso conversar respeitosamente para desarmar os ânimos, criar confiança e desejo de honestidade e generosidade, apelar para a tolerância com as falhas humanas de todos etc. Quando as pessoas decidem conversar, provavelmente já começa a resolver-se a parte mais importante do conflito. É como se ouve dizer depois de tudo acertado: *"Se tivéssemos falado sobre isso antes, quantos problemas teríamos evitado"*.

• **Alto grau de heterogeneidade entre pessoas ou grupos.** Efetivamente, quando as distâncias entre as pessoas ou grupos são muito grandes, torna-se mais difícil o entendimento, o que pode agravar os problemas. Essas distâncias podem ser de culturas diferentes, de diversos níveis culturais existentes dentro do mesmo grupo, de diferentes padrões de vida, de ambiente de classe alta e baixa, levando a diferentes interpretações e valorações de pessoas e fatos.

A sintonia e identificação entre essas pessoas ou grupos são sumamente difíceis. Enquanto uns são práticos, planejam e pensam no longo prazo, outros são sonhadores e imediatistas. Por isso, quanto mais heterogêneo seja o grupo, mais difícil será chegar a um acordo, até achar e conseguir linguagem e alguns objetivos comuns a todos.

Creio que todos temos vivido a experiência de ter encomendado um serviço e instruído um jardineiro ou uma empregada doméstica para que faça o trabalho, exatamente como o pedimos. Nossas mentes e necessidades não coincidem. Nós pedimos de um jeito, mas ele/ela fará pela cabeça dele/dela e tratará de terminar logo para não perder o ônibus ou o trem para casa. E temos que consolar-nos dizendo: "Não adianta, são todos assim: cabeça de João de Barro".

- **Excessivas regras de conduta.** Regras, normas e manuais de procedimentos são necessários ao longo do processo para chegar a um objetivo. As pessoas aceitam sem problemas quando nascem de diálogo, de acordos ou nascem também de uma experiência acumulada que permite alcançar os objetivos mais expeditamente, sem ter que fazer improvisações diárias nem perder tempo.

A resistência das pessoas é a cumprir rituais desatualizados ou desenhados por certos chefes com mania de controle sobre seus subalternos, quando não para a maior glória de seu endeusado ego. Aí, empregado tem que usar energia, engenho e tempo para "agradar o chefe", em vez de dedicar-se a ser eficiente e produzir mais. Este tipo de relação chefe/subordinado, líder/liderado, governo/governado, mais cedo que tarde, desencadeia atitudes de aversão mútua que pode alimentar conflitos.

7 A NEGOCIAÇÃO

Já que os conflitos são uma realidade onipresente, o importante é aprender a administrá-los e superá-los. Há várias maneiras de fazê-lo, como veremos neste capítulo. Mas a melhor é por meio da *Negociação*. A única coisa que se necessita é uma disposição mental favorável dos envolvidos no conflito, para sentarem-se a conversar com respeito mútuo e, a intenção honesta de achar uma solução aceitável para as partes.

Muitas pessoas podem não gostar da palavra "negociação". Podem pensar que se trata de truques dos mais astutos e safados para dar mais um golpe, aproveitando-se da boa-fé ou da falta de informação dos outros. Então, seria melhor não se arriscar. Isso sim é falta de informação.

O que é a negociação?

Francisca Berrocal[10] a define de uma maneira bem simples. "A negociação é um processo de busca de solução de conflitos mediante um acordo entre as partes". É o meio mais idôneo quando ambas as partes, a pesar de ter diferenças, *desejam continuar uma relação*, ainda que em condições diferentes às mantidas até o momento.

"É um processo de intercâmbio voluntário entre pessoas ou grupos em que se produzem concessões de cada uma das partes para alcançar um acordo que permita a ambas satisfazer suas necessidades"[11].

Apesar das diferenças em torno do problema, a negociação supõe uma disposição favorável dos contendores para encontrar uma solução de maneira civilizada, deixando de lado as acusações, agressões, ofensas etc., para focar-se na busca de alternativas de um acordo bom pra todos. "Quando duas pessoas discutem, sempre há três soluções; a tua, a minha e a correta". A correta é a que vale. Não é a tua nem a minha, mas é a que vai ajudar aos dois.

7.1 Características da negociação

E m toda negociação sempre há umas constantes a observar:

Há um intercâmbio de bens, serviços ou valores. Sempre há algo que o outro tem e que eu não tenho, mas quero ter. E sempre há algo que eu tenho e que o outro quer ter. Como ambos temos uma necessidade a satisfazer, decidimos intercambiar o que temos pelo que queremos ter.

Não há relação de dependência entre as pessoas ou grupos que desejam intercambiar bens, serviços ou valores. Tampouco há obrigação de intercambiar, e o fazem se ambas as partes o desejarem e se se puserem de acordo nos termos do intercâmbio. Existe total liberdade das pessoas para negociar.

Há dependência mútua das partes para conseguir um objetivo específico. Isso quer dizer que se uma das partes está insatisfeita com o intercâmbio proposto, por não cobrir suas aspirações mínimas, a negociação não se conclui.

Estabelecem-se acordos. Se uma das partes não tem interesse em chegar a um acordo, seja pela postura intransigente da outra parte, ou porque se sente prejudicada, não haverá negociação. Prefere buscar outra solução ou outra via de solução. Pode ser que de nossa parte tenhamos feito todos os esforços para alcançar um acordo, mas este não acontece. Neste caso, deveremos explorar outras formas de resolver os conflitos, porque não podemos viver permanentemente em conflito. É muito estressante, e amargura nossa vida.

8 OUTRAS FORMAS DE RESOLVER OS CONFLITOS

8.1 A mediação

P ode ser que a negociação tenha chegado a um impasse; apesar disso, as partes continuam com o desejo de chegar a um acordo e decidem procurar um mediador.

A mediação é a intervenção de uma terceira pessoa numa negociação, aceita pelas partes, por ser neutra e imparcial. Não tem autoridade para tomar decisões, mas colabora com os beligerantes, oferecendo soluções a um e a outro, que levem a um acordo aceitável para ambos os lados.

A que âmbitos de atuação se pode aplicar a mediação?

A todos os âmbitos onde exista um conflito que as partes não podem resolver sozinhas. A mediação pode intervir na solução de problemas sociais, familiares, étnicos, de confrontação cultural, problemas entre vizinhos de um condomínio, em separação de casais ou divórcios, nas brigas por herança, em problemas trabalhistas, conflitos internacionais, negociação com sequestradores e terroristas etc., etc.

Mas é no âmbito trabalhista (demissão, reivindicações, greves etc.) onde joga um importantíssimo papel a mediação. Muitos conflitos desse tipo se têm evitado pela intervenção oportuna de um mediador que acalma os ânimos, conduz as partes à racionalidade e a propostas solucionadoras. Definitivamente, é sempre melhor convocar logo um mediador que esperar a explosão do conflito. É muito mais barato e poupa a trabalheira de recolher os cacos da batalha e de reconciliar os ex-beligerantes.

Os tipos de mediação[12], segundo Francisca Berrocal, podem ser variados de acordo ao contexto e ao ambiente em que se desenvolve o encontro entre as partes. Seu papel é como o de um motorista profissional: deve saber quando pode acelerar e quando tem que frear.

Poderá tomar um papel de **mediação ativa,** proporcionando sugestões e levando as pessoas envolvidas a estabelecer um plano de ação concreto. Se o ambiente e as circunstâncias o permitem, ele se concentrará nas relações interpessoais. Pode ser que, em outro momento, tenha que dedicar-se ao tratamento de outros aspectos mais problemáticos da negociação.

Em outras ocasiões, assumirá um papel de **mediador passivo:** sua presença é importante, mas passa a um segundo plano e quase não atua, deixando que os contendores sigam negociando.

Há ocasiões em que o mediador é contratado - **mediação contratual -** porque as partes assim o decidem, ou porque alguém lhes recomendou isso, ou porque assim o estipula algum contrato prévio, para que alguém intervenha no conflito e leve os adversários a um acordo negociado.

Também se dão circunstâncias em que ambas as partes conhecem o mediador; e como ele lhes inspira confiança, solicitam sua atuação. Aqui temos um caso de **mediação emergente.**

Se o mediador atua como representante de um governo ou de um organismo oficial, temos uma **mediação formal.** Neste caso, o processo de mediação terá que sujeitar-se a uns parâmetros e a um plano de ação muito definidos.

Em síntese, a posição do mediador assemelha-se muito à figura mencionada por William Ury - *subir ao outeiro* - aludindo à visão de um comandante sobre o campo de batalha.

Eu prefiro chamar a isso *"observatório extraterrestre".* Quanto mais ampla for a visão e compreensão dos fatos, das pessoas e das circunstâncias que provocaram o conflito, maiores serão as possibilidades de encontrar a solução. Sempre se vê mais e melhor de cima: de um "observatório extraterrestre" podemos ter visão tridimensional e diacrônica - passado, presente e futuro.

8.2 Limitações da mediação

Há ocasiões em que a mediação não é efetiva. Se o mediador não tem o tato suficiente ou toma uma postura um tanto autoritária ou exigente, pode bloquear a comunicação entre os beligerantes. Nesse caso, perde valor seu papel de mediador e sua intervenção não será positiva.

É conveniente comentar algumas dessas limitações:

1. Interferência na relação criada entre as partes. Certamente é benéfico ter um mediador numa negociação. Pode ser que os contendores tenham avançado em acordos parciais, faltando um acordo geral e final. Mas se o mediador, em lugar de intermediar propostas dos interlocutores, quiser forçar um menu de soluções de sua autoria e com seu ritmo pessoal, vai gerar confusão e atropelar os acordos parciais alcançados antes.

A solução é sugerir um menu limitado e não forçar a barra. Se os interessados não gostarem, que passe a sugerir outro e outro, até chegar a um que agrade a ambos. As partes implicadas são as que têm que encontrar a solução; o mediador é só um facilitador.

2. Interferência no plano de trabalho. O inconveniente aqui ocorre quando o mediador chega com um plano de trabalho muito bem elaborado e complexo, mas que não coincide com o plano e os procedimentos já combinados entre as partes. Se as ferramentas escolhidas pelas partes são suficientes para solucionar o problema, não será necessário entrar com outras mais complexas. O papel de mediador é tornar as coisas mais fáceis, simples e viáveis, e não mais sofisticadas e preciosistas.

3. A urgência para chegar a um acordo. Já comentei isso na parte inicial do livro: um problema incomoda e sua persistência exaspera. Por isso, a pressa da parte que não aguenta mais, em livrar-se da situação. Aqui, o mediador pode cair na tentação de buscar qualquer recurso ou solução que apague logo o fogo, forçando, de maneira mais ou menos direta, os contendores a chegar a uma solução com a qual não estão inteiramente de acordo ou não lhes assegura que o conflito não ressuscitará no futuro.

Um acordo assim, ainda que assinado com firma reconhecida e tudo, não vai durar muito, por ter sido meio forçado, e quase engolido pelas partes. As soluções imediatistas não são soluções. Os conflitos são como as infecções: desenvolvem-se lentamente e há que analisar e diagnosticar bem suas causas, confirmadas por demorada observação, para então ministrar-lhes o remédio adequado. Não podemos contentar-nos com dar-lhes uma aspirina para acalmar a dor, porque a infecção continua lá, está intacta.

4. Entregar a mesma receita. Alguns sucessos do mediador podem levá-lo a crer que todos os conflitos de uma mesma temática têm uma mesma receita para sua solução. Isso é engano e simplificação.

Cada caso é único, como uma roupa sob medida.

As partes que intervêm são pessoas diferentes, com sua história pessoal, suas características de personalidade, suas necessidades, seu modo de entender a vida e as circunstâncias pelas que passaram. Por isso, os procedimentos e as soluções a propor ou trabalhar devem ajustar-se a isso, de maneira que cada pessoa sinta que, de fato, se está dando uma resposta a seus interesses.

Às vezes, o nível de animosidade entre as partes é tal que não podemos pedir-lhes que se sentem a dialogar frente ao mediador, só porque este é o procedimento usual. Não o fariam. E seria pretexto para mais uma discussão piorando as coisas. Neste caso, a abordagem e os preparativos teriam que ser diferentes.

Em síntese, o mediador, além de ter formação profissional e experiência para intervir como facilitador de acordos, deve ter muito critério para avaliar cada situação e escolher a estratégia de intervenção mais promissora. Deve analisar os pros e os contras do espaço do encontro, do horário, da estratégia, das palavras a dizer, de como intervir etc.

Nesses encontros, é muito frequente que se acalorem os ânimos gerando um diálogo de surdos, impedindo a ação do mediador. Em casos assim, o mediador deve separar as partes e dialogar com cada uma por separado, para que possa formar uma opinião mais exata do problema existente. Sua missão fundamental se restringe a monitorar o ambiente e a predisposição dos contendores para a negociação, evitando comentar qualquer opinião de um contendor a respeito do outro.

Deve preparar a mediação como o faz qualquer negociador, fazendo um mapeamento da situação que vai encarar, identificando os pontos coincidentes e as divergências entre as partes. Nisso, serão de grande ajuda os instrumentos que apresentarei adiante, quando abordar o "Modelo de Negociação com a Cibernética Social".

8.3 Arbitragem

A Arbitragem[13] é um procedimento que se utiliza quando as partes dão por comprovada a inviabilidade de um acordo através da negociação ou mediação, e não consideram conveniente entrar na Justiça, nem aceitar um duelo.

A arbitragem é um procedimento extrajudicial autônomo que nasce da vontade das partes implicadas num conflito interminável de delegar faculdades de decisão ou sentença sobre a questão a uma terceira pessoa ou instituição[14]. Esta escutará as partes, estudará a questão por todos seus lados, e emitirá um veredicto que será vinculante para as duas partes, por acordo prévio.

Quando se trata de conflitos trabalhistas, o árbitro terá que basear-se em lei, em contrato coletivo ou jurisprudência.

Há ocasiões em que - se a questão for muito relevante - em vez de nomear um árbitro podem designar um tribunal de arbitragem, composto, geralmente, por um árbitro de escolha de cada uma das partes, e um terceiro que será escolhido pelos dois árbitros designados pelas partes.

Os árbitros vão resolver o caso de acordo com seus próprios critérios, e podem emitir um veredicto a favor de uma das partes, incorporando aí as reivindicações de cada uma das partes. Outras vezes, fixam os compromissos que deve cumprir cada uma das partes.

Há outras ocasiões em que as partes pedem ao árbitro que não fixe compromissos; e o árbitro se limitará a escolher alguma das soluções finais propostas pelas partes.

O árbitro deve ser capaz de manter sua autonomia enquanto estuda o caso, sem deixar-se influenciar pelas possíveis pressões ou promessas das partes. Sua função é focar-se numa solução que seja a mais equitativa.

Para que a arbitragem seja efetiva é preciso que as partes em conflito levem a cabo as seguintes ações:

1. Expor claramente suas pretensões.
2. Argumentar justificadamente sua petição.
3. Apresentar provas para suas argumentações.
4. Conseguir apoios testemunhais.
5. Refutar previamente argumentos e circunstâncias que possam prejudicar a própria petição.

9. AS FORMAS TRADICIONAIS DE NEGOCIAR

Repetindo: o simples uso do termo "negociador" pode gerar reação negativa em muita gente, porque o identificam com um astuto manipulador que trata de tirar vantagem de alguma vítima inocente[15].

Os estilos tradicionais dos negociadores variam entre dois modelos: Um é "eu ganho e você perde"; o outro é "os dois ganhamos".

9.1 A negociação competitiva

É a identificada por diferentes autores como o modelo *"Eu ganho e você perde"*. Herb Cohen utiliza um termo mais estridente: **"Estilo Soviético"**. A filosofia é *"ganhar a qualquer custo e por qualquer meio"*. É a "maximocracia".

Negociadores com esse estilo maximista e supremacista tratam de conseguir o que querem depredando a outra parte. Vivemos em um mundo eminentemente competitivo. Foi inventado o termo "competitivo" como relativo a "competitividade" que supõe mais rendimento. E define-se este termo como sinônimo de eficácia, de qualidade etc. Mas um dicionário espanhol define competitividade, lisa e diretamente, como **"capacidade de competir"** ou **"rivalidade para conseguir um fim"**.

Então não disfarcemos as coisas. Com o modelo de negociação unilateral e maximista, o êxito individual não é medido por coisas bemfeitas, mas por a quantos temos pisoteado ou atropelado no caminho para poder chegar aonde chegamos[16]. Esse é o fundamento perverso do estilo de negociação competitiva.

O negociador competitivo vê todas as negociações como uma luta constante na qual se ganha tudo ou se perde tudo[17].

Ainda que tal visão e estratégia tenham uma

aplicação limitada e deplorável, há gente que a emprega constantemente, sem fazer uma distinção entre um sócio e um adversário verdadeiro. **O resultado sempre é a derrota da outra parte.**

Se a relação entre negociadores desse estilo tiver outros turnos, o resultado da negociação anterior estará presente no futuro. A próxima vez que se encontrem os mesmos atores para negociar, o que foi perdedor terá presente o que lhe aconteceu e, seguramente, exigirá compensações pessoais antes de chegar a qualquer novo acordo. Pelo menos, quererá igualar ou nivelar o marcador.

O enfoque competitivo (*Eu ganho-Você perde*) dispõe de um arsenal ilimitado que abarca desde esforços brutais de intimidação, a sutis formas de manipulação[18].

Certamente, esses "negociadores soviéticos", nunca se mostram como são. Apresentam-se astutamente como humildes, considerados, e preocupados com as necessidades dos demais. Porém, como diz um amigo meu: "depois de dar-lhes a mão, verifique se você ainda tem todos os dedos"...

E como reconhecer este tipo de negociadores?

Herb Cohen nos ajuda a identificá-los por esses comportamentos específicos[19]:

a. **Posições iniciais extremas.** Sempre começam com *exigências intransigentes ou ofertas ridículas* que afetam o nível de expectativa da outra parte.

b. **Autoridade limitada.** Os negociadores têm pouca ou nenhuma autoridade para fazer concessões.

c. Táticas emocionais. Sobe-lhes o sangue ao rosto, sobem a voz e atuam exasperados, declarando-se horrorizados com a exploração de que são vítimas. De vez em quando, até abandonam a reunião para chantagear a outra parte.

d. As concessões do adversário são consideradas como debilidades. Se você cede e lhes concede algo, o mais provável é que não atuem de maneira recíproca.

e. Mesquinhos em suas concessões. Demoram em fazer qualquer concessão e, quando finalmente a fazem, ela significa só uma minúscula mudança em sua posição.

f. Ignoram os prazos limite. Tendem a ser pacientes – resistem e enrolam - como se o tempo e os prazos não tivessem importância para eles, mas o fazem para vencer os adversários no cansaço.

Vamos comentar um pouco mais esses comportamentos mencionados por Herb Cohen. A todo negociador convém conhecê-los bem, para perceber as artimanhas que manejam, e para não ser vítimas de seus abusos.

a) Posições iniciais extremas.

Para adquirirem um produto ou serviço caro, fazem uma primeira oferta ridícula. Em geral, isso se faz em segredo, a portas fechadas, para evitar que outros compradores venham a competir com eles. Usam esta tática para fazer crer ao vendedor que não há outra alternativa e que é melhor fechar o negócio com eles.

Para vender algo importante, fazem exatamente o contrário. Suas exigências são excessivas. Abrem as portas de par em par para incentivar ofertas competitivas, como num leilão ou numa licitação. Promovendo a competição entre vários interessados, sobe o preço de venda astronomicamente, a não ser que os compradores entrem num esquema secreto para se defenderem.

Herb Cohen ilustra claramente este tipo de negociação quando narra em seu livro *"Tudo é Negociável"*, com luxo de detalhes, como se negociaram os direitos de transmissão para as Olimpíadas de Moscou, em 1980. Os soviéticos puseram a competir três companhias de televisão americanas, tratando-as por separado, e fazendo-lhes crer que havia um enorme número de interessados em ter a exclusividade das transmissões. Queriam 210 milhões de dólares pelos direitos televisivos, quando esses mesmos direitos de transmissão das Olimpíadas de Montreal, recém-terminadas, haviam custado 22 milhões de dólares.

Por que funcionam estas táticas de "um ganha-outro perde"? Porque o permitimos. Porque cremos que eles são mais poderosos que nós. Estamos influenciados pela posição extremista inicial e ficamos perplexos ao saber que as pessoas com quem negociamos parecem não ter autoridade para decidir.

b) Autoridade limitada

As pessoas que se sentam a negociar comigo, no momento de chegar a acordos ou fazer concessões, não têm autoridade. Têm que consultar outras instâncias superiores que estão ausentes. Como elas não têm autoridade, eu faço concessões, no desejo de avançar nas negociações e elas só me concedem bonitas palavras. Quanto mais urgido eu estiver para adiantar as negociações, mais concessões irei fazendo, o que é quase como um "haraquiri".

Por esta simples razão, jamais se deve começar uma negociação com alguém que careça totalmente de autoridade. É fundamental ter isso bem claro antes de iniciar a negociação. Do contrário, qualquer negociador de boa-fé perderá a partida.

Mas há outro lado da moeda. Jamais se permita você mesmo crer em poderes sem limites; e jamais entregue poderes ilimitados a pessoas que vão negociar em seu nome. Ao indicar pessoas ou uma equipe para a tarefa da negociação, faça que se comprometam a *conseguir um objetivo factível,* entre um mínimo e um máximo. Os objetivos a serem alcançados devem estar de acordo com ou muito próximos ao que você determinou.

Os negociadores que enviamos não são meninos de recado; são gente responsável que deve ter autoridade, mas até certo ponto bem definido. Para isto, se combinam previamente as concessões possíveis, os objetivos finais, sua quantidade, dentro de tal prazo, com tal método de controle, com tais e tais sanções em caso de descumprimento etc. Se puderem com isso, formidável. Se não podem, que voltem para replanejar a estratégia, as táticas e os objetivos.

A pior pessoa para uma negociação sou eu mesmo. A gente se compromete demasiado emocionalmente e, então, fica muito fácil perder a perspectiva. Além disso, quando alguém conduz suas próprias negociações tem autoridade total e é possível, portanto, tomar decisões precipitadas, sem fazer uso apropriado do tempo que poderia ser um excelente aliado quando se sabe manejar os prazos.

Como se pode evitar isso? Limitando-se de forma deliberada. Se ter demasiada autoridade é uma desvantagem nas negociações, compreende-se que a pior pessoa para negociar, em qualquer empresa, é o diretor geral. Para uma cidade, é o prefeito; e para um país, seu presidente. Eles sempre têm urgências e não são capazes de jogar com os prazos para chegar aos seus objetivos. Quando os temas são muito álgidos, se requer mais tempo para refletir e analisar todas as implicações do acordo, tanto em sua construção como em seu cumprimento.

c) Táticas emocionais

Durante anos, os negociadores do modelo **"Eu ganho-Você perde"** têm menosprezado os documentos e abandonado reuniões sem prévio aviso. Têm, até, feito ofensas pessoais, como tática para provocar, distrair ou intimidar a outra parte. Estamos falando de ações habilmente planejadas e premeditadas visando a obter uma reação determinada. De fato, a gente se desestabiliza e se altera, quando se depara com atitudes irracionais e poderosas como essas, chegando, às vezes, a ceder para evitar o pior.

Não é preciso dar murros na mesa para isso. Existe todo um estoque de armas de oratória, de intimidações físicas e de engodos emocionais para manipular os outros. Pregunta Cohen: Como negocia você com alguém que se desmancha e começa a chorar? Isso tem um efeito devastador. Você tem todas as provas, todos os argumentos, tem a outra parte contra a parede. Nesse momento a outra pessoa, seja a esposa, o filho, a mãe etc., desanda a chorar. Você não vai pra cima para liquidar o outro. Pelo contrário, você pede desculpas, trata de consolar, e chega até a conceder o que o chorão pedia. Pode chegar a conceder algo mais, por complexo de culpa. Vitória da lágrima sobre a razão!

Outro estratagema para conseguir o que se quer é **gritar ou desaforar** a quem nos está oferecendo um produto ou serviço que consideramos "caro". Não esquecer que estamos fingindo, encenando uma tática. O fato de engrossar em público e manifestar minha indignação faz que a proposta econômica baixe de maneira substancial.

O aborrecimento manifestado em forma de mutismo pode ser tão eficaz como as lágrimas, a fúria e a agressão. Quando se dá a alguém o tratamento do silêncio prolongado, se está obrigando o outro a falar ainda que seja só para aliviar o desagrado existente. Então, inadvertidamente, diz o que de outro modo não diria. Em outras palavras, com o mutismo eu simulo desagrado e faço a outra pessoa sentir-se incômoda e, para aliviar essa sensação, solta informação. Como resultado dessa tática, produz-se uma mudança favorável na informação e no equilíbrio do poder.

O riso é uma tática emocional de grande eficácia. Você vai pela rua e um vendedor ambulante lhe oferece um par de óculos de sombra a US$50,00 ("baraaato", diz ele). Você solta uma gargalhada. Isso é tão devastador que imediatamente o preço baixa para US$25,00. Se continuar rindo, o preço desce para US$20. Com um pouco mais de riso poderá conseguir os óculos por US $8.

Dar meia volta e cair fora é outro truque emocional. Uma rápida retirada, em especial se é inesperada, pode surpreender e confundir a outra parte, sem saber interpretar o motivo da retirada. Não sabe se o fujão voltará logo, se está indisposto e foi ao banheiro, se interrompeu a negociação, se foi consultar alguém... A incerteza causada pode ser favorável para a continuidade da negociação.

A ameaça velada é uma arma poderosa. O que a imaginação inventa que possa acontecer é sempre mais atemorizador que aquilo que realmente poderia ser. Se um oponente acredita que alguém tem a força de cumprir a ameaça, ela é mais aterrorizadora que nada.

Herb Cohen[20] narra um exemplo de um tipo de ameaça assim: numa ocasião, ao estacionar seu carro para ir a um concerto, viu que o carro estacionado atrás dele tinha sobre o para-brisas a seguinte mensagem: *"Este veículo está estacionado em propriedade privada. A marca, modelo e a placa foram anotadas. Se se repetir isso, este veículo será enviado ao desmanche, onde será incinerado e comprimido em um cubo de aproximadamente 80cm por um metro. O cubo será enviado (com pagamento prévio do frete) ao domicílio do proprietário para seu uso como mesa de café e como constante lembrete de não estacionar em propriedade privada".*

Poderia ser uma brincadeira ou a maluquice de

um pirado. Mas o dono do carro, quando visse tal aviso, seguramente buscaria outro estacionamento. Em nosso meio, também há avisos (ameaças) que são muito persuasivos: "*Senhor motorista, cuide seus pneus*". Todo o mundo sabe que ao deixar o carro mal estacionado, frente a uma saída de garagem ou trancando uma passagem, ao voltar pode ter uma desagradável surpresa.

Produzir sentimento de culpa no oponente. Quando um empregado vem queixar-se do salário insuficiente e quer um aumento, você lhe responde com estas ou outras palavras parecidas: "Você acha que tem direito a queixar-se quando eu levo três anos sem aumento e trabalhando aqui até as 11h00 da noite"? O empregado, se realmente acreditou no chefe, pede desculpas e sai com o rabo entre as pernas.

A maioria das pessoas não planeja montar estas cenas. Os chefes recorrem a estas técnicas para manter o domínio. Mas há outros que usam **a compaixão e a culpabilidade** como táticas para o mesmo fim. Pensemos na frase tão usada e conhecida em nosso meio: "*Não seja tão mau!...*"

Mahatma Gandhi é reverenciado como patrono da não violência; mas seus meios táticos eram fazer pressão moral, **uma variante da estratégia de culpa**. O que este asceta magrelo estava realmente dizendo à Inglaterra era: "*Se não concederem a independência à Índia, vou fazer greve de fome, até morrer. A culpa de minha morte pesará em vossa consciência*".

Inglaterra era o poder imperial-colonial. Mas Gandhi sabia que concentrava toda a autoridade moral que lhe havia dado seu povo; com isso desafiava o poder colonialista. E deu certo.

É importante recordar que quando uma determinada tática já é conhecida e batida, ela deixa de ser eficaz. Seu oponente pode ter uma pistola na mão, mas descarregada. Ou pode ter uma grossa carteira sobre a mesa, mas recheada com cartões de visita. Uma tática batida deixa de ser uma tática! Às vezes, é preciso pagar pra ver!

Há outra tática muito usada que se chama **o chorinho ou a inhapa**. Consiste em obter uma vantagem ou um brinde adicional pelo simples fato de aceitar o preço ou as condições do vendedor.

Para desarmar quem utiliza a tática do chorinho ou da inhapa do pidão, há outras táticas como estas:

- *Falta de autoridade:* Diga que gostaria de ajudar, mas que não tem autoridade; que um funcionário que fez isso foi despedido etc.

- *Legitimidade:* Ponha um cartaz indicando que o preço marcado é o preço real, fixo, sem pechincha. Quando isso está escrito, a gente respeita. Se está em letras de forma, mais ainda. Não está comprando em qualquer loja: esta é exclusiva, seus produtos são da mais alta qualidade, por isso tem preços fixos...

- *Risos de reconhecimento:* Reconhecemos a tática e rimos junto com o cliente, mas não dele.

Como normas de atuação nesses casos, quando há uma intimidação, o essencial é dar-se conta de que o intimidador é "o lado fraco", e é o que tem o problema.

O que recebe a agressão ou o abuso deve permanecer sereno e calmo. Jamais deve reagir à provocação ou entrar em discussão. O ideal é apresentar novas ideias ou propostas. Se o intimidador persistir, baixe a voz; e quanto mais insista, mais baixe a voz até quase não se ouvir. Os presentes se darão conta de quem é quem, e o colocarão em seu lugar. "Nos gritos e na agressão, nunca está a razão".

Quando um negociador se sai com um ataque verbal, normalmente se trata de um **comportamento inconsciente**. Estas pessoas não estão em condições de negociar. Nessas circunstâncias, o melhor é esperar que o ataque se esgote; e gentilmente agradecer a opinião expressa de forma tão segura. Esta reação quase sempre faz com que a outra pessoa se toque e se contenha.

d) As concessões do adversário vistas como debilidade.

Há negociadores que levam pão numa das mãos e um porrete na outra (estilo recomendado pelo presidente Theodore Roosevelt). Pensam que a melhor maneira de conseguir a cooperação é mostrar força. A imposição domina qualquer discussão e razão, porque o outro é tido como um inimigo a subjugar. Seguem o princípio: "ao inimigo, não se mandam flores, mas balas".

Qualquer pessoa que conheça um pouco de diplomacia considera as negociações como um compromisso entre posições conflitivas. Para os negociadores "estilo Roosevelt" as negociações são um embate (préguerra) que tem que ser ganho por bem ou por mal.

Em geral, quando uma negociação chega a um ponto morto, um dos contendores arrisca fazer a primeira concessão, supondo que a outra parte valorizará este espírito de colaboração, e atuará em consequência.

Se se negocia com alguém de estilo "ganha-perde", acontecerá exatamente o contrário. Quando se faz uma concessão a esses negociadores, o tomam como uma demonstração de fraqueza e endurecem mais sua postura. E ainda começam a aplicar táticas de dilação para ver se a outra parte amolece e faz novas concessões.

e) Mesquinhos em suas concessões.

Esses negociadores "ganha-perde" provêm de meios muito fechados ou herméticos. Não soltam facilmente informação, e são grandes farejadores da situação dos outros (com os sistemas atuais de espionagem eletrônica no céu e na terra...). Entretanto, deixam-nos saber o pouco que eles querem que saibamos ou plantam fatos e notícias para despistar-nos na mídia, que é toda deles.

Além do mais, **contam com mais tempo,** porque são grupos ou sociedades autocráticas e ditatoriais que pensam perpetuar-se nas posições de poder, sem prestar contas a ninguém. Com estas vantagens, eles estabelecem prazos ou períodos mais prolongados para conseguir o que querem. E os outros com pressa!

Para ver o resultado de qualquer negociação deste tipo, basta ver o tamanho e quantidade de concessões feitas por uma parte, em comparação com as feitas pela outra. Por exemplo, o caso da Comissão Europeia com a Grécia, de Israel com os palestinos, dos banqueiros com os que financiaram suas casas na crise de 2008, de Wal-Mart com os empregados etc.

f) Ignorar os prazos limite.

No estilo competitivo extremo que acabamos de ver, o elemento tático fundamental é **o tempo**. Sempre que se negocia com gente dessa laia, é preciso armar-se de muita paciência. Tudo começará pontualmente, mas as demoras serão intermináveis. Pedidos para acelerar, pioram as coisas porque eles são donos do tempo e estão no bem bom. Pode ter-se esgotado o prazo e acertado condições, mas logo tornarão a reabrir as negociações sob qualquer pretexto, numa tática de criar exasperação e, só cumprir com o que lhes convém.

A reflexão razoável seria: "Se eles buscam meu produto, é porque eles não o têm, mas querem; e se eles o querem, eu estou em posição de impor o preço". O cordeiro também achava razoável sua posição, na fábula *O Lobo e o Cordeiro*.

Aprender sobre estas táticas dos negociadores "Eu ganho-Você perde" é para evitar ser vítima deles.

Para que funcionem as táticas de "Eu ganho-Você perde", devem dar-se estas três condições conjuntas:

- Ausência de relação contínua. A negociação deve ser uma transação única, ficando o depredador certo que não tornará a necessitar e rever sua atual vítima. Se a relação é contínua, esse tal negociador pode ganhar na primeira vez, mas provavelmente pagará tudo numa segunda negociação. Ou simplesmente não haverá negócio.

- Inescrupulosidade. Seja devido à ética atual, à moral ou educação religiosa, quase todos temos um conceito do que significa **jogo limpo**. Minha consciência e eu temos que seguir vivendo tranquilos e em harmonia; mas se os meios táticos usados para obter uma vitória não me dão essa tranquilidade, rumino e rumino para acabar perguntando-me: valeu a pena? Entretanto, os negociadores "Eu ganho-Você perde" creem que o fim justifica os meios, eles não têm esse tipo de escrúpulos porque são psicopatas. São devotos de São Nicolau Maquiavel que decretou que os fins justificam os meios (mas só os deles!).

Lamentavelmente, este é o modelo que tem maior número de adeptos no âmbito da política e dos negócios. Quem está "por cima" impõe e intimida; quem está "por baixo" obedece ou desaparece. Há que repensar e redefinir "civilização".

- Ignorância da vítima. A vítima potencial deve ser inocente e desinformada (e desarmada) nessa hora. Se a caça compreende as regras do caçador, é difícil que fique ao alcance de um tiro. Portanto, além da astúcia do caçador, se requer uma vítima incauta que facilite a vida do caçador.

Como proteger-nos e evitar ser presas desses caçadores?

A resposta é nossa capacidade para prever e reconhecer este estilo. Ao menor sinal de alerta, temos três escolhas a fazer:

a) É a única oferta? É o único que oferece esse produto ou serviço? Se ninguém mais tem isso, ele impõe o preço. Se há mais ofertas, a competição fixa o preço e as condições. Então, é dar meia volta e cair fora.

b) Se tem tempo ilimitado, o espírito de luta pode entrar no jogo. Mas esteja certo que você tem as mesmas armas, e que pode e saberá usá-las. Num duelo com a mesma arma, os dois acham que tem superioridade, mas um...

c) Com grande habilidade e paciência, pode-se transformar essa relação de torneio competitivo em relação de cooperação mútua, na qual ambos possam satisfazer suas necessidades. Mas uma conversão instantânea, de monstros em santos, não é tão comum.

Finalmente, cabe esta reflexão: Quem está pedindo a negociação? É ele ou sou eu? Se é ele que precisa de um produto ou serviço meu, eu posso pôr as condições. Se sou eu, então ele porá as condições. Em outras palavras: *"Não é o mesmo tocar à porta que levantar-se para abri-la"*.

9.2 A negociação de colaboração

Como ninguém gosta de perder, outra visão frente ao conflito ou problema é encontrar uma solução na qual nenhum dos dois sai ganhador único, mas ambos saem satisfeitos.

Para estudar este modelo de negociação, vamos começar com uma clássica historinha de negociação. Dois irmãos descobrem, na geladeira, um bolo que a mamãe comprou. Decidem reparti-lo entre os dois. Um deles pega uma faca. Surge então um problema, porque ambos querem a faca para dividir o bolo. Nenhum dos dois confia que o outro faça uma partilha legal. Neste instante, entra a mãe e diz: "Não me interessa quem corte o bolo; mas quem cortar o bolo, tem que dar ao outro o direito de escolher o pedaço que quiser". Naturalmente, o da faca divide o bolo com precisão mais que milimétrica. Não há ganhadores nem perdedores, mas os dois ficam satisfeitos.

Há muitas situações em que as necessidades dos protagonistas não são realmente antagônicas, como nessa historinha. Mudando a visão de vencer o outro para a de superar o problema, todos podem beneficiar-se.

Numa negociação de cooperação trata-se de alcançar um resultado que seja benéfico e aceitável por ambas as partes. A disputa e o conflito são considerados parte natural da condição humana. Quando é visto como um problema a superar e não uma derrota a impor ao outro, podem-se encontrar soluções criativas e satisfatórias. Inclusive, podem chegar a ter uma relação mais sólida que antes do conflito[21].

Ponhamos um exemplo. Numa negociação coletiva entre empresários e sindicalistas, com frequência uma parte diz: "Nós só queremos nossa parte do bolo", porque olham o bolo como uma soma fixa de dinheiro; e o que uma parte ganha, a outra necessariamente perde. Jogo de soma zero.

Depois de chegar a um ponto morto nas negociações, o sindicato decide ir à greve. Se o sindicato ganha, os salários perdidos (com a suspensão do ponto) durante a greve excederão os ganhos da greve. O lado patronal perderá (por falta de produção) mais que a concessão do reajuste. De modo que ambas as partes perdem com a greve. Definitivamente, é melhor para todos que não haja greve. Mas quando há intransigências, as partes entregam a arbitragem e o veredicto ao campo de batalha. A vitória, geralmente, é pirrônica.

Apesar disso, continuamos a presenciar e lamentar greves em que não só têm perdas o lado patronal e o sindical, mas muito mais o público, a economia e o interesse nacional. Basta recordar o famoso **maio francês**[22].

Os acontecimentos de maio de 1968, na França, identificados como uma mescla de crise, revolta, greve e revolução, fizeram que a situação política mudasse. Mas a que custo!...

Ao início de 1968, apesar de aumento substancial do orçamento do Ministério da Educação, surgiu uma crescente inquietação entre os estudantes que criticavam o antiquado sistema universitário como incapaz de preparar os profissionais para o mercado de trabalho.

Ao mesmo tempo, diversos grupelhos anarquistas, trotskistas e maoístas, manifestavam sua oposição à sociedade capitalista e ao consumismo. Estudantes de Sociologia da Universidade de Nanterre eram particularmente ativos e proclamavam que a universidade devia converter-se no centro da revolução contra o capitalismo. A ocupação do campus pelos estudantes provocou o fechamento da universidade, por isso decidiram reunir-se na Sorbonne. Por causa de violentos enfrentamentos entre grupos de direita e esquerda, houve intervenção da polícia, violando a autonomia universitária.

Com o acirramento, os sindicatos de estudantes e professores convocaram uma greve geral. Depois de uma semana de manifestações duramente reprimidas pela polícia, os sindicatos de trabalhadores convocaram uma greve geral para 13 de maio. *Nove milhões de trabalhadores responderam a esta convocação*, com paralizações do sistema ferroviário, aeroportos, sistema de comunicações, desabastecimento de mercados etc., etc.

Os acontecimentos surpreenderam o governo. Charles de Gaulle e seu primeiro ministro Georges Pompidou estavam fora do país. Sua reação foi vacilante, oscilando entre uma postura conciliatória e a repressão.

Finalmente, no dia 30 de maio, milhares de pessoas ocuparam os Campos Elíseos em apoio a De Gaulle, alegando que já haviam sofrido bagunça demais. Com isso, De Gaulle proclamou sua decisão de permanecer no poder e de dissolver a Assembleia Nacional, embora os candidatos se encontrassem em plena campanha eleitoral. As eleições, celebradas em junho, foram um triunfo para De Gaulle. Nesse mesmo ano, foram firmados os Acordos de Grenelle e os sindicatos negociaram um incremento do salário médio de 12%. Quanto custou isso à França do ponto de vista político e econômico? Só Deus sabe. Mas os franceses experimentaram na carne o custo absurdo de tal greve.

As negociações são algo mais que pactuar preços, serviços, produtos, territórios, concessões, taxas de juros. Por cima de tudo isso, está a satisfação das necessidades biopsicossociais.

Uma negociação de cooperação é mais que um mero intercâmbio de objetos materiais. *É um modo de agir e comportar-se de maneira que se possa criar compreensão, confiança mútua e convivência solidária.* Isso se manifesta no tom de voz dos interlocutores, no interesse que demonstram pelos sentimentos e necessidades da outra parte. Por isso, as necessidades em discussão devem ser reconhecidas, conciliadas e harmonizadas.

Os conflitos são parte inevitável da vida. Em algumas ocasiões temos objetivos contraditórios. Outras vezes, podemos estar de acordo no que queremos, mas a discordância se dá na maneira de consegui-lo.

Basicamente, o primeiro passo para obter a cooperação da outra parte é reconhecer qual é a posição de todos os implicados: **em que estão de acordo e em que divergem.** Se estas diferenças podem ser localizadas e sua causa diagnosticada, fica mais fácil levar as partes a uma negociação que redunde em benefício mútuo. Pode ajudar muito a ilustrar o problema este gráfico de Stagner e Rosen:

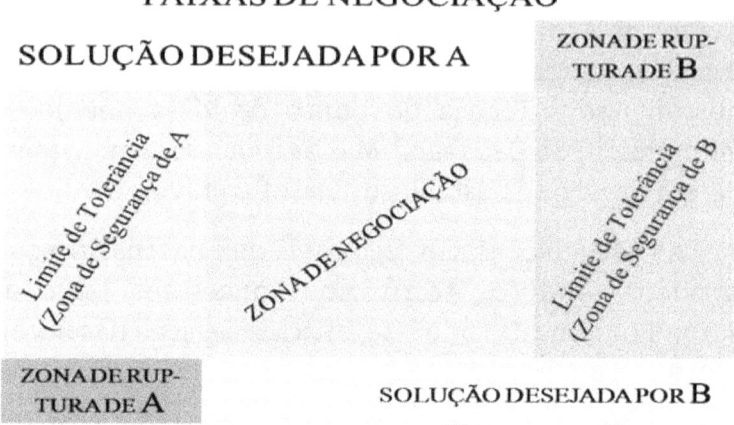

FAIXAS DE NEGOCIAÇÃO

(Stagner e Rosen)

Francisca Berrocal nos explica, de maneira bastante clara, como usar este quadro para a definição de objetivos e estabelecimento das faixas de negociação[23]:

"A negociação implica movimento, isto é, modificação, ao longo do processo, das posições iniciais para alcançar um acordo que seja benéfico para ambas as partes. Por tanto, ao pensar em negociação, devemos fazer-nos sempre as seguintes perguntas:

Quanto é o máximo que posso "pagar" pelo que necessito?

Quanto é o mínimo que posso "cobrar" pelo que estou disposto a entregar?

81

Essas perguntas permitirão definir quais são os limites em que nos vamos mover durante a negociação.

Entretanto, o valor (utilidade) do que temos pode ser maior para nós que para a outra parte e, vice-versa; o valor do que tem a outra parte pode ser, para nós, menor, igual ou maior que para ela. Por conseguinte, uma das primeiras conclusões é que as probabilidades de divergência sobre os valores, no intercâmbio, são maiores que as de acordo.

Para facilitar a definição dos objetivos de uma negociação, é muito útil a preparação de uma planilha de petições ou aspetos sujeitos à negociação. Nessa planilha se deve identificar cada um dos pontos a tratar:

✓ O grau de importância que tem para nós.

✓ O limite mínimo, isso é, o "preço" que consideramos que nos devem "pagar".

✓ O limite máximo, isto é, o máximo que podemos pagar para alcançar os objetivos mínimos marcados na negociação.

Ultrapassar este limite implicaria o cancelamento da negociação, já que os resultados que se poderiam alcançar não compensariam os custos para obter o acordo.

Em suma, durante a preparação devem-se estabelecer as faixas de negociação que permitirão conhecer os limites dentro dos quais se moverão as partes durante a negociação.

A ilustração apresentada exemplifica as faixas de negociação do negociador A e do negociador B. Nelas podemos diferenciar:

A solução desejada: é a posição que cada parte considera mais favorável para alcançar seus objetivos; por conseguinte, é a que gostaria de alcançar ao final do acordo. Geralmente, marca as posições iniciais de cada parte.

A zona de ruptura: marca o limite de tolerância de cada uma das partes, a partir do qual as negociações se romperão, já que os custos do acordo superariam os benefícios, ou existem melhores alternativas que esta solução negociada.

Além de determinar as próprias faixas de negociação, deve-se tratar de conhecer as faixas de negociação da outra parte. Esta informação é a que permitirá analisar se existem pontos de confluência que favoreçam o acordo.

A existência de sobreposição entre as zonas desejadas pelas partes propiciará que a negociação siga um processo relativamente simples, e as estratégias que sejam de tipo cooperativo. O acordo final se dará em algum dos pontos da zona comum ou zona de negociação, já que os movimentos dos negociadores se deslocarão do limite mínimo das soluções desejadas, até o ponto em que ambas as partes considerem que é a melhor opção e, o máximo a que cada uma delas está disposta a ceder.

Como se pode observar na ilustração anterior, as faixas de negociação de A e B estão em polos opostos.

Isso quer dizer que o ponto de utilidade ótimo para um coincide com o ponto de utilidade mínimo para o outro. Não obstante, analisando a situação vemos que se a negociação se fizesse buscando a proporcionalidade, teoricamente fecharia com um acordo no ponto médio de ambas as faixas. Na prática, não é tão simples.

Em geral, a razão pela que diferimos em algo pode originar-se em três elementos[24]:

Experiência + Informação + Posicionamento.

Experiência:

Nem eu nem o outro, como negociadores, vemos as coisas como realmente são. Vemos as coisas desde nosso ângulo e desde onde estamos. Cada pessoa é produto de sua própria experiência; e não há duas pessoas que tenham as mesmas características. Dois irmãos, criados pelos mesmos pais, no mesmo ambiente familiar, veem o mundo com olhar diferenciado, devido à diferença de idade, de posição entre irmãos, de vinculação com pai ou com mãe etc.

Para que eu entenda como o outro vê e interpreta os acontecimentos, eu deveria penetrar em seu mundo, sentir-me na pele dele, tratar de perceber o mundo como ele o percebe, conhecer sua hierarquia ou escala de valores, conhecer suas fontes de formação e informação etc. É preciso um pouco de técnicas e muito de empatia.

Informação:

Cada pessoa foi adquirindo experiência e informação de diferentes maneiras, fontes e épocas.

Sempre há coisas "em meu mundo" que não existem no teu, e vice-versa. Cada um raciocina e decide agir de acordo com a estruturação mental ou representações mentais que tem, fruto de sua educação e experiência. Se essa forma de pensar, comunicar e agir tiver alguns furos, daí brotarão os conflitos. Por isso, é essencial a arte do autoconhecimento; com ela poderemos reconhecer melhor a estrutura mental do outro, se nos dedicarmos a dialogar sobre qualquer coisa, antes de entrar a dialogar sobre o problema a resolver. Se não, a cibernose (mal-entendidos e reações inadequadas) afastará as partes, em vez de aproximá-las.

Para evitar isso, devemos estar dispostos a compartilhar com a outra parte o conhecimento panorâmico da situação a resolver e, as possíveis suscetibilidades de cada parte. Depois, entra-se nos detalhes financeiros, nas necessidades de cada um e, nas prioridades a respeitar.

A única maneira de fazer que a outra pessoa compreenda meu ponto de vista é expondo com calma e clareza os fundamentos em que baseio meus argumentos e minhas expectativas. Um bom domínio da comunicação e da diplomacia no trato é fundamental. O importante é a conciliação e não a discussão! Este ponto é tão fundamental nos processos de negociação que voltarei a ele mais tarde, porque é uma das chaves para poder alcançar algum entendimento.

Posicionamento:

Com frequência, as opiniões divergentes são resultado do posicionamento que a pessoa assume no drama da negociação.

O papel que desempenha a pessoa ou o negociador

afeta sua maneira de perceber a situação e influi no resultado final.

Temos a tendência a crer que *nossa posição é autêntica e honesta*, e que a do opositor é suspeita.

"A negociação de colaboração efetiva trata de averiguar o que realmente quer a outra parte e em mostrar-lhe a maneira de consegui-lo, ao mesmo tempo que um consegue o que quer"[25].

O PROCEDIMENTO NA NEGOCIAÇÃO DE COLABORAÇÃO

Se decidirmos utilizar o estilo de negociação colaborativa para satisfação mútua das partes, temos que assumir três importantes atividades ou tarefas[26]:

a. Conseguir confiança mútua;

b. Conseguir o compromisso da outra parte;

c. Controlar a oposição;

A. Conseguir confiança mútua

A confiança mútua gera uma relação contínua entre as partes. E a relação contínua incrementa a confiança entre as partes.

Numa relação contínua, quanto mais confiança se depositar no outro, mais este demostrará que valeu a pena confiar nele. **Se você demonstra fé em sua honestidade e confiabilidade, você estará encorajando a outra parte a cumprir esta expectativa.** Ao contrário, se começa com suspeita e desconfiança, é bem provável que se torne realidade essa profecia.

Esperemos sempre o melhor da outra parte, e conseguiremos o melhor. E o melhor é uma relação de confiança mútua, na que cada parte tem uma fé firme na honestidade e confiabilidade da outra parte. Vejamos alguns passos para isso.

1) O processo preparatório

Toda negociação é um processo formal, onde fixamos os prazos, os temas a negociar, as pessoas que formarão as equipes de negociação, os procedimentos que se vão seguir, o lugar da negociação etc.

Mas se quisermos resultados satisfatórios, é preciso preparar muito bem a negociação. Não podemos deixar que entrem em jogo circunstâncias alheias à negociação ou que sejam fruto do acaso. Se quisermos êxito na negociação, é preciso preparar o meio ambiente para gerar confiança. E para gerar confiança são indispensáveis atitudes e comportamentos que manifestem boa vontade e reação proativa. Se não conseguirmos isso, não se dará a negociação, ou será um fracasso.

Na preparação da negociação é preciso antecipar-se para analisar e diagnosticar a causa de algum possível desacordo. Mencionei, antes, que o conflito pode ser provocado por diferenças de experiência, informação, linguagem ou do posicionamento de cada um. É importante prever tudo isso e estar atento à variação de pontos de vista que possam manifestar-se, para agir no sentido de estabelecer confiança mútua. Ninguém vai soltar uma palavra, a não ser que tenha confiança em você.

2) O acontecimento formal da negociação

Uma vez estabelecida uma relação de confiança, estimula-se a troca de informação e se evita o desenvolvimento de um conflito destrutivo. A confirmação desse clima positivo modifica as atitudes, afeta as expectativas e transforma potenciais gladiadores em solucionadores de problemas.

O ponto inicial da discussão é **a definição clara do problema**. Todos os negociadores presentes devem ter muito claro em que consiste o problema a tratar, os dados existentes, as possíveis análises etc. Não se pode saltar logo para as conclusões ou propostas de solução, sem um passo a passo bem dialogado e prudente. É como um processo de venda: fechar o negócio é o último passo, depois de suados passos de esclarecimento e persuasão sobre suas vantagens.

Ao manter o foco nos fins e não nos meios, os participantes podem mover-se de um desacordo geral a um acordo geral, com menos ansiedade e hostilidade. A comunicação fluirá melhor, com menos digressões, detalhismos e surtos emocionais.

Uma vez estabelecida a confiança mútua, esta tende a durar e facilitará a informação. Com a informação dada e recebida, podemos pensar em atender as necessidades das partes; surgem novas ideias, e tudo se transforma numa relação de colaboração. Os riscos serão menores e se consegue mais boa vontade da outra parte.

Para conseguir que as negociações prosperem, convém ressaltar as seguintes orientações sugeridas por Francisca Berrocal:

❖ Ao começar uma negociação, todo negociador *sempre deve começar com mão de seda e não com agressividade.* Expor seu caso com moderação. Admitir que pode estar equivocado.

❖ Não receie dizer: "Necessito sua ajuda neste problema porque eu não sei". Dirija-se à outra parte com tato e respeito. Em outras palavras, as pessoas tendem a comportar-se do modo que nós esperamos ou fazemos com que se comportem.

Trate de ver o problema, também desde o ponto de vista ou ângulo do outro.

❖ Escute com empatia, isto é, não contra-argumente antes da outra parte concluir o que está dizendo. Escute tudo até o fim, e escute bem.

❖ Jamais mostre veemência, porque a forma como você diz algo pode determinar a resposta que obtém.

❖ Aprenda a suavizar suas respostas assim: "Não sei se compreendi bem… O que penso, posso estar equivocado, mas…, creio que o que você disse"…

Esta "conduta azeitada" suavizará as palavras, reduzirá a fricção. Seguindo esses modelos, sempre conseguiremos um aliado, enquanto ambas as partes buscam uma solução mutuamente aceitável.

Neste clima, pode-se estabelecer a franqueza e a honestidade e se produz um intercâmbio de atitudes, fatos, sentimentos pessoais e necessidades. Com esta livre interação e forma de compartilhar, podem-se encontrar soluções criativas que tornem ganhadoras a ambas as partes; e se gera um compromisso.

B. Conseguir o compromisso da outra parte.

"Homem algum é uma ilha". Seu comportamento e suas decisões recebem influências do ambiente e das pessoas que o cercam. De fato, a negociação poderá terminar como uma ratificação de decisões ventiladas nesse contexto.

Pode dar-se o caso que a pessoa com quem temos que negociar seja durona e difícil. Mas com certeza, ela também estará imersa numa teia de relações. Nesse caso, é importante averiguar **quem tem influência sobre esse negociador** que vou encarar. Não existe o indivíduo como tal; ele é sempre membro de uma família, de um grupo de amigos, de um partido, de uma empresa, religião etc. de quem recebe influências. Aí existem lideranças e liderados, influenciadores e influenciados. Temos que ver em que time joga nosso interlocutor. Se for possível conseguir o apoio de alguém desse time - será valioso. *"Aonde a vaca vai, o boi vai atrás"*.

C. Controlar a oposição

Não há nada de mal na oposição. Ela nos ajuda a ser mais criativos. Um pontapé na bunda faz você ir pra frente. A vida mesma está cheia de contradição, oposição, rivalidade. Minha autovalorização e autoestima tem muito que ver com quantos obstáculos e oposições tenho superado. Para conseguir o que queremos, temos que contar com a oposição ou concorrência de alguém; mas devemos tomá-la como um estímulo e um desafio e não, como briga ou inveja.

A oposição chega em duas formas:

1) Opositor de ideias

2) Opositor visceral

1) Opositor de ideias e propostas.

Um opositor de ideias e propostas está em desacordo comigo acerca da maneira de resolver um problema. Ambos coincidimos em que deve resolver-se, mas *não estamos de acordo na forma.*

Por isso, o intercâmbio de ideias, de experiências, de sentimentos, de informação de maneira racional e lúcida nos fará olhar na mesma direção e, à consecução do mesmo objetivo. Quando as pessoas decidem trabalhar dessa maneira, o resultado final supera as expectativas que tinham. Produz-se uma sinergia e se consegue muito mais: *"A totalidade é maior que a soma das partes".*

A pressão do opositor desata energias para conseguir o que se deseja. Neste sentido, o opositor não é um inimigo a derrotar. **Um opositor de ideias é, sempre, um aliado potencial**, pois nos ajuda a encontrar uma solução composta, nem a minha nem a dele, mas uma que beneficie a ambos. Isso é o CORRETO para negociadores adultos, sensatos, de boa vontade e mutuamente respeitosos.

- Por que um resultado assim se consegue tão poucas vezes?

- Porque a maioria das pessoas viola os princípios de infundir confiança e de começar com um pré-acordo sobre os problemas a resolver. **Começam a negociar com um opositor de ideias ou propostas, declarando de entrada sua própria alternativa ou proposta.** De súbito, ambas as partes se polarizam, negociando de uma forma que só pode produzir um ganhador e um perdedor. Inclusive, pode endurecer até a ascensão aos extremos: "Ou se faz de maneira que eu digo ou não há negociação". É um ultimatum a um inimigo, prenunciando uma declaração de guerra.

É impossível negociar criativamente quando há, de antemão, posições e propostas inflexíveis, dando a entender que não se quer saber da situação e das necessidades da outra parte. Se é o governo: repressão policial, balas de borracha, cassetete, cães, sprays pimenta, bombas de efeito moral (que moral!)...

2) Opositor visceral

Um opositor visceral é um adversário emotivo que não só está em desacordo com o ponto de vista da outra parte, mas também em desacordo com a outra pessoa enquanto ser humano. Nessa atmosfera, há uma tensão anormal, preconceitos, acusações e tem lugar uma batalha de ganhar tudo ou perder tudo.

Como regra geral, não devemos entrar em negociação com este tipo de feras. As negociações ficam num vai-não-vai por longo tempo; e quando vai, poderemos ficar frustrados pelos resultados. Toda a lógica, os fatos, as ideias e as provas que você apresenta nunca serão suficientes, porque o outro é refratário e impermeável a isso (talvez ao chumbo...).

Por que um interlocutor pode converter-se em inimigo visceral?

É questão emocional; talvez o tenhamos provocado consciente ou inconscientemente, atacando sua "imagem". Minha imagem, meu nome, minha honra é o que eu mais prezo, e é o que os demais julgam que sou. É o conceito que tenho de mim mesmo, de minhas capacidades, de meu valor e de meu papel social.

Acusar alguém de fraude, chamar de palhaço, mentiroso ou corrupto, principalmente em público, não fica sem reação indignada. Se o opositor assim atacado fosse menos susceptível, mais maduro, prudente, e o bastante forte, poderia pensar que eu estivesse num dia ruim e poderia até me perdoar se lhe pedisse desculpas no dia seguinte. Mas depois do orgulho ferido, requer-se mais que um simples "desculpe o mau jeito" ou terá para sempre um inimigo feroz. Há pessoas que como amigas são quase inertes, passivas, molengas; mas como inimigas viram gigantes. Assim que, se falar é prata, calar é ouro. "Dareis conta de toda palavra inútil".

ERROS DO NEGOCIADOR

Muitas vezes, a negociação se rompe ou endurece pelos erros do negociador. Francisca Berrocal nos apresenta algumas sugestões para que observemos nossos erros e comportamentos inadequados, no processo formal da negociação:

❖ **Buscar a segurança máxima.** O negociador teme o risco e busca reduzi-lo a todo custo, tornando-se, assim, excessivamente detalhista, miudeiro e mesquinho.

❖ **Concentrar-se nos pontos fracos do outro.** Isso cria mais problemas que benefício, porque o outro ficará magoado e ressentido, esperando a oportunidade de dar o troco.

❖ **Não ter em conta as fases da negociação.** Por excesso de autoconfiança, deixa de preparar a negociação minuciosamente ou acha que poderá saltar etapas.

❖ **Improvisar excessivamente.** Às vezes a improvisação é necessária, mas é preciso contar com as objeções, dúvidas ou reações da outra parte.

❖ **Não cumprir os acordos.** A negociação se baseia na confiança estabelecida entre as partes, que se perde quando um dos dois não cumpre sua parte do acordo.

❖ **Preocupação por obter unicamente o benefício próprio.** Numa negociação justa, ambas as partes têm que obter benefício, ambos devem ganhar.

❖ **Menosprezar os argumentos do outro.** Não todos argumentam ou objetam do mesmo modo. Uns são mais rápidos na apresentação de fatos, datas, dados etc.; outros se guiam mais por sentimentos e intuições. Por isso, é preciso sintonizar e escutar devida e atentamente a outra pessoa.

❖ **Mostrar-se impaciente.** Quando um acredita que tem uma boa proposta, acha que tudo é lógico e, que o único que a outra parte tem a fazer é acatar o que propõe esse gênio. Ele esquece que o contraditório, os pros e os contras existem em tudo.

❖ **Adotar uma postura defensiva.** Se nossa proposta não for aceita pelo outro, começamos a mostrar falta de confiança, receio, insegurança etc., o que enfraquece nossa posição.

❖ **Não escutar ativamente.** Se alguém se preocupa mais em falar e, pensar no que vai dizer ou discutir, será impossível escutar e decodificar bem a mensagem do outro.

❖ **Inflexibilidade.** Em toda negociação é preciso ser capaz de suportar os altos níveis de incerteza e de ambiguidade, modificar posições, ceder no que é possível, mostrando que se compreende o outro. Sentir-se na pele do outro.

❖ **Enganar.** O engano, a trapaça geram agressividade e desconfiança, e rompem toda possibilidade de negociação.

❖ **Linguagem inadequada.** Linguagem muito elevada, muito técnica, gera distanciamento na negociação.

❖ **Falta de controle sobre os resultados.** Produz-se quando não há avaliação ou feedback ao final da negociação e quando não se faz seguimento dos acordos feitos.

O modelo de negociação "Eu ganho e Você ganha", sob todos os aspetos é um avanço enorme sobre o modelo "Eu ganho e Você perde". Tem dado grandes resultados em todos os âmbitos. Mas muitas vezes as negociações são tão complicadas que temos que recorrer a outros instrumentos e modelos ou, a outras pessoas especializadas, que nos ajudem a encontrar uma solução saudável para as partes.

10 O MODELO DE NEGOCIAÇÃO DE HARVARD

Há uma terceira maneira de negociar que é o Modelo Harvard. Os principais autores deste sistema de negociação são Roger Fisher e William Ury, ambos professores e investigadores da Universidade de Harvard.

Eles qualificam os modelos até aqui apresentados, como "**Modelos de Negociação baseados em Posições**". Ao modelo de negociação "Eu ganho-Você perde" o identificam como modelo de "negociação dura". E ao modelo de negociação "Eu ganho-Você ganha" o identificam como "negociação branda".

O Modelo de Negociação de Harvard não é nem dura nem branda, sendo às vezes dura e outras, branda. Consiste em resolver os problemas segundo seus méritos, em lugar de decidi-los pelo regateio que cada parte faz.

Sugerem que se busquem as vantagens mútuas, sempre que seja possível; e que quando haja conflito de interesses inconciliáveis, o resultado se baseie em algum critério justo, independente da vontade das partes (que é a arbitragem).

Este modelo é chamado, também, NEGOCIAÇÃO POR PRINCÍPIOS, porque mostra como obter seus direitos, sendo decente. Permitiria a alguém ser justo e também proteger-se de quem quisesse tirar vantagem, de acordo com critérios de justiça pessoais.

A Negociação por Princípios pode ser utilizada em qualquer tipo de conflito, desde negociações internacionais sobre controle de armas nucleares, até dividir os bens entre pessoas que se estão divorciando. Pode-se utilizar em negociações entre duas partes ou entre várias partes; em negociações coletivas ou com sequestradores.

Ao contrário do que sucede com as estratégias dos métodos anteriores, se a outra parte descobre as estratégias, é mais fácil tirar vantagem. Os métodos anteriores sempre escondem uma posição de poder que se fundamenta em ocultar algo de informação.

Aqui o que se busca é dar informação exaustiva para poder chegar a uma solução conjunta.

Na maioria dos casos, seja qual for o desacordo ou conflito, somos levados a negociar com as pessoas **com base nas posições**. Cada um assume uma posição, a argumenta, sustenta ou a modifica fazendo concessões, para chegar a um acordo. Em suma, qualquer método de negociação deve avaliar-se por três critérios:

- Conduzir a um acordo sensato, se é possível.

- Ser eficiente.

- Melhorar a relação entre as partes.

Vejamos alguns axiomas de acordo com a visão da Negociação por Princípios ou Modelo Harvard[27]:
A discussão por posições produz acordos insensatos. Os negociadores tendem a encerrar-se dentro delas. O negociador, quanto mais explica sua posição, mais a defende dos ataques, e mais se compromete com ela. Entra em ação o "ego individual" e o maior inter-

esse é "sair-se bem".

Isso levou ao rompimento das conversações sobre a proibição dos testes nucleares entre EUA e a URSS, nas quais o primeiro pedia dez inspeções, enquanto que a URSS pedia três. Ninguém sabia se a inspeção era feita por uma pessoa ou dez, se durava um dia ou um mês.

A discussão por posições é ineficiente. O método do regateio pode produzir um acordo, mas requer muito tempo. Quanto mais extremas sejam as posições, mais se ocultará a informação, mais se tentará enganar a outra parte, menores serão as concessões, e muito tempo e esforço se gastarão até chegar a um acordo ou não.

O processo dependerá de muitas decisões individuais do negociador para saber o que oferecer, o que recusar, o que conceder. E isso exige tempo. No caso de ceder, se submeterá a ser pressionado para seguir cedendo, por meio de escaramuças como demoras, ameaças de rompimento etc.

A discussão por posições põe em perigo a relação. A negociação se converte em um enfrentamento entre vontades. Cada um trata de forçar a outra parte a mudar de posição; e isso tensiona a relação entre as partes e, às vezes, a destrói.

Quando há muitas partes, a negociação baseada em posições é ainda pior. A grande maioria de negociações envolve mais de duas pessoas. Quanto maior seja o número de pessoas envolvidas numa negociação, mais trabalhosa será esta, e as posições serão praticamente impossíveis de manejar.

É mais fácil fazer mil acordos bilaterais que um multilateral. Todos temos visto como se tomam as decisões na ONU. Vemos como se formam coalizões entre as partes para proteger interesses mais simbólicos que de fundo: Países do Norte, Sul, Oriente e Ocidente... Norte contra Sul, Oriente contra Ocidente. Onde estão os resultados dessas alianças?

Quando, depois de muito trabalho, se chega a um acordo numa determinada posição, é mais difícil mudá-la, sobretudo se há autoridades superiores que decidem e não estiveram presentes nas negociações.

Não basta ser amável para encontrar a solução. As negociações de tipo "duro" são muito custosas, por isso, as partes se movem como pisando em ovos e fingindo amabilidade. Urgidas pela necessidade, preferem chegar a um acordo de tipo "brando", onde começam a fazer oferecimentos e concessões e, a ceder quanto seja necessário para evitar enfrentamentos.

Este método dá mais importância à relação; se usa mais frequentemente entre amigos e familiares. O processo é eficiente e pode chegar a acordos rápidos. Mas, muitas vezes, corre-se o risco de terminar num acordo desequilibrado. Tanto pior se tivermos pela frente um negociador da linha dura. O jogador duro insiste em obter concessões, e ameaça o jogador brando, que se verá obrigado a ceder para alcançar um acordo.

No quadro comparativo seguinte, apresentam-se os dois estilos de negociação baseados em posições: o brando e o duro[28].

BRANDO	DURO
Os participantes são amigos.	Os participantes são adversários.
O objetivo é chegar a um acordo.	O objetivo é a vitória.
Faça concessões para cultivar a relação.	Exija concessões como condição para a relação.
Seja suave com as pessoas e o problema.	Seja duro com o problema e com as pessoas.
Confie nos outros.	Desconfie dos outros.
Modifique sua posição facilmente.	Mantenha sua posição.
Faça ofertas.	Ameace.
Dê a conhecer sua última posição.	Engane a respeito de sua última posição.
Aceite perdas unilaterais para chegar a um acordo.	Exija vantagens unilaterais como preço do acordo.
Busque a única resposta: a que *eles* aceitarão.	Busque a única resposta: a que *você* aceitará.
Insista em conseguir um acordo.	Insista em sua posição.
Trate de evitar um enfrentamento de vontades.	Trate de ganhar um enfrentamento de vontades.
Ceda ante a pressão	Aplique pressão.

Quando falamos da negociação em geral, temos que estar conscientes de que o jogo se dá em dois níveis: No primeiro, a negociação trata **o essencial**: salário, preço etc.

No segundo, cuida do **procedimento para tratar o essencial**: negociação suave baseada em posições ou negociação dura baseada em posições.

Na segunda negociação (a dura) cada movimento que se faça contribui para estruturar as regras do jogo, ou pode ser uma jogada que mude o jogo. Fica mais claro com este exemplo: Se tenho à frente um negociador intransigente que me diz: "é pegar ou largar" - que é um ultimatum - o que faço? Diagnosticar rapidamente a situação e avaliar: quanto posso ganhar ou quanto posso perder? E decido se mudo de estratégia ou não.

O *PROJETO DE NEGOCIAÇÃO DE HARVARD*[29] é uma alternativa à Negociação de Posições. Está desenhado para produzir resultados de uma maneira eficiente e amistosa. Este método, chamado também **Negociação segundo Princípios ou Negociação com base em Méritos,** pode ser resumido em quatro pontos básicos:

• **As pessoas**: Separe as pessoas do problema.

• **Os interesses**: Concentre-se nos interesses, não nas posições.

• **Opções**: Prepare uma boa variedade de alternativas antes de começar.

• **Critérios**: Insista em que o resultado se baseie

em algum critério objetivo.

Como humanos, temos emoções que, com frequência, alteram nossas percepções e impedem de comunicar-nos de maneira clara. As emoções se mesclam com o problema, e os egos se identificam com as posições.

Os negociadores devem ver-se a si mesmos empenhados em trabalhar ombro a ombro, atacando o problema e não se se atacando mutuamente.

O primeiro é sair de posições declaradas. Ir a uma negociação com posições prévias não produzirá um bom acordo. A preocupação deve ser a solução do problema ao longo de um processo com flexibilidade e resiliência de ambas as partes.

Tampouco podemos encontrar soluções ótimas se estivermos trabalhando sob pressão. Se nos sentimos coibidos pela presença de um adversário, isso trava nossa criatividade e fluidez na busca de soluções, além de consumir mais tempo.

O resultado que se estabeleça deve obedecer a algum critério justo. Pode ser o valor de mercado, a opinião de um perito, o que manda a lei etc. A discussão desses critérios fará com que nenhuma das duas partes tenha que ceder ante a outra, e ambas se submetam a uma solução justa.

Podemos apresentar estas posições básicas de negociação segundo princípios, comparadas com a negociação de posições, tal como sugeridas por Roger Fisher e William Ury neste quadro:

BRANDO	DURO	BASEADO EM PRINCÍPIOS

Os participantes são amigos.	Os participantes são adversários.	Os participantes estão solucionando um problema.
O objetivo é chegar a um acordo.	O objetivo é a vitória.	O objetivo é conse- guir um resultado sensato em forma eficiente e amistosa.
Faça concessões para cultivar a relação.	Exija concessões como condição para a relação.	Separe as pessoas do problema.
Seja suave com as pessoas e o problema.	Seja duro com o problema e com as pessoas.	Seja suave com as pessoas e duro com o problema.
Confie nos outros.	Desconfie dos outros.	Proceda independentemente da confiança.
Modifique sua posição facilmente.	Mantenha sua posição.	Concentre-se nos interesses, não nas posições.
Faça ofertas.	Ameace.	Explore os interesses. Evite ter uma última posição.
Dê a conhecer sua última posição.	Engane a respeito de sua última posição.	Invente opções de mútuo benefício.
Aceite perdas unilaterais para chegar a um acordo.	Exija vantagens unilaterais como preço do Acordo.	Apresente múltiplas opções entre as quais possa escolher; decida mais tarde.
Busque a única resposta: a que *eles* aceitarão.	Busque a única resposta: a que *você* aceitará.	Insista em critérios objetivos.
Insista em conseguir um acordo.	Insista em sua posição.	Trate de conseguir um resultado baseado em critérios independentes da vontade.
Trate de evitar um enfrentamento de vontades.	Trate de ganhar um enfrentamento de vontades.	Raciocine e perma- neça aberto aos bons argumentos
Ceda ante a pressão	Aplique pressão.	Ceda aos princípios, não às pressões

PREPARAÇÃO DA NEGOCIAÇÃO COM O MODELO HARVARD

O processo de preparação da negociação *segundo o Modelo Harvard* segue estas etapas:

Etapa de análise: Cada negociador trata de coletar

informação, organizá-la e refletir sobre ela, para chegar a um diagnóstico da problemática. Deverá despojar-se de informações contaminadas por emoções, das informações confusas ou distorcidas e, centrar-se em identificar seus interesses e os da outra parte. Terá que liberar sua criatividade para imaginar respostas e propostas úteis para o acordo.

Etapa de planejamento: Aqui, cada negociador toma os mesmos quatro elementos já mencionados (pessoas, interesses, critérios, opções) e os estuda uma segunda vez, buscando novas ideias sobre o que poderá fazer: como lidar com as pessoas; quais são os objetivos realistas da questão; quais são os interesses próprios e os da outra parte.

Etapa de discussão: Feito o primeiro ensaio de planejamento, cada negociador terá que discuti-lo e compatibilizá-lo nos quatro elementos mencionados, porque um bom planejamento ocorre por aproximações sucessivas. Assim se observarão as diferenças de percepção, os sentimentos das pessoas, as dificuldades de comunicação. Cada parte reconhecerá os interesses da outra e, então, ambas colaborarão na busca de acordos baseados em critérios objetivos para satisfazer interesses contraditórios. Isso permite chegar a um acordo prudente, sem as perdas de tempo geradas pelos regateios e entrincheiramentos.

Vamos examinar com maior detalhe cada um dos quatro elementos ou princípios que determinam o resultado da negociação segundo este modelo.

10.1 PRINCÍPIOS BÁSICOS DE NEGOCIAÇÃO COM O MODELO HARVARD

10.1.1 Primeiro princípio: separar pessoas e problema

Quero fazer um esclarecimento prévio sobre os procedimentos que vamos mencionar, e que considero uma contribuição valiosíssima do Modelo Harvard. Sem dúvida, esses procedimentos nascem de comprovada experiência em negociação, que tem dado prestígio e reconhecimento mundial a seus autores. Reconheço-os e assumo como muito valiosos para meu Modelo de Negociação da Cibernética Social embora, no essencial e operativo, eu dê um passo adiante.

Certamente, todo mundo se chateia com os problemas. Umas pessoas só se desgostam. Outras os tomam como uma ofensa pessoal. Outras os veem como um simples mal-entendido. Outras reagem de maneira violenta e buscam o causante do problema, exigindo-lhe um desagravo e a compensação pela perda ocasionada.

Antes de tudo, devemos entender que os negociadores são pessoas[30]. Não são seres abstratos. São humanos que têm emoções, valores profundos, procedências, experiências e pontos de vista diferentes.

Cada um tem seu ego que pode sentir-se ameaçado. Cada um vê o mundo desde seu ponto de vista pessoal, confundindo, frequentemente, suas percepções unilaterais com a realidade multilateral. Podem fazer interpretações equivocadas e exibir preconceitos que podem produzir mal-entendidos e fortes reações defensivas.

Assumir esta realidade com prudência é um bom começo para conseguir um acordo satisfatório. Os próprios negociadores têm o desejo de sentir-se satisfeitos consigo mesmos, e tratam que os demais também se sintam satisfeitos com seu desempenho.

Todo negociador tem dois tipos de interesses: no problema e na relação interpessoal. Todo negociador busca um acordo que satisfaça seus interesses. Por isso negocia. Além disso, interessa-lhe também a relação com a outra parte: ganhar uma negociação é bom, mas ganhar a outra parte como cliente futuro é ainda melhor.

A maioria das negociações deste modelo acontece num contexto de uma relação permanente. Os negociadores se esforçam para assegurar futuros negócios. A continuidade da relação é, então, mais importante que o resultado de uma negociação particular.

Temos tendência a confundir a relação interpessoal com o problema. Tendemos a tratar o problema e a pessoa como uma mesma coisa. É o que fazemos quando entramos no quarto de um filho: "Este quarto é um desastre"...

A irritação que manifestamos frente a uma situação, a transferimos à pessoa associada a ela. Confundimos, também, o problema real com o problema psicológico; e tiramos conclusões infundadas sobre a intenção ou a atitude da outra pessoa. **A Negociação baseada em Posições.** Nesse caso, os interesses da negociação se sobrepõem ao interesse nas relações interpessoais. Uma luta de vontades cria mais confusões que soluções, meu posicionamento indica como quero que termine a negociação, importando muito pouco como fique a relação. Quando um dos dois teima em sustentar sua posição a qualquer preço, quem está do outro lado vai logo concluir que nem a relação nem sua pessoa são valorizadas. E pode terminar aí a negociação.

Manter a separação entre o problema e a relação interpessoal permite enfrentar-se com o problema das pessoas. Não é difícil tratar um problema substancial e, ao mesmo tempo, manter uma boa relação. Isto, se as pessoas são o suficientemente equilibradas e comprometidas para tratar o problema, fundamentadas nos próprios méritos e legítimas aspirações. Haverá, então, uma relação sustentada em percepções precisas, comunicação clara, controle das emoções e visão de longo prazo.

Se o negociador que tenho em frente tem percepções distorcidas ou atrapalhadas, será preciso deixá-lo que se desafogue, cuidando para não chegar a destemperos emocionais. Nisso, a comunicação joga um papel fundamental.

Para entrar no labirinto do problema e das pessoas, é preciso ver, em separado, três categorias básicas: *Percepção, emoção e comunicação.*

Não podemos esquecer que, em todo processo de negociação, além do conflito a solucionar, o outro e eu temos problemas na maneira de encará-lo, seja pelo afloramento de emoções como a irritação, a frustração, seja por percepções unilaterais, ou por ruídos na comunicação emitida ou recebida. Analisemos com mais detalhes esses três elementos que definem a relação entre as partes:

Percepção

Compreender como pensa a outra parte é indispensável para resolver o problema. *Sua maneira de pensar é o problema.* Geralmente, as diferenças entre as partes provêm de "sua maneira" de pensar. Uma batida de carro é um exemplo: cada motorista tem uma visão diferente do problema, e alegará que a culpa foi do outro. O conflito não está na realidade objetiva, mas quase sempre na mente das pessoas. Ambas as partes coincidem em que houve a batida. Mas cada uma pensa de maneira diferente. Os fatos, ainda que apurados, pouco contribuem para a solução do problema. Podem concordar que a causa do problema foi: uma imprudência, excesso de velocidade, uma falha do semáforo, ou um pneu furado, mas seguirão discutindo sobre quem pagará os prejuízos.

É a percepção das pessoas o que constitui o problema numa negociação e, o que abre o caminho para uma solução.

Pôr-se no lugar do outro. A maneira de ver a realidade ou o problema depende do lugar e ângulo de observação. É como num estádio de futebol ou num teatro: uma coisa é estar nas primeiras filas e no centro;

e outra é ver, ouvir, apreciar e julgar estando nas últimas e nos lados. As pessoas sempre tendem a ver o que desejam ver, e sempre acatam os aspetos que confirmam suas percepções prévias, e facilmente descartam os que as contradizem.

O papel do verdadeiro negociador está em imaginar a situação como está sendo percebida pela outra parte. Isso requer *epoké*: *"suspensão de julgamento enquanto não obtiver todos os dados de forma coerente, e coincidentes com os da outra parte"*. Só com essa arte de empatia o negociador poderá ter influência sobre o oponente.

Compreender o ponto de vista do outro não quer dizer estar de acordo com ele. Pode ser que eu tenha que rever meu ponto de vista; mas isso é um benefício, não um custo, porque reduz a área de conflito e me ajuda a defender meus próprios interesses.

Não busque nas intenções do outro o que você teme. Se começarmos pensando que a outra parte é perversa, que o que busca é causar-nos prejuízo, estaremos predispostos a menosprezar tudo o que ela diga ou faça e não nos daremos conta de suas possíveis mudanças de posição.

Não culpe os outros por seu problema. Desde Adão e Eva, esta é uma reação muito comum, mas não é a solução. O único que conseguimos é que a outra parte se ponha na defensiva e resista a tudo o que lhe digamos. Não escutará e atacará toda vez que puder. Quando falamos sobre o problema, temos que ser o suficientemente inteligentes para separar o fato e a pessoa com quem estamos falando.

Comente as percepções de cada um. Se eu tenho percepções diferentes, o melhor é comentá-las explicitamente com a outra parte, de maneira franca, honesta e diplomática, sem culpar a ninguém, e dando à outra parte a oportunidade de manifestar-se da mesma maneira.

A comunicação clara e convincente do que quero dizer, com a outra parte disposta a ouvir e fazer o mesmo, é o melhor que podemos fazer para o êxito do processo de negociação. É provável que se passe da posição de opositores à de sócios.

Faça que o resultado seja do interesse deles, dando-lhes participação no processo. Se as pessoas afetadas não participam do processo de negociação, é pouco provável que aprovem o resultado.

Se observarmos como se fazem as leis em qualquer Congresso, Assembleia ou Parlamento composto por oficialistas e opositores, vemos que, na maioria das vezes, os oficialistas impõem seu projeto. Aos opositores só lhes resta queixar-se do resultado, das consequências por falta de diálogo com eles, e também com a sociedade. Democracia deveria ser sinônimo de respeito mútuo, de entendimento, de busca e encontro de uma posição comum, apesar das diferenças ideológicas...em suma, de negociação justa!

Tais leis oficialistas vão contar com uma oposição manifesta ou surda de uma grande parte dos cidadãos: leis vão por um lado, mas os comportamentos dos cidadãos vão por outro. "Feita a lei, feita a burla"...

Em muitas ocasiões, nos processos de negociação há conclusões desagradáveis. Se quisermos que a outra parte aceite uma conclusão que terá quer ser desagradável, *é fundamental envolvê-la no processo para chegar a essa conclusão.* Em outras palavras, a outra parte tem que descobrir por si mesma que não há mais alternativas que essa.

Um exemplo citado por Roger Fisher e William Ury: quando os brancos da África do Sul quiseram abolir as leis discriminatórias do *apartheid*, inicialmente se conformou um Comitê Parlamentar integrado só por brancos. Por magníficas que fossem suas propostas, sempre seriam insuficientes, pois nunca se incluíram negros no Comitê. Os nativos interpretariam que os homens brancos são seres superiores e que só eles poderiam resolver os problemas deles. Assim, nunca teriam assimilado o novo modelo de país e continuariam a sentir-se discriminados.

Pode dar-se, também, que os termos do acordo sejam favoráveis e, no entanto, a outra parte os rejeite porque foi excluída do processo. O acordo é fácil quando ambas as partes se sentem donas das ideias. A nova proposta deve conter sugestões de cada uma das partes para que cada uma a sinta como própria. Pedir seu parecer, dar-lhe crédito por suas ideias cria corresponsabilidade. O sentimento de participação no processo, depois do tema que se negocia, *é o fator que mais influi para que a outra parte aceite a proposta.*

Faça que as propostas dos acordos sejam compatíveis com os valores dos negociadores. É frequente que, mesmo depois que uma proposta foi aceita, as pessoas continuem resistindo. Querem evitar o sentimento ou a aparência, ante os demais, de que têm retrocedido frente à outra parte ou que têm claudicado na defesa de seus interesses. Conseguir um bom acordo é, também, conciliá-lo com os princípios e a autoimagem dos negociadores.

Emoção

Quando estamos tratando de negociar sobre algo que nos tenha causado muito desgosto, os sentimentos podem ficar mais importantes que as palavras. De fato, assim é. Nesses sentimentos se oculta mais de 90% da informação, ainda que não se tenha dito nenhuma palavra. Há irritação e há temor. A negociação começa com o risco de bate-bocas e agressões. E a negociação vai dar num beco sem saída ou se cancela. Para evitar isso, é conveniente seguir os seguintes conselhos:

Reconheça e compreenda suas emoções e as do outro. É conveniente tomar uma folha de papel e dividi-la em duas colunas. Numa, anote o que sentiu durante a última reunião de negociação. Na outra, faça o mesmo com a outra parte. Nervosismo, irritação, impaciência, desconfiança, frustração? Escreva.

O passo seguinte é perguntar-se: por que sinto isso, de onde vem? E o que tem causado as emoções da outra parte? É revanche por ofensas do passado? Será vingança? O problema está na personalidade dos negociadores?

Como você, a outra parte também tem sentimentos pessoais, esperanças, expectativas etc.; por isso afloram suas emoções.

Faça que as emoções sejam explícitas e aceite-as como legítimas. Convidar a outra parte a expressar suas emoções ajudará muito para que as negociações sejam mais proativas. As emoções que não são postas pra fora geram uma barreira que impede a negociação de avançar.

Permita que a outra parte se desafogue. Toda pessoa que chega para uma negociação carrega uma mochila de sentimentos negativos, de frustrações e raivas; e é preciso permitir-lhe esvaziar a mochila. Com isso, se consegue o alívio psicológico e a distensão indispensáveis para a negociação.

Por isso é fundamental ter muito autocontrole para escutar queixas e lamúrias, sem interromper com palavras que destoem, ou com ameaças de abandonar a reunião. A melhor estratégia é escutar em silêncio, sem comentários, esperando que termine de falar. Mesmo ficar anotando o que o outro diz pode ser imprudente, embora a informação vomitada na descarga emocional seja importante. Guarde-a na memória para usar no momento oportuno.

Não se sobressalte diante de uma explosão emocional. O desafogo das emoções pode ser perigoso se não há um moderador que controle; e pode virar uma briga de rua. Por isso é importante pôr regras, como não permitir que outras pessoas participem dando apoio ao vociferador. Esta e outras medidas evitam um contágio emocional coletivo e impedem que a situação fuja de controle.

Use gestos simbólicos. Há muitos gestos que nada custam e que podem gerar um impacto emocional positivo. Pode ser um aperto de mãos, um convite para jantar juntos e conversar sobre o ponto que ficou obscuro etc. A apresentação de desculpas por um mal-entendido ajuda a acalmar os ânimos.

Comunicação

Sem comunicação não há negociação. A negociação é consequência de um processo de comunicação e entendimento com o propósito de conseguir uma decisão conjunta. Nunca é fácil a comunicação, mesmo entre pessoas conhecidas e com objetivos comuns. Pensemos num casal que tem vivido junto por 30 anos. Pior será a comunicação entre pessoas que não se conhecem e que suspeitam das intenções um do outro. Não importa o que você diga, o outro vai, sempre, escutar algo diferente do que você disse. Conte com isso, pois nasce da falta de conhecimento mútuo.

Na comunicação, sempre ocorrem três grandes problemas:

O primeiro é que os negociadores se pronunciam, mais que nada, para a plateia, para fazer boa figura. Fazem muito jogo de cena, demorando a entrar na negociação.

O segundo é que, embora um negociador fale de maneira clara e direta, a outra parte não escuta. Está tão ocupada preparando sua entrada em cena, que não escuta o que o outro está dizendo neste momento. Se não escutamos com atenção o que diz a outra parte, nunca haverá comunicação. Sem sintonia...

Terceiro problema: Os mal-entendidos. As palavras são tão ambíguas que por si só geram mal-entendidos e conflitos, ainda que não fosse nossa intenção. A coisa se agrava se os contendores pertencem a diferentes países com outra cultura e outro idioma.

Vamos a um exemplo ilustrativo. "Mediador" em língua persa ou iraniana significa "intrometido"; "compromisso" para nós significa solução aceita pelas partes, mas para eles significa que "sua integridade se viu comprometida". Este mal-entendido ocorreu, em 1979, com a invasão da embaixada norte-americana de Teerã, com os funcionários tomados como reféns. Uma hora depois da chegada de Kurt Waldheim, Secretário General das Nações Unidas de então, anunciando que vinha como "mediador" com o "compromisso" de negociar o problema dos reféns, uma turba de manifestantes estava apedrejando seu carro.

Como enfrentar esses problemas?

Vou antecipar algumas respostas que tratarei de forma mais amplia no capítulo da comunicação, mais adiante.

Escute atentamente e decodifique claramente o que lhe dizem. Escutar é mais difícil do que parece, sobretudo sob pressão de uma negociação. Escutar é compreender as percepções do outro, sentir suas emoções e entender tudo o que trata de comunicar.

As interrupções ocasionais como "parece-me interessante sua proposta"... "não tinha pensado nesse ponto"... demostram à outra pessoa que de fato está sendo escutada; e ela, além de agradecida, ficará mais disposta a escutar você.

Saber escutar é prestar atenção ao que está sendo dito, pedir a quem fala que repita de maneira cuidadosa e clara o que quer dizer, pedir que repita algo que não se escutou bem etc. Enquanto se escuta, não se deve ainda pensar em respostas. Só se escuta.

Há pessoas que pensam que escutar os argumentos da outra parte pode enfraquecer sua posição de negociador. É o contrário, pois você pode até repetir o que o outro disse, como reforço de um argumento seu. Mas faça-o de maneira positiva e acatando o ponto de vista dele. Não mude nem entorte.

Compreender não é o mesmo que estar de acordo. Mas sem convencer a outra parte que entendo sua maneira de ver e analisar o problema, eu não poderei explicar-lhe meu próprio ponto de vista. Só então terei argumentos para iniciar um diálogo construtivo.

Fale de modo a fazer-se entender. Uma negociação não é um debate nem tampouco um julgamento. Os que estão negociando não estão tratando de convencer um terceiro, um ausente. A pessoa a convencer está ao nosso lado.

Deve-se discutir o tema como dois juízes ou dois médicos que tratam de pôr-se de acordo para resolver um caso, tratando-se como colegas em busca de uma solução conjunta. Não vamos persuadir a outra pessoa insultando-a, ridicularizando-a ou levantando a voz. Aqui, o importante é **admitir que as partes têm um problema em comum, mas têm pontos de vista diferentes.**

É mais fácil e rápido conseguir uma negociação quando se limita o número de participantes. Quando há mais negociadores haverá mais pontos de vista, muitas opiniões diferentes, muita perda de tempo, até conciliar tantos egos. Independentemente do número de pessoas que intervenham numa negociação, as decisões verdadeiramente importantes, geralmente se conseguem quando não há mais de duas pessoas na sala, negociando.

Fale sobre você mesmo, não sobre ele. É preferível dizer como se sente você sobre os fatos que precipitaram o problema, que apontar culpas da outra parte, o que a deixaria na defensiva.

Fale com um propósito. Às vezes, o problema não se deve à falta de informação, mas ao excesso dela e de boatos. Quando existe irritação e percepções errôneas, é melhor não dizer certas coisas. É preferível morder-se a língua. Antes de dizer algo, pense no que vai dizer e no como, certificando-se que seja algo significativo e que vai contribuir para a solução do problema.

É melhor prevenir que remediar. As técnicas descritas para o manejo de emoções, percepções e comunicação são muito úteis. Mas o melhor momento para solucionar o problema das pessoas é antes que o problema se apresente. Por isso é preciso criar e manter uma relação pessoal e institucional com a outra parte, e que a preocupação seja somente a negociação, preservando as relações pessoais e institucionais.

Estabeleça uma relação de trabalho. Ajuda muito conhecer a outra parte pessoalmente. Quanto mais rápido você converta um estranho num conhecido, mais fácil será a negociação. É conveniente averiguar que gostos e aversões ele tem, conversar sobre o que pintar, mas sem ainda tocar no problema suas eventuais soluções. O trato pessoal dá uma base de confiança para apoiar-se mutuamente no processo da negociação.

Enfrente o problema, não as pessoas. Se os negociadores se olham como adversários, é difícil a separação entre o problema a tratar e as personalidades. Cada parte estará na defensiva e não na busca de soluções para o problema. Melhor seria verem-se e agirem como sócios, mas...

É o caso de dos náufragos. Inicialmente competem por provisões, salva-vidas etc., e se veem como adversários. Mas se querem sobreviver, têm que cooperar. Chegados a uma ilha deserta, eles têm que separar os problemas objetivos – a sobrevivência – da questão de quem é dono de que: terão que cooperar para obter água da chuva, alimentos, acender e cuidar um fogo, porque o importante é salvar suas vidas.

Numa negociação, pode ajudar muito o mero fato de sentarem-se do mesmo lado da mesa para ver, juntos, os documentos, mapas, planos, ou o contrato que pretendem assinar. Isso é mais fácil quando houver uma relação de confiança.

Estruturar a negociação e executá-la da maneira exposta deve ser uma tarefa para ambas as partes, ainda que não ignorando interesses e percepções diferentes.

10.1.2 segundo princípio: para negociar, nos concentramos nos interesses, não nas posições

Para facilitar a compreensão deste tema, vou começar com um exemplo. Imaginemos uma família composta de pai, mãe e dois filhos que vão a uma autorizada comprar o carro com que sempre têm sonhado. Olham vários modelos, dialogam sobre o orçamento disponível, sobre as prestações etc., e decidem por um determinado modelo. Mas não entram em acordo sobre a cor do carro. O pai quer que seja vermelho, e a mãe, que seja branco; discutem entre eles e nenhum cede. Os filhos também opinam. Um deles se alia ao pai e o outro, à mãe. Até aqui, tudo democrático, com quatro votos; mas o problema segue sem resolver-se.

Nisso intervém o vendedor e diz: "Senhores, vejo que não estão de acordo quanto à cor. Que tal ver o catálogo de cores que nos oferece a fábrica? Aceitam e se sentam ao redor de uma mesa para examinar o catálogo. Descobrem que, além do vermelho e branco, há cor vinho metálico, prateado, azul metálico, verde escuro também metálico, cinza etc. Finalmente, vemos a família sair num carro azul metálico. A sugestão do vendedor foi o que os ajudou a entrarem em acordo e sair satisfeitos.

Aqui vêm as recomendações:

Para que a solução seja prudente, concilie os inter-

esses, não as posições[31]. No exemplo do carro, vemos que o conflito está nas posições assumidas pelas partes. Felizmente, o vendedor teve a ideia de mostrar-lhes outras opções para resolverem o problema.

Os interesses definem o problema. O problema básico numa negociação não é o conflito de posições, mas o conflito de necessidades, desejos, preocupações e temores das partes. Esses desejos e preocupações são *interesses*. E os interesses são a mola que move as pessoas.

Quando Israel e Egito se reuniram, em 1978, para negociar a paz no tratado de Camp David, suas posições eram incompatíveis. Israel queria conservar uma parte do Sinai a todo custo. Egito não queria ceder nem uma polegada de sua soberania. Por esse lado, o acordo era impossível.

"Mas a distinção entre seus interesses e posições foi o que definiu o acordo. O que interessava a Israel era sua segurança. O que interessava a Egito era sua soberania. Em Camp David, o presidente Sadat de Egito e o primeiro ministro de Israel, Begin, aceitaram um plano que devolvia ao Egito a plena soberania sobre o Sinai. Mas ao mesmo tempo, Egito garantia a segurança de Israel desmilitarizando grandes áreas. A bandeira do Egito ondularia por toda a península do Sinai, mas não haveria tanques egípcios perto de Israel.

A conciliação de interesses e não das posições é efetiva por duas razões:

1. Há várias posições que poderiam dar resposta positiva a um interesse.

2. Se se analisam os interesses que motivam as

posições opostas, é possível encontrar uma nova posição que satisfaça os interesses próprios e os da outra parte.

Por trás das posições opostas há interesses compartilháveis e compatíveis. Tendemos a pensar que as posições da outra parte se opõem às nossas e que os interesses também se opõem.

Se analisarmos os termos de um contrato de arrendamento, por exemplo, podemos descobrir que há mais interesses comuns e compatíveis, que interesses opostos.

Os interesses compartilhados do locatário e do locador são:

• *Ambos querem estabilidade.* O locador quer um locatário estável. O locatário quer um endereço permanente. Se não fosse assim, iria a um hotel.

• *Ambos querem que o apartamento se mantenha em bom estado.* O locatário vai viver nele e prefere um bom, a um deteriorado. O locador vê que aumenta o valor de seu apartamento se é mantido em bom estado.

• *A ambos lhes interessa manter uma boa relação.* O locador quer um locatário que pague pontualmente o aluguel. O locatário quer um locador que seja sensato e faça os consertos necessários.

Tem, também, interesses diferentes, mas não conflitivos:

• O locatário quer que lhe pintem o apartamento, mas não quer ficar no apartamento pelo cheiro de tinta fresca. O locador não quer pagar pela pintura do apartamento.

● O locador quer o aluguel pago no primeiro dia de cada mês. O locatário não se importa de pagar até uns 5 dias depois.

Com um pouco de lógica, os interesses compartilhados e diferentes nos levam a manejar com mais facilidade os interesses opostos: *o preço.*

Os interesses compartilhados nos levarão a:

● Fazer um arrendamento de longo prazo.

● Um acordo para compartilhar os gastos da pintura: Um paga os materiais e outro paga a mão de obra.

Os interesses compartilhados e os interesses diferentes, mas complementares, levam as partes a um acordo sensato e satisfatório para as partes.

Como identificar os interesses.

O melhor é falar de maneira clara e explícita. Mas há alguns interesses que não se podem fazer tão explícitos. Imaginemos que algum funcionário peça propina para atender você.

O mais prático é pôr-se no lugar do outro. Haverá alguma justificação para sua posição?

Pergunte: Por que não? Pense que o outro também tem uma opção. Se você quer que ele mude de opinião, deve conhecer qual é a opinião dele nesse momento. Mas ele também espera alguma resposta para conhecer minha opinião e decisão, aceitando ou não a proposta.

Ambos teriam que pôr-se no lugar um do outro para analisar consequências como:

- Impacto em sua pessoa e suas famílias.

- Impacto em seus interesses: seria um ganho ou uma desgraça?

- Consequências em longo prazo: econômicas, políticas, legais, psicológicas etc.

- Efeitos sobre outros partidários ou na opinião pública...

- Estabelecerá um precedente bom ou mau...

- Tomar esta decisão impedirá encontrar algo melhor depois?

- Essa ação é coerente com nossos princípios?

São perguntas que nos ajudam a entender que nossas decisões não são um cálculo matemático. Há um montão de variáveis e, nelas, um montão de valorizações e avaliações a serem feitas usando alguma escala.

Dê-se conta que cada parte tem interesses múltiplos. Ao aceitar um acordo, com as modificações que desejo, quero também que ele seja efetivo e eficaz. Busco a satisfação de meus interesses, simultânea com a satisfação dos interesses compartilhados.

Mas cuidado! Pode ser que a outra parte não coincida totalmente com você, só porque "estamos no mesmo barco". Cada pessoa é única e não se limita ao que vai no barco. Além dos interesses compartilhados "no mesmo barco", há uma excrescência de outros interesses pessoais que podem afetar a maneira como se efetivará o acordo inicial.

124

Os interesses mais poderosos são as necessidades humanas básicas. Estas necessidades são as preocupações fundamentais que urgem as pessoas. O paradigma mais conhecido das necessidades humanas é o formulado por Maslow:

FISIOLÓGICA BÁSICA alimentação, sexo.	PREVIDÊNCIA. SEGURANÇA emprego, saúde, propriedade privada.	FILIAÇÃO. PERTENÇA amor, carinho, afeto.	PRECEDÊNCIA. RECONHECIMENTO êxito, respeito, confiança	AUTO-REALIZAÇÃO. TRANSCENDÊNCIA espontaneidade, criatividade, moralidade.
1ª ORDEM	2ª ORDEM	3ª ORDEM	4ª ORDEM	5ª ORDEM
NECESSIDADES FISIOLÓGICAS		NECESSIDADES PSICOLÓGICAS		

Pirâmide das necessidades (Abraham H. Maslow)

O dinheiro é um motivador importante, mas não é o único. Pode tornar-se mais influente quando se associa a alguma das necessidades mencionadas; mas as negociações não avançarão enquanto uma parte creia que a outra está ameaçando a satisfação de suas necessidades básicas.

Faça uma lista. É necessário classificar os interesses das partes à medida que vão aparecendo. Funciona como *checklist* (lista para conferir se não esqueceu nada) que servirá para elevar a qualidade da negociação à medida que se receba nova informação.

A discussão sobre os interesses

O objeto da negociação é favorecer seus interesses. E a melhor maneira de que isso ocorra é comunicá-los à outra parte: fale, diga e explique quais são. Fale explicitamente sobre seus problemas e qual é sua preocupação.

Faça que seus interesses sejam vivos. Uma parte importante de seu trabalho é fazer que a outra parte compreenda a importância e a legitimidade de seus interesses. Por isso, seja específico, aponte os detalhes dos problemas que o desagradam. Não está atacando a outra pessoa; está pedindo que tome em consideração seu problema. Pergunte: Como se sentiria você se estivesse em meu lugar?

Reconheça que os interesses do outro são parte do problema. As pessoas nos escutam com mais atenção depois de saberem-se escutadas e atendidas por nós.

Não ponha a carroça à frente dos bois. Para que o outro escute e compreenda o que você quer, comece por definir o problema, mostrar os dados, as análises; só no fim, quando julgar que o outro entendeu e está de boa vontade, você apresentará conclusões e propostas. Tudo é processo a desenvolver-se com começo, meio e fim.

Olhe para frente, não para trás. Se analisarmos a discussão entre duas pessoas, quase sempre estão falando da causa que motivou o problema, do que o outro disse ou fez ou, de rixas antigas. É mais produtivo absolver o passado e pensar no futuro para harmonizar seus interesses no presente. Briga dá prejuízo e raiva; acordo dá lucro e prazer.

Seja concreto, mas flexível. Numa negociação é indispensável saber o que se quer conseguir, mas ao mesmo tempo estar abertos a novas ideias. Tudo está em movimento e mudança como as nuvens do céu. Por isso, ganha e vive mais quem tem mente aberta para captar o novo de cada momento e ajustar-se a ele. Os dinossauros não se ajustaram...

Seja duro com o problema e suave com as pessoas. Na negociação, o correto é não ficar arraigado na posição inicial, embora tenha que defender seus interesses, com toda a energia. A estratégia é **atacar o problema, mas não a outra parte.** É mais: ofereça apoio pessoal, escute com respeito, manifeste agradecimento pelo tempo que tem dedicado e o esforço que tem feito.

10.1.3 terceiro princípio: crie opções de benefício mútuo

O problema é conhecido pelas duas partes. Mas na hora do acordo e repartir "o bolo", parece difícil que a partilha satisfaça às partes. Uma opção, considerada favorável para mim, pode ser considerada como desfavorável para o outro. Diríamos, com resignação, "é melhor um mau acordo que um bom processo nos tribunais". Mas nenhum dos dois quer perder. Então, haja criatividade para inventar soluções vantajosas para as duas partes, para aumentar o tamanho do "bolo" antes de reparti-lo[32]. Começa-se pelo diagnóstico.

Diagnóstico

Quase sempre as pessoas que participam numa negociação preparam-se para uma disputa e creem que só há uma resposta. A própria de cada um. E por ela se vai à guerra. É como brincar de cabo de guerra: o lado com mais força arrasta o outro. Por que não entramos num acordo um pouco mais inteligentemente? Cortamos a corda, ficando cada lado com sua parte? Assim paramos de fazer força e podemos rir da aterrissagem imprevista que fizemos.

Por isso, quando numa peleja uma terceira pessoa intervém e "corta a corda", termina a peleja. Quem olha de fora, geralmente enxerga mais, porque não está emocionalmente envolvido. Isso é o que faz a criatividade. A criatividade cria mais opções. Mas temos que estar atentos para afastar ou superar os obstáculos que impedem a criatividade. Tais obstáculos podem ser:

1. Julgamentos prematuros.
2. A busca de uma única resposta.
3. A suposição que o tamanho do "bolo" é fixo.
4. A crença que a solução do problema cabe à outra parte.

Julgamento prematuro.

Quando se esgotam as possibilidades da lógica para resolver o problema, temos que acudir a soluções criativas.

O sentido crítico é o pior que pode haver quando se apresenta uma nova ideia. O julgamento, a crítica e a censura inibem a imaginação. Quando há tensão ou angústia. é difícil dar com soluções imaginativas. Se, além disso, temos que respeitar as "políticas estabelecidas" ou esperar "o que vai dizer" o Gerente Geral, a negociação encalhará. Por isso, é fundamental abster-se de emitir julgamentos, comparar e achar tudo impossível, quando se apresentam as novas ideias.

A busca de uma única resposta.

Muitas pessoas pensam que a invenção de novas alternativas de solução para o problema não é parte da negociação, porque diminui a distância entre as posições. Não as veem como novas opções. Os mais intelectuais temem que isso int

roduzirá mais elementos de discussão e retardará ainda mais o acordo.

Se logo no início, ficarmos com a supostamente

melhor proposta entre as apresentadas, é provável que tal decisão seja apressada e imprudente. **A suposição de que o tamanho do "bolo" é fixo.** É o mesmo que pensar que o que um ganha o outro perde. Jogo de soma zero. Se só conheço e enxergo este tipo de jogo, para que ficar revirando o problema com chuva de ideias? A realidade é que há outros tipos de jogos ganha-ganha; o "bolo" pode crescer e render mais que o atual.

A crença de que a solução do problema cabe à outra parte. É difícil ver novas opções se cada parte só pensa no seu lado. Ambas as partes têm que empenhar-se na busca de alternativas que sejam mutuamente atrativas. Não é auto boicote pensar no outro. É egocentrismo pensar só em si mesmo.

O REMÉDIO

Para imaginar opções criativas se necessita:

1. Separar o momento de imaginar soluções, do momento de avaliá-las.
2. Aceitar a busca de mais opções em vez de buscar uma única resposta.
3. Buscar benefícios mútuos.
4. Inventar maneiras de facilitar aos outros sua decisão.

Separar o momento de criatividade do momento de avaliação.

O julgamento e a crítica inibem a imaginação. A criatividade e a crítica são incompatíveis. Há um tempo de apresentação de dados e diagnóstico; há um tempo de uso criativo da imaginação para descortinar futuros e vias alternativas para tudo; por fim, há um tempo de apresentação de propostas e tomada de decisões. Primeiro invente; só depois selecione e decida. Para ser um bom negociador é necessário que você imagine coisas em soluções nunca pensadas antes. Uma reunião com amigos ou colegas, para fazer "brainstorming" ou "chuva de ideias", pode ajudar nisso. O grupo se limita a jogar ideias, quanto mais "loucas" melhor, sem parar para pensar se são boas ou não, absurdas ou factíveis. A triagem se fará depois.

Quando pretendemos organizar um *brainstorming* devemos tomar em conta algumas indicações: antes, durante e depois.

Antes da tormenta de ideias:

1. *Defina o propósito*. Que espera ao final de tal exercício?

2. *Selecione poucos participantes*. Entre cinco e oito está bem.

3. *Mude o ambiente*. O ideal é que seja um lugar novo, diferente dos outros. Busque que não haja interferência de outras pessoas, chamadas telefônicas e outras distrações.

4. *Crie um clima informal e alegre*. Tem que proporcionar gargalhadas e catarse.

5. *Selecione um facilitador*. Seu papel será motivar a reunião, provocando a participação de todos, reanimando a chuva de ideias com alguma pergunta, quando ela virar "garoa".

Durante a tormenta de ideias

1. *Faça que os participantes fiquem sentados um ao lado do outro.* Isso sugere a atitude de enfrentar o problema juntos. Sentar-se frente a frente convida à discussão, e não é hora disso, agora. Deve-se começar com a apresentação dos participantes. 2. *Lembre as regras, proibindo tudo que é censura, crítica, comentário.* Motivar a busca de alternativas de solução, mas não pela lógica e, sim, pela intuição, fantasia, brincadeira e piração. Do meio de tanto lixo, surge a grande ideia, como do meio da lama brota a flor de lótus. O que acontecer na reunião deve ser estritamente confidencial. 3. *Produção de ideias.* Entendidas as regras do jogo, e criado o clima lúdico, dá-se a largada para o voo da imaginação em busca de soluções alternativas para todos os ângulos do problema. A ideia de um vai provocando o "estalo" na cabeça dos outros. As sugestões devem ser em poucas palavras, apenas a sugestão, sem introduções e sem comentários. 4. *Anotar as ideias.* Duas pessoas podem alternar-se na anotação de uma ideia cada um, no quadro magnético ou em cartolinas, de modo visível e legível. Isso dá a ideia de trabalho coletivo e provoca o *insight* de novas ideias.

Depois da tormenta de ideias

1. Passa-se à triagem das ideias, identificando as mais promissoras e viáveis:

RANKING DE ALTERNATIVAS

CRITÉRIOS / ALTERNATIVAS	Espaço Distância		Cronologia Prazos		Personagens Capacitação		Custo Benefício		Jurisdição Alcance	
	SIM	NÃO	SIM	NÃO	SIM	NÃO	SIM	NÃO	SIM	NÃO
1.										
2.										
3.										
4.										
5.										

Feita a escolha das soluções mais prováveis, faça um ensaio de planejamento ou operacionalização das que pensa utilizar na negociação, seguindo este roteiro.

FLUXOGRAMA de um Projeto de OPERACIONALIZAÇÃO	1	2	3	4
ESPAÇO ONDE?				
CRONOLOGIA DE QUANDO A QUANDO?				
PERSONAGENS QUEM executará (prestadios) QUEM supervisionará? QUEM serão os clientes?				
QUAIS são os custos? Resultados esperados?				
Quem como exigidor? Sanções por descumprimento				

É possível uma tormenta de ideias com a outra parte? Há o risco de dizer algo que prejudique seus interesses, ou que a ideia que você apontou possa ser tomada pela outra parte, como um oferecimento concreto. Entretanto, o fato de produzir novas ideias entre todos os envolvidos na negociação, se possível, cria um clima muito favorável.

Se acontecer tal exercício de turbilhão de ideias, é preciso deixar explícito que as ideias e sugestões que aí brotarem não são acordos, mas apenas alternativas que, mais tarde, poderão ser formuladas como propostas. As sugestões, durante o turbilhão de ideias, têm um tom jocoso e equivalem a perguntas de questionamento. Será que? E se? Por que não? O tom e a linguagem das propostas são diferentes e equivalem a afirmações.

Amplie suas opções

Se tivermos conseguido um bom número de ideias e alternativas, será mais tranquilo entrar na negociação. A chave para uma decisão prudente é contar com um grande número e variedade de opções. Kissinger era famoso por chegar às negociações com todas as possíveis alternativas de solução já planejadas. A que fosse aprovada, estava pronta para a execução.

Multiplique as opções, indo do específico ao geral e vice-versa. A tarefa de inventar requer que nosso pensamento siga um processo, como este diagrama circular:

1° Pensar sobre um problema particular.

2° Realizar uma análise descritiva, onde fazemos um diagnóstico em termos gerais, identificando algumas causas.

3° Pensar no que talvez devêssemos fazer, tendo como fundamento o diagnóstico feito.

4° Sugerir uma ação específica viável, identificando possíveis pessoas ou agentes que pudessem conduzir o processo (planejamento e operacionalização).

Este diagrama circular[33] pode ajudar muito para inventar opções, com quatro passos básicos para inventar opções:

Veja através dos olhos de vários peritos. É verdadeiro o ditado: *"quatro olhos veem mais que dois"...* Qualquer problema pode ser visto por diversos ângulos, por diversas perspectivas, profissões e disciplinas. Por exemplo, o problema da custódia de uma criança, pode-se abordá-lo como pai, mãe, educador, psicólogo, advogado, nutricionista, médico, como treinador esportivo etc. Se juntarmos todas essas visões, temos uma visão interdisciplinar, muito mais completa que cada visão por separado. Cada um deles daria sua visão e sugestões que, somadas, garantiriam mais amplitude e segurança para nossas decisões.

Invente acordos de intensidade gradual. Se o momento não estiver maduro para um acordo final, podemos fazer acordos parciais ao longo dos procedimentos que teremos que seguir para resolver nosso problema. Pode-se, também, fazer um acordo provisório com prazo de vencimento e revisão. À medida que vamos fazendo avanços, ganhamos confiança mútua para chegar ao acordo definitivo.

Busque sempre o benefício mútuo. Pela crença que o tamanho do "bolo" é limitado, os dois perdem. Mas enquanto se preserva a relação, há esperança de poder encontrar uma solução criativa que satisfaça os interesses de ambas as partes.

Identifique os interesses comuns. Em teoria, todos sabemos que isso é bom. Mas na prática, é um pouco mais complexo, porque se o preço é bom para mim, pode ser que não o seja para a outra parte, e vice-versa.

Um exemplo: uma grande empresa de uma cidade, paga seus impostos e cobre todas suas obrigações em dia. Mas o prefeito quer subir as taxas municipais porque precisa de dinheiro para novos projetos de desenvolvimento.

O prefeito quer, também, atrair novas empresas. Mas as taxas mais caras desencorajam. Alguém faz a seguinte proposta ao prefeito: "Se você der uma isenção de taxas por sete anos às novas empresas que vierem para nossa cidade e, um abatimento para as empresas existentes que queiram ampliar-se, a Câmara de Comércio poderia fazer a campanha para atrair empresas". Se o prefeito se interessa pela cidade e tem visão de longo prazo, é quase certo que vai morder a isca. Vale a pena negociar!

Um negócio é bom, quando é bom para as duas partes. Quando um cliente se sente logrado pela má qualidade de um produto, não é só ele que perde. Perde, também, o dono da empresa, porque isso desmoraliza sua reputação e sua marca. Está comprovado, estatisticamente, que desfazer-se da má fama criada por um cliente insatisfeito custa 20 vezes mais que o produto vendido. Dito de outra maneira, recuperar um cliente insatisfeito vai custar 20 vezes mais, em trabalho e dinheiro, que buscar um cliente novo. Por isso, é melhor que as duas partes fiquem satisfeitas.

Quando falamos de interesses comuns devemos recordar três coisas:

1ª Os interesses comuns estão latentes em qualquer negociação; não são óbvios. Podem ser relações, podem ser oportunidades de colaboração no futuro etc.

2ª Os interesses comuns são oportunidades, não são milagres. Daí a necessidade de buscar um interesse comum e formulá-lo como um objetivo comum, concreto e olhando para o futuro.

3ª A insistência nos interesses comuns faz que a negociação seja mais fácil e amistosa.

Complemente os interesses diferentes.

Tomemos o caso das duas irmãs que queriam uma laranja. Resolveram parti-la pela metade, sem dar-se conta que uma queria comer a laranja e a outra só queria a casca para ralar e pôr num bolo.

Um acordo satisfatório é possível, muitas vezes, porque cada parte quer coisas diferentes, mas não contraditórias. Neste caso, as diferenças ajudam na solução do problema.

As diferenças que melhor se complementam são relativas a: interesses, crenças, o valor que se dá ao tempo, as previsões de futuro, a aversão ao risco etc. Há diferença de interesses:

A UMA PARTE INTERESSA	À OUTRA INTERESSA MAIS:
A forma	A substância
As considerações econômicas	As considerações políticas
As considerações internas	As considerações externas
As considerações simbólicas	As considerações práticas
O futuro imediato	O futuro distante
Os resultados imediatos	A relação
O concreto	A ideologia
O progresso	O respeito pela tradição
O precedente	O caso presente
O prestígio, a reputação	Os resultados
Os aspetos políticos	O bem-estar do grupo

Crenças diferentes: Se eu creio ter razão e você também acredita que tem razão, o que se pode fazer é contratar um árbitro imparcial que seja profissional ou perito no tema.

Diferentes valorizações do tempo: A um interessa mais o presente; a outro interessa mais o futuro. Ao vendedor de carros interessa a venda com pagamento a vista. Ao comprador interessa mais comprar em prestações, ainda que pague mais caro.

Previsões de futuro: A um vendedor não interessa o salário básico. Prefere que lhe aumentem a porcentagem de comissão, porque ele vende bem. A outro interessa ter um maior salário básico, pois sendo as comissões incertas, teme levar pouco pra casa no fim do mês.

Aversão ao risco: Às companhias mineradoras interessa mais evitar grandes perdas que conseguir grandes lucros. Por isso, elas propõem ao Governo pagar impostos mais baixos até reembolsar o que foi investido.

Pergunte ao outro o que prefere. Se apresentarmos à outra parte várias alternativas, podemos pedir-lhe que diga qual prefere. Pode ser que prefira uma, mas com restrições. Então, deve-se reelaborar a proposta, buscando coisas que sejam de baixo custo para você e de alto benefício para o outro, ou vice-versa.

Apresentar opções para que seja fácil decidir

O maior êxito para você é quando a outra parte toma a decisão que você queria. Por isso é preciso apresentar opções que sejam atrativas e de forma a facilitar a decisão.

Com quem você negocia? Com o negociador que está à sua frente? Com um chefe ausente? Com uma abstração como a Empresa? *O que negocia tem que ter o poder para negociar,* ainda que ele veja ou entenda o problema desde um ponto de vista próprio. É melhor tratar com uma só pessoa.

Que decisão tomar? Não se trata de dar-lhes um problema; se trata de dar-lhes uma resposta ou apresentar-lhes uma decisão fácil. Quanto mais alternativas, melhor. Pode-se organizá-las numa sequência por graus de facilidade ou dificuldade de implementação, ou por compatibilidade com a legislação. Citar precedentes facilita a tomada de decisões.

As ameaças não são suficientes. Buscamos sempre que os outros tomem uma decisão que nos agrade. Mas também tem que ser atrativa para eles, sobretudo no momento de ver as consequências ao pô-la em prática. Às vezes, vale advertir o que pode acontecer se não aceitarem o que estamos propondo. Mas é melhor apontar as vantagens que as más consequências, que podem ser tomadas como ameaça.

É conveniente que a proposta seja apresentada impressa, redigida em forma clara, suficiente, realista e, sobretudo, operacional. Que se possa levar à prática. Por isso a criatividade é fundamental em todo processo de negociação.

10.1.4 quarto princípio: em toda negociação os critérios têm que ser objetivos

Há uma lei que sempre aparece nos negócios, caracterizada como mini-max: Eu quero pagar o mínimo de aluguel e o locador quer o máximo.

Em geral, os negociadores resolvem este tipo de conflitos em base a posições, isto é, o que estão dispostos a aceitar ou não. Se tratarmos de conciliar os interesses em um enfrentamento de vontades, a negociação será pouco eficiente, com custos muito altos, ou fim da negociação. *A solução está em encontrar uma base que seja independente da vontade das partes, isto é, fundamentada em critérios objetivos.*

Necessitamos usar critérios objetivos[34].

Não se trata de dizer "já que fiz o teu gosto, agora tens que fazer o meu". Nisso não há critérios objetivos, que são especificações técnicas, costumes, riscos, opinião de profissionais na matéria etc.

Se falarmos do preço de um bem, podemos buscar critérios objetivos como: preço de mercado, custo de reposição e custo da depreciação, em vez de tomar o preço do vendedor como única referência.

O importante é negociar a solução baseada em princípios, não em pressões e gostos; nos méritos da questão e não em quem levanta mais a voz. Em suma, estar aberto às razões e fechado às ameaças e aos caprichos. **A negociação baseada em princípios produz acordos prudentes, amistosos e eficientes.** Quanto mais demonstrações possamos dar de equidade, eficácia e rigor científico para sustentar nossa proposta, mais possibilidades teremos de conseguir um acordo prudente e equitativo. O precedente e os costumes do meio, também são de grande ajuda, porque as experiências geram segurança.

Toda interação está ameaçada por relações de dominação e subordinação. Mas quando usamos critérios objetivos, é mais fácil evitar a imposição do poder dominador na negociação.

Os critérios objetivos são ainda mais úteis, quando há mais partes envolvidas numa negociação. Perde-se menos tempo e se encontram mais facilmente as soluções. Se há muitas partes envolvidas e se instala uma luta de posições, teremos que fazer alianças entre grupos, consultas com os superiores; e qualquer proposta aprovada é quase impossível modificá-la depois, porque haveria que desfazer e refazer consultas etc.

A identificação de critérios objetivos. A identificação de critérios objetivos, e como aplicá-los na negociação, é uma tarefa chave. Por isso, requer preparação oportuna.

Por exemplo, se vou à companhia de seguros exigir indenização para meu carro que foi batido, precisarei de dados assim:

- Custo original do carro, menos a depreciação.
- Preço atual de mercado.
- Valor de catálogo desse modelo e ano.
- O que custaria a reposição por um similar.
- O valor estimado por um grupo de peritos nessa atividade.

Pode ter haver outros dados e critérios como:

O valor de mercado

A decisão de um tribunal

Custos morais

Tratamento equitativo

Tradição

O precedente

Eficiência

Reciprocidade

O julgamento científico

Critérios profissionais etc.

Em síntese, os critérios objetivos devem ser independentes da vontade das partes e, além disso, legítimos, práticos e aplicáveis a ambas as partes.

Procedimentos equitativos. Para conseguir um acordo que seja independente da vontade das partes, podem-se usar critérios equitativos para avaliar a questão em profundidade, ou procedimentos equitativos para resolver os interesses em conflito.

Lembremos os dois meninos que acharam o bolo que a mamãe havia comprado. A mãe foi quem pôs em prática o procedimento equitativo: *"Não importa quem parta o bolo, mas o outro terá o direito de escolher o pedaço que quiser"*.

Este foi o procedimento que se usou nas Nações Unidas, quando se discutiu a Lei do Mar para destinar lugares de exploração mineira submarina. A metade dos lugares seria explorada por empresas privadas; e a outra metade, por uma empresa mineira que seria propriedade das Nações Unidas. Ficou decidido que a empresa privada que quisesse explorar uma jazida submarina teria que apresentar à empresa das Nações Unidas os lugares de exploração, dando a esta o direito de escolher. Como a empresa privada não queria correr o risco de perder e não sabia qual dos dois lugares lhe seria destinado, trataria que os dois lugares fossem igualmente prometedores.

O mesmo se pode fazer no caso de um divórcio, antes que aconteça. Os pais podem fazer acordo sobre a guarda compartilhada dos filhos, os direitos de visita, a partilha dos bens etc. Às vezes, há bens que não podem ser divididos. O melhor, então, seria tirar a sorte, ainda que o resultado seja um tanto desigual; mas as duas partes têm igualdade de oportunidades. A parte favorecida compensaria econômica ou monetariamente a outra.

Um procedimento muito conhecido é buscar um perito, que seja mediador, que só assessore ou que também decida. Deve haver um acordo prévio sobre a obrigatoriedade da decisão do mediador.

A negociação com critérios objetivos

Uma vez que temos os critérios e os procedimentos objetivos, segue-se a negociação, a busca do acordo. Este modelo de negociação tem três elementos básicos:

1. Formular cada aspeto como uma busca comum de critérios objetivos.
2. Ser razoável e escutar a outra parte para encontrar os critérios mais apropriados e a maneira de aplicá-los.
3. Nunca ceder ante a pressão; só ante princípios.

Formular cada aspeto como uma busca comum de critérios objetivos. Se estou tratando de comprar uma casa, entre comprador e vendedor vai haver divergência sobre o preço. O objetivo é determinar, entre os dois, qual é o preço justo.

Cada parte vai expor suas razões de por que o preço está alto ou correto, ou como chegou a tal cifra. Antes de tudo, é melhor *pôr-se de acordo nos princípios e critérios* que se usarão para encontrar um valor justo e equitativo.

Seja razoável e escute razões. Se buscarmos um acordo benéfico para ambos, o melhor é ir preparado com vários critérios objetivos, mas chegar à negociação com mente aberta, porque podem surgir novas opções mais atrativas, nas que não havíamos pensado.

Cada parte tem seu momento para expressar seus critérios, e todos podem ser perfeitamente legítimos, ainda que sejam diferentes. Neste caso, busquemos qual critério está sendo utilizado com mais frequência. Se ambos os critérios legítimos dão um resultado diferente, pode-se condividir a diferença.

A combinação de abertura e a insistência de ambas as partes em encontrar uma solução baseada em critérios objetivos, faz que este tipo de negociação seja tão persuasivo como efetivo.

Nunca ceda ante a pressão. Gritos encobrem argumentos fracos. Ao negociar a construção de minha casa, não posso negociar sobre o preço daquilo que garante a segurança e estabilidade da casa. Isso é intocável. Se, para baixar o orçamento, tenho que diminuir a profundidade dos fundamentos e uso de cimento, estou fazendo um mau negócio. Estou pondo em risco tudo, a casa, minhas coisas e, o mais grave, a minha família. Poderei negociar outras coisas, como a cerâmica, as luminárias, mas não posso negociar os fundamentos. Mas a pressão pode ter muitas formas: suborno, ameaças, a "confiança que já existe" ou, simplesmente, fechar-se e negar-se a continuar.

Nesses casos, pede-se à outra parte que explique suas razões, apresente outros critérios mais objetivos etc., mas nunca devemos submeter-nos à negociação por posições. E se a outra parte não cede e não justifica sua posição, simplesmente termina a negociação.

É como entrar numa loja onde os preços são fixos. Posso aceitar ou não. Se o dono da loja é irredutível à negociação de um preço, eu posso decidir procurar o mesmo produto noutra loja ou pagar o preço exigido para não perder mais tempo.

11 AVALIAÇÃO DOS MODELOS APRESENTADOS

11.1 Sistema eu ganho– você perde

(modelo de competição)

N ão podemos sequer qualificá-lo como um sistema de negociação. Seu único fundamento ou argumento é a luta, a confrontação. Meu opositor é um inimigo e tenho que derrotá-lo custe o que custar, num vale tudo de jogo sujo, sonegação de informação, artimanhas, ameaças, estratagemas etc. É uma posição de dominação e até de intimidação para o oponente, se este não se submete às decisões de quem se atribuiu poder de superioridade que joga com a paciência ou a exasperação do outro para submetê-lo.

Não há um quadro de referência para avaliar as necessidades do outro, nem existe um diagnóstico de consenso; e tampouco há interesse por buscá-lo, já que o objetivo é ganhar a todo custo. Não há limites nem escrúpulos. Se a outra parte não cede à pressão, o jeito será tirá-lo do caminho ou, ao melhor estilo gangster, eliminá-lo.

Aqui não existe a possibilidade de manter uma relação de futuro. O nível de desespero da outra parte pode ser tal que é preferível salvar 5% do bolo que perder tudo. E a dignidade? Ficará o consolo de nunca mais voltar a encontrar esse animal.

11.2 Sistema de negociação ganha-ganha

(modelo de colaboração)

Sem dúvida, os autores do modelo de negociação ganha-ganha ou negociação branda, começam a esboçar um quadro referencial viável para o processo da negociação. Entretanto, ele é um tanto deficiente quanto à obtenção e classificação da informação, como veremos mais adiante com a apresentação do Hológrafo das Ciências Sociais.

Herb Cohen introduz os Princípios Básicos da Negociação como medulares em todo processo de negociação, que são: **informação, poder e tempo**.

INFORMAÇÃO

Todo negociador deve ter:

Informação própria e, sobretudo, a **informação** que tem a outra parte, a conhecida e a que estará ocultando.

Informação sobre o **tempo** de que disponho e sobre o tempo de que dispõe a outra parte para negociar, o conhecimento dos prazos limite. Se o oponente está premido pela necessidade de resultados rápidos, eu utilizarei todos os estratagemas possíveis para fazê-lo perder tempo, pois quando chegue o prazo limite, aceitará qualquer coisa que se pareça a um acordo, embora desfavorável. Se sou eu que informo que tenho pouco tempo e que devemos conseguir um acordo rápido, estou perdido. Estou capitulando antes de ter disparado o primeiro "tiro". *Informação* sobre o **poder** do negociador que está sentado à sua frente. Sentar-se a negociar com uma pessoa que não tem poder para decidir, é perder o tempo.

Mas, agora, o problema é classificar a informação e processá-la, porque há muitos detalhes informativos que não estão na exposição verbal ou no vocabulário, ou no que está escrito; estão na maneira de apresentar a informação, na interpretação que dão a essas palavras e a resposta ou reação que desencadeiam. Pela comunicação verbal **nos informamos** do que a gente **diz**. É como ler o jornal ou uma revista. Mas pela comunicação não verbal, ao vivo, **sabemos** o que a pessoa **comunica** e por que o faz assim. Seus gestos, sua postura, seu tom de voz e sua expressão facial me dão informações que as palavras não me dão.

Em síntese, na linguagem não verbal, há conteúdo importantíssimo, que precisamos saber como aproveitar melhor. Carecemos de um verdadeiro quadro referencial que nos ajude a classificar e ordenar a informação recebida, para uso posterior. Só os quadros referenciais permitem pôr cada coisa em seu lugar, enquanto o discurso linear, de livre associação, gera dispersão incontrolável.

Esta falta de quadros de referência nos leva a mover-nos a esmo, por ensaio e erro e, com maior risco. O mal menor seria a muita perda de tempo por repetições de informação, por informação incompleta ou interpretações distorcidas, mesmo se houver boa vontade. Os quadros de referência, suas características e dicas de uso virão mais adiante.

O PODER

Individualmente, poder é a capacidade operativa, realizadora. Coletivamente, poder ou liderança é conseguir um controle tal sobre pessoas, que elas farão o que se lhes pedir ou ordenar, usando qualquer recurso, tática ou arsenal. O Poder está em toda parte, como imposição da natureza para formar hierarquias, que os igualitaristas querem suprimir, e os neoliberais querem ampliar.

O termo PODER tem conotações desagradáveis porque, quando é desproporcional, implica a odiosa relação amo-escravo. Quando a gente se queixa do Poder, o faz por duas razões:

1. **Não gostam como está sendo exercido.** É manipulador, coercitivo, dominante. Está <u>sobre</u> os demais, não <u>com</u> e <u>para</u> os demais. É um abuso.

2. **Não estão de acordo com o objetivo do poder.** Se o objetivo de quem tem o poder é explorar e oprimir, ninguém o vai aceitar e aguentar por muito tempo.

O Poder nunca deve ser um objetivo em si mesmo. Nem uma demonstração de superioridade autoritária, obrigando os "vassalos" a render-lhe preito e não ter opinião própria. Com um tal "poderoso" tão endeusado, nem pense em negociação. Seria uma honra estar "a serviço dele", pensaria o entronizado psicopata.

O Poder é o meio ou o instrumento para que as coisas se façam, para que se resolvam problemas e necessidades e se amenizem as dificuldades da vida. Esse poder, para que não se faça tirânico, deve ser harmonizador e equilibrado com as outras posições. Tem que ser *triádico*, como apresentarei mais adiante. Todos temos poder, não só o que manda. "Você tem poder se acredita que o tem".

Dentro do razoável, você pode fazer o que quer se:

* é consciente de suas opções;
* comprova suas possibilidades;
* se arrisca de forma calculada e com boa informação;
* acredita que tem poder.

Aviso: *se você não tem poder, não tem por que sentar-se a negociar*. Sempre sairá mal. Numa negociação, sempre temos que decidir. Podemos consultar com outras pessoas, assessores etc., mas o poder *de decisão pertence ao negociador*. Isso vale para qualquer sistema de negociação e para qualquer caso que negociemos.

O TEMPO

A maioria das pessoas pensa que a negociação é um acontecimento com um início e um final bem definidos. Pensa que há um prazo fixo e nesse prazo têm que sair os acordos e as soluções. Em outras palavras, parece que o valor do tempo é maior que o valor do acordo que buscamos.

Quando você vai pedir um aumento ao chefe, o acordo sempre se produz ao final, depois de uma série de vaivéns. Mas quantos lances e tempo foram necessários até chegar ao acordo? Não há uma resposta previsível. O que, sim, se sabe é que em *qualquer negociação, como nas vendas, o acordo se dá pouco antes de chegar ao final com um aperto de mãos.*

Se eu conheço seu prazo e você não conhece o meu, quem leva vantagem? Se você é intransigente quanto aos prazos e eu sou flexível, quem leva vantagem?

Eu, porque à medida que nos aproximamos do prazo limite, a urgência aumenta a pressão encima do outro que será levado a *fazer concessões.* Eu percebo que ele vai ficando nervoso (**percepção da linguagem não verbal = informação**) e eu trato de demorar os acertos finais. Ou posso exigir mais do que ele estava disposto a ceder, porque está quase na hora de ir para o aeroporto.

Quando Vietnã e EUA quiseram negociar o fim da guerra, foram a Paris. Os negociadores americanos se hospedaram num grande hotel, **pagando por semana.** Segundo eles, a negociação era coisa de poucos dias. Os vietnamitas alugaram uma chácara nos arredores de Paris, **por dois anos e meio.**

Passaram dois meses *discutindo o formato da mesa de negociações.* Tinha que ser redonda e compacta, sem espaço vazio (orifício) no centro. Não podia ser fabricada por módulos e os marceneiros tiveram que fazê-la na própria sala de negociações. Enquanto isso, os vietnamitas esperavam na chácara, até a mesa ficar pronta.

Alguém perguntará: por quê?

Porque eram mais de trinta negociadores e não havia nenhuma mesa desse tamanho. Como os vietnamitas estavam em vantagem, tanto em Paris como no campo de batalha, ficavam descansando em sua chácara, enquanto os americanos entravam em exasperação, porque se multiplicavam as semanas de hotel em Paris e, suas baixas no campo de batalha.

Por que as negociações de paz não foram satisfatórias para os Estados Unidos? Primeiro, porque foram às negociações com tempo medido. Queriam acabar logo a guerra e a derrota. Depois, os meios de comunicação os pressionavam; a opinião pública não podia ser mais hostil a essa guerra e ao presidente Nixon; já tinham 45.000 mortos (quando assinaram a paz já tinham mais de 60.000). Era urgente assinar a Paz imediatamente.

Os vietnamitas, entretanto, tinham uma história de 500 anos de guerra com seus vizinhos e, ultimamente, com os poderes coloniais da França e dos EUA. Que lhes importavam 20 anos a mais? Estavam acostumados.

Conclusões:

1. Em qualquer negociação, toda parte que intervém tem um prazo limite. E os vietnamitas também o tinham, embora não o demonstrassem. Se não, não teriam ido a Paris.

2. Os prazos limite (os próprios e dos outros) são mais flexíveis do que imaginamos. São meras autoimposições decorrentes de noções de autodisciplina, controle do próprio tempo, e de outros compromissos à espera.

3. Numa negociação problemática, é preciso analisar os prazos e tomá-los em consideração, mas não dá-los a conhecer à outra parte.

4. A outra parte, por mais calma e serena que se apresente, também tem um prazo limite, mais ou menos

dilatado que o nosso.

5. Os prazos da negociação também podem ser negociáveis.

6. A maioria das concessões e dos acordos acontece perto do prazo limite, ou pouco depois. SEJA PACIENTE. A verdadeira fortaleza está em aguentar essa tensão, sem retirar-se nem armar guerra. Tenha calma, atento ao momento mais favorável para agir.

7. Um acordo apressado só se justifica, obviamente, quando nos é favorável, o que não é comum. Boas negociações requerem tempo e persistência.

O modelo de negociação de Herb Cohen é, sem dúvida, sabedoria baseada na experiência. Não por acaso foi um pioneiro no difícil campo da negociação. Seus princípios devem ser tomados muito em conta quando nos sentamos a negociar.

Mas deixemos claro que é um modelo de negociação baseado em posições que, ainda que seja brando, não é recomendável. Seguem marcadas as posições e as táticas de ludibriar o adversário, pelo desejo de aproveitar-se das debilidades dele. Quem se saiu melhor pensa: O acordo foi assinado e será obrigatório ao outro cumpri-lo.

Mas o que se assinou é um verdadeiro acordo? Será que o desfavorecido vai querer novos negócios ou encontros com o espertalhão que o passou pra trás?

11.3 O modelo de negociação de harvard

O Modelo de Negociação de Harvard é, indiscutivelmente, um avanço extraordinário sobre o modelo anterior. Marca um procedimento ou uma metodologia que visa a preservar a relação com a outra parte, até chegar ao acordo, por meio de *uma comunicação clara e aberta*. Aqui não há lugar para comunicação estratégica ou despistadora; as partes devem conhecer mutuamente os verdadeiros interesses em questão.

Este modelo formula um primeiro esboço de quadro referencial quando estabelece os itens de uma negociação:

- As pessoas
- Os interesses
- As opções
- Os critérios

Identifica, também, se são interesses que pertencem à organização ou ao negociador, o que situa melhor os negociadores. Uma listagem de itens, como acima, é melhor que um texto linear, mas não é ainda, tecnicamente, um quadro referencial. Este teria que classificar toda a informação com os devidos pesos, indicar modalidades de processamento e oferecer alternativas de uso.

O procedimento. Aqui, os autores propõem, de

maneira expressa, os passos do processo de negociação, semelhante ao que propõe o Movimento pela Qualidade Total para a solução de problemas (PDCA – *Plan, Do, Check, Adjust*):

● **A preparação** consiste em colher informações sobre o problema, sobre os interesses e táticas da outra parte implicada, em prever possíveis ocorrências no processo da negociação e delinear possíveis alternativas. É indispensável ter, bem claros, os objetivos a alcançar, o plano básico e as estratégias para isso, ainda que se tenha que modificar ao longo do processo.

● **O diagnóstico** é a clara identificação da situação e dos interesses pendentes de ambas as partes. Na elaboração desse diagnóstico, as partes trabalham em colaboração para definir claramente a situação, suas necessidades e prioridades.

● **A criatividade** é a busca conjunta de ideias novas para solucionar o problema. Propõe-se o *brainstorming* como uma ferramenta para encontrar novas soluções, já que as anteriores foram descartadas.

● **As decisões** se tomam de comum acordo entre as partes. Se isso não é possível, recorre-se à opinião ou experiência de peritos, o que dá cabida à interdisciplinaridade técnico-profissional, para garantir maior acerto na decisão a ser tomada.

● **Os critérios objetivos.** As decisões a tomar pelas partes têm que ajustar-se a dados da realidade e não a voluntarismos ou caprichos pessoais. Se não se obedece a critérios objetivos, a solução está na decisão de alguém que seja independente dos caprichos das partes. É tarefa comum a ambas as partes a busca desses critérios que não permitam interpretações personalistas.

O Método de Harvard tem contribuições muito valiosas, mas faltam-lhe coisas importantes como as da **Cibernética Social Proporcionalista**, que apresentarei mais adiante: um paradigma geral; uma conexão da mente negociadora com as neurociências e o método científico; e ferramentas como os quadros referenciais, os modelos icônicos e os roteiros operativos de transformação da realidade. Trata-se de uma metodologia geral para as Ciências Sociais e Humanas na coleta de dados e **diagnóstico**; na **criatividade** para não ficar amarrado ao passado; na **planificação** bem operacionalizada para não agir a esmo; na **administração ou gestão** para implementar e tirar do papel o que se planejou; na **supervisão** com reajustes para não se desviar dos objetivos; e no **feedback** para avaliar os resultados e reorientar os passos do próximo período de ação.

Valorizamos o esforço dos verdadeiros pioneiros e investigadores até aqui apresentados, cujo trabalho e responsabilidade reconhecemos. Não por acaso, foram os mentores por trás de acordos tão importantes como os de Camp David, das Nações Unidas e dos governos norte-americanos e soviéticos para os Tratados Salt I e II e, posteriormente, os Tratados START I e II, graças aos quais se reduziram três quartos do arsenal nuclear das duas potências. Deixamos aqui registrado nosso grato reconhecimento a eles.

12 A CIBERNÉTICA SOCIAL PROPORCIONAL APLICADA À NEGOCIAÇÃO

Antes de iniciar a leitura deste capítulo, permito-me fazer uma sugestão ao leitor. É um capítulo mais abstrato; considero, por isso, conveniente reduzir a velocidade da leitura, posto que se topará com termos e conceitos novos, que ainda não se encontram na maioria das Ciências Sociais e Humanas. Estes novos vocábulos tiveram sua origem na Escola Pós-graduada de Sociologia e Política de São Paulo, um instituto da Universidade de São Paulo – USP. Há um glossário para consulta, ao final do livro, o que tornará a leitura mais lenta.

Os novos conceitos, referenciais gráficos e modelos que apresentarei requerem observação atenta e a formação de novos "mapas mentais" pelo leitor. É possível que com a primeira leitura lhe fiquem pontos obscuros. Por isso, minha sugestão é que não basta "ler": é preciso "estudar" este capítulo. Uma vez assimilados esses novos conceitos e instrumentos de trabalho, será muito mais fácil entender o novo modelo de negociação. E, entender por que o subtítulo "um passo adiante de Harvard".

Na Introdução do livro, indiquei que meu objetivo é aplicar os princípios do Hológrafo das Ciências Sociais e Humanas, ideado por Waldemar De Gregori e sua equipe de colaboradores, como um novo modelo de negociação que incorpora alguns aspetos já tratados no Modelo Harvard: a formulação de diagnóstico, a criatividade, as decisões com critérios objetivos como ferramentas muito válidas. Mas creio que se pode ir além. Daí o subtítulo UM PASSO ADIANTE DE HARVARD.

A apresentação do *"Hológrafo das Ciências Sociais e Humanas"* nos proporciona um "**novo paradigma**", com uma nova teoria do por que dos conflitos. Isto é, uma nova maneira de entendê-los e uma nova maneira de encontrar as soluções. No fundo, é uma "**Nova Teoria do Conhecimento, da Criatividade e da Ação**" que pretendo aplicar à *solução de conflitos;* mas que pode ser aplicada em qualquer campo de pesquisa em Ciências Sociais e Humanas. Só é preciso familiarizar-se com ela, como com qualquer novo aplicativo.

Começarei por apresentar, em forma detalhada, cada um desses elementos desta esta Nova Teoria dos saberes, para entender como levar melhor um verdadeiro processo de negociação.

12.1 O Paradigma Tri-uno da Cibernética Social

Paradigma, por definição, é um modelo exemplar com um esquema formal. Um paradigma é um modelo, um método de percepção e de *organização mental*, indispensável no campo das Ciências Sociais e Humanas, como é a negociação. E isso é a Cibernética Social: um novo método de percepção e operação da realidade de que somos parte.

A Cibernética, como tal, é a interação e o controle ou governabilidade entre as partes de um todo.

A Cibernética Social é a interação e o controle ou governabilidade entre as partes de uma instituição, uma sociedade, com a aplicação de *todas as ciências sociais e humanas*[35]. Não descarta nenhuma informação e nenhuma contribuição particular de qualquer dos saberes, se ajuda a entender e melhorar a realidade.

A Cibernética Social parte do princípio de que tudo são sistemas de *energia-matéria* e *informação,* com que se move o ecossistema global. Toda essa informação chega a nós, inicial e aparentemente, de maneira caótica e desordenada. E o ser humano, em seu desejo de compreender, tem ideado diversas formas de interpretar a informação dos sistemas de energia-matéria, com o que chamamos conceitos, linguagem, quadros referenciais, modelos etc. para ter uma cosmovisão.

Ao longo da história, têm existido diferentes metodologias e tentativas de explicar a realidade a partir de diferentes ângulos, como a filosofia, a religião e as ciências físicas e as sociais. As ciências físicas, integradas pela linguagem matemática, têm tido mais êxito em sua cosmovisão da realidade física, enquanto as ciências sociais e humanas se fragmentaram em disciplinas que não terminam de subdividir-se, com intermináveis discursos, sem ferramentas de trabalho e com pouca utilidade prática.

Com o avanço e evolução dos tempos, muitos dos modelos de pensamento e suas crenças foram-se modificando. Entretanto, muitas instituições e pessoas não vivem à altura dos saberes atuais, e continuam apegadas a modelos antiquados, principalmente em ciências sociais e humanas, por tradição e inércia atávicas.

A Cibernética Social é um passo adiante em ciências sociais e humanas, por trazer um novo paradigma mental, referenciais e modelos para integrá-las e ferramentas para torná-las mais práticas e úteis.

Este novo paradigma considera que a constituição e informação de todos os sistemas, desde o átomo, as moléculas, as células, os órgãos, as plantas, os animais, até o ser humano, os grupos, as sociedades, a cultura, tudo é expressão da *energia triádica ou tri-una* (três partes ou forças que interatuam de forma integrada) como o corrobora a física quântica.

A interação das três partes e forças que compõem

e movem cada sistema é denominada *Jogo Triádico ou tri-uno,* no qual "três formam um" e cada qual é sempre "um de três" (como - mãe, pai, filho – compõem o sistema-família; como - eu, tu, ele - compõem o sistema grupal; como – latitude, longitude, altitude – compõem o sistema espacial; como – direita, centro, esquerda – compõem o sistema político etc. Uma negociação é um jogo triádico.

A energia triádica evolui por sistemas triádicos cada vez mais complexos, interconectados em rede ou cadeia tridimensional e tridirecional, formando o ecossistema global. Os *sistemas-parte* do ecossistema global se inter-produzem, se inter-apoiam e se inter-sustentam. Fazem isso por intercâmbios do fluxo expansivo de energia. Este fluxo se pode distribuir em três etapas ou momentos: *input* (demanda e tomada de energia ou insumos-satisfatores para suas necessidades); *processamento e transformação* (trabalho de adaptação do input para sua assimilação pelo sistema); e *output* (efeito, informação, e produtos excedentes que serão oferta ou inputs para outros sistemas)[36].

Esta energia triádica existe em diferentes esferas, dimensões ou estágios de complexidade que, em

Cibernética Social se denominam **Esferas Dinâmicas**[37] do acontecer da vida:

- **Dinâmica futuro-universal.**
- **Dinâmica da simbolosfera (cultura)**
- **Dinâmica de grupos (poder).**
- **Dinâmica prestusuária (economia).**
- **Dinâmica individual (programação familiar-escolar).**
- **Dinâmica mental (uso dos três cérebros.**
- **Dinâmica ambiental (nós, no ecossistema).**
- **Dinâmica matergística (energia+matéria).**

8. Din. Futuro-Universal - expectativas de maximocracia e infinito dados por religiões, utopias.
7. Din. Simbolosférica – abstrato/virtual teórico número-verbal, icônico-ficcional e monetário.
6. Din. Grupal - subgrupos disputantes de poder, interações, política, Estado, inter-regulação
5. Din. Prestusuária - luta de sobrevivência/reprodução, trabalho, mercado, economia
4. Din. Individual - programação familiar-ambiental feminina, masculina, jhomo, auto-condução
3. Din. Mental – cérebro tri-uno, competências tricerebrais, Ciclo Cibernético deFeedback-CCF
2. Din. Ambiental/Potencial - recursos, sistemas, organismos, corporeidade, infraestrutura
1. Din. Matergística - energia tri-una, formação do sistema solar, física quântica, átomos, quarks.

Todas estas (esferas) dinâmicas ou níveis de complexidade se apresentam como se fossem capas de uma cebola ou degraus de uma escada, em que a esfera ou o degrau superior inclui e depende das esferas ou degraus anteriores.

Cada nível de energia é, ao mesmo tempo, *prestadio (que produz, oferta, presta, dá um serviço) e usuário (que adquire, recebe, usa e consome um bem ou serviço).* E cada sistema também o é. **Usuário** enquanto se alimenta de outro; e **prestadio** quando alimenta o seguinte. Daqui se deriva o termo *prestusuário* (contração de prest(adio)+usuário) que quer dizer que dá e recebe, como o conceito "prosumer/prosumidor (contração de *pro(ducer+(con)sumer*, de Alvin Toffler.

Um exemplo de cadeia produtiva entre sistemas: o cultivador do algodão colhe sua safra; vende-o a uma fábrica que produz o fio de algodão; esta vende o fio a outra fábrica que produz tecidos de algodão; esta vende ao atacadista de tecidos; este vende ao fabricante de roupas; este vende às lojas; estas vendem aos consumidores. Em outras palavras, a última transformação de uma mercadoria (output) é a primeira (input) da seguinte. O resultado do trabalho de um é o ponto de partida de outro. É um exemplo de **sistemas em rede prestusuária ou usuprestadia**. Ao cumprir com sua parte, cada nó dessa rede tem um feedback ou retroação avaliativa e de ajuste.

Pessoas, culturas ou subgrupos que só percebam o seu lado, ou um elemento cada vez sem relacioná-lo com seus outros dois lados complementares, tem um paradigma de tipo **monádico,** que costuma ser fechado, individualista, egocêntrico e único. Seria a visão do cultivador que acha que seu algodão é o único do mundo; ou do confeccionador de roupas que acha que tem que produzir sem perguntar-se se ainda há fornecedores e compradores; ou do ambicioso que acha que o dinheiro – e dinheiro a qualquer custo - é a única nobre causa de uma vida. O paradigma monádico produz deformações mentais graves, como o psicopata, tirano, autocrático, ditador, corrupto, o patrão e o banqueiro cruéis e insensíveis, e deformações sociais como fraudes, crises econômicas, a segregação e a injustiça social etc.

Pessoas, culturas ou subgrupos que percebem dois lados simultâneos, em contradição ou luta que supõe a derrota do outro, têm um **paradigma diádico ou dialético** (de base 2). É a visão divulgada pelo marxismo que, em tudo, enxerga pares opostos e inconciliáveis, com graves consequências, como a luta sorrateira pelo poder, a negação da paz, da colaboração, da complementaridade e faz uso inescrupuloso das pessoas; ao chegar ao poder, seus próceres retornam ao paradigma monádico com as deformações mencionadas antes.

Esses dois paradigmas – o **monádico**, do psicopata fechado em seu auto engrandecimento, e o **diádico** para quem toda relação é só de luta - são os que mais observamos nos processos de negociação. Por isso, costumam ser tão pobres os resultados. O monádico, acreditando ser o filho único da mãe natureza, nem admite os outros dois lados; e o diádico admite dois lados (omitindo o terceiro), mas, ao ser vitorioso, não vai admitir os outros dois. A esta propulsão megalomaníaca de poder e dinheiro, chamamos "maximocracia". A propaganda de superioridade moral de um e de outro é falsa. Ambos são imorais.

A saída da armadilha "maximocrática" monádica e diádica é o paradigma triádico ou tri-uno, por sua visão de três elementos mínimos interagindo, em combinações caleidoscópicas. É a **visão uni-triádica ou trialética** que considera o máximo de perspectivas e de jogadores, em agrupações ordenadas de três blocos que se podem ampliar ou reduzir, mas guardando o mesmo molde tri-uno, desde o átomo até as trindades religiosas.

12.2 O cérebro tri-uno ou triádico

Outra contribuição básica da Cibernética Social, que é necessário conhecer para poder entender e negociar em qualquer tipo de conflito, é o conhecimento de nosso cérebro em sua estrutura e em suas funções pelo paradigma tri-uno. Em sua estrutura psicológica, Sigmund Freud já o apresentava em três instâncias - id, ego e superego - com seus devidos desempenhos; modernamente, o neurologista Paul MacLean retomou o conceito, sob o ponto de vista da evolução fisiológica, e estabeleceu três etapas: cérebro reptiliano instintivo; límbico relacional; e neocortical analítico. Em sua topologia básica, as ciências médicas começam por três grandes blocos transversais – os lóbulos frontais, os têmporo-parietais, e os occipitais. Numa visão por blocos horizontais, pode-se tomar o hemisfério esquerdo, o hemisfério direito e a parte central, esta composta pelo tronco cerebral, cerebelo, corpo caloso etc., que interconecta os dois hemisférios.

Não entrarei em análises fisiológicas, biológicas nem clínicas. Tomarei a visão dos três blocos horizontais e algumas de suas funções que compõem o **Ciclo Cibernético de Feedback** analítico-criativo-operacional, que ajuda a ver a realidade como algo integrado e ordenado, e não ao acaso e em fragmentos. Os três blocos formam o *capital mental triádico ou tricerebral.*

• No bloco ou "cérebro" esquerdo predominam as funções lógico-analíticas do saber;

• No bloco ou "cérebro" direito predominam as funções intuitivo-sintéticas do criar;

• No bloco ou "cérebro" central predominam as funções motoras-operacionais do fazer.

Cérebro tri-tetranivelado
e ciclo tricerebral de funções

INTELIGÊNCIA RACIONAL   INTELIGÊNCIA EMOCIONAL

INTELIGÊNCIA OPERACIONAL
PRAGMÁTICA

Há os que preferem falar em três ou mais inteligências, embora isso seja inadequado. Deixando de lado a questão da linguagem, o importante é saber que os três blocos de funções mentais têm que trabalhar de maneira integrada para mudar uma realidade de maneira duradoura. Só pelo lado intelectual, só pelo emocional, só pelo operacional - ou mesmo usando dois blocos - não se produz a mudança ou, se se produz, vai ser efêmera e geradora de mais problemas e tensões.

Em outras palavras, o cérebro também é triádico e a boa negociação será tricerebral. Cada pessoa vem com seus três cérebros "programados" desde a genética (uns 38%); o resto será programado pela família, escola e o meio ambiente físico e social. Isso nos identifica como indivíduos e nos situa nos grupos, como resultado da "educação". De acordo com a programação verbal, não verbal e factual que tivermos recebido no contexto do Jogo Triádico familiar-escolar-ambiental, nosso cérebro acaba tendo uma hierarquia com um dos lados como predominante ou hegemônico, um segundo lado como subdominante (duas fortalezas) e o terceiro menor e mais vulnerável[38].

O lado predominante determina nossos gostos e preferências por certos comportamentos e atividades, o que define a maneira como vamos jogar o jogo da vida e das negociações. Essa abordagem ajuda a entender como é possível que os irmãos dentro de uma mesma família sejam diferentes. Por isso, dizemos que cada um tem "sua personalidade", que não é mais que uma determinada hierarquia tricerebral, cada parte do cérebro com sua programação.

Piaget fez uma abordagem inicial para o desenvolvimento tricerebral, da infância à adolescência. Podemos ampliar esse desenvolvimento em quatro ou mais níveis, do concreto ao abstrato, do simples ao complexo, do insensível ao refinado:

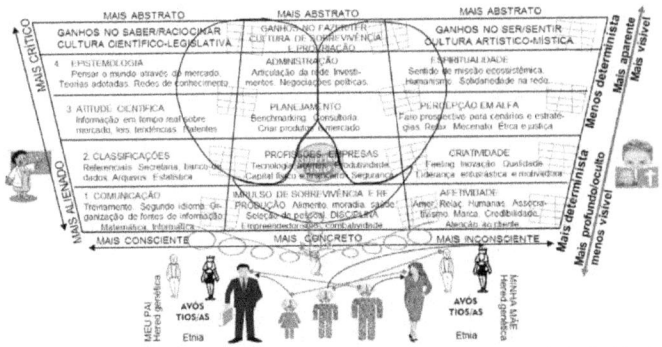

O Biológico-Inconsciente PROCRIATIVO do nível 1, que é 38% dos neurônios, já vem programado, determinado geneticamente pela hereditariedade bioquímica (a hélice tripla e o símbolo disso). Não o decide a família, nem você.

Os restantes 62% de neurônios estão livres para serem programados pela família-etnia, escola e ambiente físico/social para a luta de SOBREVIVÊNCIA. Depois dos 18 anos, cada um decide, sem mais poder reclamar.

Mapa da complexificação tricerebral em 4 níveis

Se conhecermos o grau de desempenho de cada um dos três cérebros de uma pessoa, podemos prever seu comportamento como indivíduo, e sua atuação preferencial nos grupos.

Os comportamentos derivados de cada um dos três cérebros formam três subgrupos dentro de qualquer grupo: OFICIAL – dirigente, coordenador, empresário, pragmático; ANTIOFICIAL – analítico, crítico, opositor, lutador social; e OSCILANTE – seguidor, pacifista, colaborador, cumpridor. Este é o terceiro lado, quase sempre omitido, mas indispensável.

Assim podemos inferir que:

• Os indivíduos e grupos com predomínio do cérebro central, pragmático ou operacional preferem a posição oficial e conservadora, na política e nos negócios. Competem bem no mercado, no poder, e tendem a ser líderes executivos e a enriquecer-se. São uns 15 a 20 % num grupo dado.

• Os que têm predomínio lógico-crítico do lado esquerdo do cérebro são inovadores, audazes, opositores e lutadores por mudanças. Se alcançarem posições oficiais, se transformam em líderes ricos. Se não o conseguem, serão líderes de oposição, querendo subverter a ordem estabelecida; e capitanearão todas as revoltas sociais. São uns 5 a 8%, num grupo dado, mas quase sempre dissimulados ou clandestinos, porque são perseguidos como animais ferozes.

• Aqueles que têm um cérebro direito afetivomístico preferem a posição de espera oscilante, apostando mais na colaboração que na competição. São eficientes e indispensáveis para os pragmáticos do subgrupo oficial e, para os lutadores antioficiais; os oscilantes são os que trabalham para os dois primeiros e, ainda, pagam o custo do jogo, como os torcedores de futebol sustentam seus times. São uns 75% de um todo. Por terem predomínio de cérebro direito afetivo-lúdico-religioso não despontam quer na política quer no mercado.

Os "três cérebros" ou as três inteligências trabalhando juntas dão origem ao CCF ou **"Ciclo Cibernético de Feedback"** que é o processo de informação, de estratégia para decisões e, de gestão administrativa com resultados, que veremos mais adiante.

12.3 A lei do jogo triádico

É uma contribuição essencial da Cibernética Social. Seu paradigma tri-uno, que desemboca no cérebro tri-uno, contempla todas as interações e comutações como jogos triádicos (antes de se transformarem em conflitos triádicos) entre mim, tu e ele, entre o subgrupo oficial, antioficial e oscilante numa família, empresa, nação, até chegar à globalidade planetária. Lembremos que, como os cérebros são três, em quatro níveis, assim são os subgrupos: três, tendo jogos horizontais, verticais em quatro níveis (classes sociais) e transversais como na costura de coalizões.

O **Jogo Triádico** é por disputa de poder e de meios satisfatores de nossas necessidades tricerebrais – informação, sobrevivência-reprodução, e convivência, em quatro níveis[39].

O Jogo Triádico tem início, sempre, num jogo de poder sobre os demais para conseguir deles e, por meio deles, mais bens satisfatores. **A Lei do Jogo Triádico indica que em todo grupo, sempre há três subgrupos tridimensionais, quase sempre em disputa de satisfatores, com suas alianças, estratégias e uso de arsenais tricerebrais.** A isso chamamos corrida para a **Maximocracia**, para o monopólio da informação; do poder e do mercado; e da felicidade.

Quando conhecemos o funcionamento da Lei do Jogo Triádico, compreendemos que é uma necessidade que os três subgrupos existam e interatuem para que se dê o avanço e aperfeiçoamento do próprio grupo. As posições de comando, de oposição e de neutralidade ou colaboração entre os subgrupos, não é para bloquear ou derrotar-se um ao outro, mas para se complementarem e ajudarem em seu destino comum, que é melhorarem de vida.

Convém aprender a observar e identificar mais características dos três subgrupos e seus estilos diferenciados de intervir no Jogo Triádico:

- **Subgrupo Oficial:** É o regente, o que comanda. É o que tem o poder, é o dono da situação, e que se orienta pela inteligência operacional do cérebro central. Não lhe interessam tanto os conhecimentos e a racionalidade, nem a solidariedade, a ética e os altos ideais humanísticos. Quer, acima de tudo e por cima de todos – *resultados, rendimento econômico.* É pragmático, conservador, ortodoxo, tanto em política, como em economia e religião.

- **Subgrupo Antioficial:** É o divergente, é o opositor de quem comanda, disputando o lugar do subgrupo oficial. É competidor, crítico, e força o subgrupo oficial a manter-se desperto, atuante, renovado. Orienta-se pela inteligência racional do cérebro esquerdo, como defensor da verdade e liberdade política, econômica e religiosa. Nunca está satisfeito com a situação atual. Quer mudanças, sobretudo as que possam leva-lo à captura da posição oficial.

- **Subgrupo Oscilante:** É o convergente, o que trata de ficar neutro, o que acende uma vela pra Deus (oficial) e outra para o diabo (antioficial). Compõe-se de indivíduos subordinados e com poucas aspirações e pouca autocondução, mas que geram equilíbrio e podem servir de ponte entre os subgrupos Oficial e Antioficial. São colaboradores oportunistas. Umas vezes se aliam ao subgrupo Oficial, e outras ao subgrupo Antioficial, segundo suas pequenas conveniências. Orienta-se pela inteligência emocional do cérebro direito afetivo-lúdico-religioso, sem querer entender-se e nem entender o jogo triádico do mundo. Quer vidinha mansa.

O cérebro central forma o
SUBGRUPO **OFICIAL** (± 15 a 20%).
Proporcional: Empreendedor, Líder, Chefe motivador.
Desproporcional: Dominador, impositivo, conservador
neoliberal, repressor, castigador, psicopata (ex-direita).

O cérebro esquerdo O cérebro direito
forma o SUBGRUPO forma o SUBGRUPO
ANTIOFICIAL (± 3 a 5%) **OSCILANTE** (±75 a 85%)
Proporcional: Crítico construtivo. Proporcional: Cooperador. Conciliador.
Desproporcional: Briguento, raivoso, Desproporcional: passivo, omisso.
destrutivo (ex-esquerda). covarde (ex-centro).

O desenvolvimento do Jogo Triádico exige que, dentro de cada um dos três subgrupos iniciais que se formaram, apareçam outros três subgrupos. É a recorrência do mesmo molde, como um holograma que se multiplica ou como uma imagem multiplicada por uma sala de espelhos. Dependendo do tamanho do grupo inicial, subdividir-se-á "2, 3, 30_n vezes" até chegar ao indivíduo e ao princípio triádico. Num indivíduo com seus "três cérebros" também seguirá funcionando o Jogo Triádico que vem da energia tri-una.

Multiníveis de cada subgrupo com subgrupos internos

Os exíguos grupos de conquistadores das Américas tiveram "êxito" porque souberam descobrir as fraturas subgrupais e aliar-se devidamente. Nas negociações será o mesmo.

As alianças, mais ou menos passageiras, são quase sempre de dois contra um, para chegar mais longe na maximocracia. Depois, rompem-se (traições) para fazer outras alianças, caleidoscópicas, como entre casais, partidos políticos, países e blocos. Os subgrupos Oficiais e Antioficiais fazem pose de heróis quando, em seus inflamados discursos, afirmam que se sacrificam pelo bem comum, principalmente dos menos favorecidos (os oscilantes). Na realidade, uns e outros buscam exageradamente seus próprios interesses, pelo paradigma monádico que os orienta; e pouco se importam com necessidades coletivas, principalmente "dos de baixo", onde se situa a maioria dos oscilantes, porque estes não têm poder para ameaçar o poder "dos de cima".

Cada subgrupo tem **metas**, **linguagem e modo de**

agir que o identificam e caracterizam como positivo ou proporcional ou desproporcional e unilateral[40].

SUBGRUPO OFICIAL/OFICIALISMO
(pais, chefes, líderes, governos, banqueiros, impérios)

META: manter poder e riqueza, sabotar o crescimento de competidores, eliminar antioficiais para ter o mercado livre e, livremente depredar os oscilantes indefesos.

ESTRATÉGIA IDEOLÓGICA: Simular virtudes de civismo, sacrifício pelo bem comum, ética. Autocanonização. Ser fonte exclusiva da verdade/legalidade, porque é dono único da mídia doutrinadora.

ESTRATÉGIA FACTUAL: Assalta "legalmente", protege-se com exército e polícias, espionagem, golpes de Estado, intervenção militar, burocracia, leis e controle da informação, do dinheiro e dos empregos. Desata a violência 1ª para sua maximocracia.

SUBGRUPO NTIOFICIAL/antioficialismo
META: mudança social, renovação, substituição do oficial com ajuda de oscilantes seduzidos.

ESTRATÉGIA IDEOLÓGICA:
Conscientização, crítica, denúncia, retórica brilhante e virulenta, paixão pelo debate sem fim, pregação messiânica a favor dos pobres e da justiça. Fantasias de salvação e utopia.

ESTRATÉGIA FACTUAL. Movimentos sociais, sindicatos, reivindicações, marchas, tumultos, greves, clandestinidade, terrorismo, guerrilha, revolução "branca" ("democrática") ou armada. Desata a violência 2ª para sua maximocracia.

SUBGRUPO OSCILANTE/oscilantismo
META: unidade, amor, paz, família, descompromisso, boa vida, ser cuidado, gozadeira.

ESTRATÉGIA IDEOLÓGICA:
Inconsciência, passividade. Justificações mitológicas, sacrais, familiescas. Uso de palavras de ordem e provérbios como "sabedoria". Fuga para o mundo da fantasia. Infantilismo.

ESTRATÉGIA FACTUAL: Trabalhador alienado, vítima aliada a seu verdugo. Tráfico de pequenas vantagens. Suaviza os extremos. Centrismo político e conformismo religionizado. Aguenta qualquer tipo de poder. Desata a violência 3ª para sua maximocracia

Modo ou estilo sempre igual de cada subgrupo fazer o seu jogo

O modo positivo (em falta no mercado e na política) de cada subgrupo fazer seu jogo seria este:

ANTIOFICIAL POSITIVO		OSCILANTE POSITIVO		OFICIAL POSITIVO	
Dinâmica de Grupo	Dinâmica Prestusuária			Dinâmica de Grupo	Dinâmica Prestusuária
Consciente	Propositor	Dinâmica de Grupo	Dinâmica Prestusuária	Democrático	Ecossistêmico
Questionador	Alternativo	Integrador	Cooperador	Organizador	Construtivo
Inovador	Cocriador	Conciliador	Profissional	Condutor	Proporcional
Lutador	Facilitador	Pacifista	Produtivo	Participativo	Enriquecedor
		Equilibrador	Cumpridor		

Modo proporcional de cada subgrupo fazer seu jogo

Os três subgrupos estão em interação constante, disputando as fontes de recursos, buscando a acumulação de satisfatores reais (atualmente, dos simbólicos = dinheiro) e mantendo o mercado de satisfatores numa tensão e transformação permanentes.

Vamos tomar, como exemplo, uma empresa como campo de jogo triádico dos subgrupos dentro de um mesmo nível e, também, entre níveis superiores e subordinados. Se a gerência eliminar o subgrupo antioficial, simplesmente porque é incômodo, estará desintegrando o átomo social dessa empresa. Enquanto não surgir outro subgrupo antioficial, ela ficará estagnada, com pouca atividade pensante e pouca inovação. A falta de um mínimo de competição, quer interna quer externa, cria distensão e acomodação. Dá para entender por que o rendimento do trabalho é tão baixo nos países socialistas e entre funcionários públicos?

Certamente há um problema para aceitar a realidade triádica e a liberdade proporcional dos três subgrupos, que se chama democracia triádica. Em nossa cultura, eminentemente **monádica**, a democracia é capenga porque limita muito a ação do subgrupo antioficial e ignora o subgrupo oscilante, menos nas eleições. No mundo monádico, pensa-se que, acima de tudo, é preciso manter a unidade nacional, a empresa como uma família unida, a cultura com pensamento unilinear, uniforme. Às vezes, penso que é por isso que dão "uniformes" aos trabalhadores...

A maioria das empresas ainda tem estrutura interna militarista, não permite a divergência, a oposição, a livre competição. No campo da política – democracia, liberdades, direitos proporcionais, bemestar coletivo - não são mais que arengas nas campanhas eleitorais. Depois, no momento de tornar efetiva a democracia, ao opositor não se lhe escuta "porque perdeu" e o povão oscilante deixa de ter valor, porque já deu seu voto. Impõe-se a voz do vencedor, e todos têm que obedecer "a autoridade oficial". Mas o Jogo Triádico segue serpenteando e fervendo, por mais que queiram ignorá-lo os vencedores. No aspecto econômico ouve-se, também, a gritaria da "liberdade" de mercado. Mas para quem, para os três subgrupos e os diversos níveis? Não, só para "os de cima", para os mais poderosos. É liberdade para o poder político ou religioso competir com o poder econômico? Não, é pensamento econômico único, unilinear, uniforme (quem não vestir o uniforme do Tio Patinhas...).

Em nossa cultura, segue enraizado o paradigma ou modelo mental **monádico** e unidimensional, que não permite o desenvolvimento tricerebral para uma convivência social mais harmoniosa. Como um subgrupo oficial que está no poder político, econômico e sacral nunca cede pelas boas, isto é, pela lei, pelo amor, pela democracia e boa vontade, a atuação histórica dos subgrupos antioficiais tem sido as revoluções para derrubar o oficialismo; e logo instalam o seu próprio oficialismo **monádico**, com raras exceções, como o Papa Francisco. Os equatorianos expressam isso muito apropriadamente dizendo *"último día del despotismo y primer día de lo mismo"*. Os governantes destronados começarão a campanha para virar o jogo e reinstalar-se no poder com seu próprio velho e conservador oficialismo **monádico**, como na América Latina e na igreja que o Papa Francisco quer mais aberta e humanista. Esse é o jogo absurdo em que estamos metidos, e que, hipocritamente, está batizado com o nome de Democracia.

Enquanto não entendermos que Democracia é a articulação e complementariedade dos três subgrupos e seus níveis, com suas tendências tricerebrais, ideologias e ações subgrupais fazendo que trabalhem colaborativamente, não avançaremos na superação do caos e momento conflitivo em que estamos. Simplesmente porque estamos violando uma lei: **A Lei do Jogo Triádico proporcional**. Podemos violar leis naturais e sociais, ainda que seja por ignorância, mas isso não nos exime de pagar o preço. A natureza não avisa: cobra e pune inflexivelmente.

A Cibernética Social propõe uma revisão dos padrões ético-morais para a coexistência e a convivência política, econômica e religiosa dos três subgrupos e seus níveis. Quer complementar os discursos ético-morais com uma ética numérica, baseada na média e extrema razão, que denomina **Lei da Proporcionalidade**.

O comportamento dos três subgrupos, apresentado nos quadros anteriores, pode ser positivo e proporcional, ou negativo e desproporcional. Pelo paradigma monádico e individualista que funciona como motor oculto de nossas ações, e por nossa ignorância da lei da proporcionalidade tri-una - é lógico deduzir que a maioria de nossos comportamentos sejam negativos ou desproporcionais frente aos demais.

Sabemos que o enfrentamento dos três subgrupos sempre é pela busca e acumulação de satisfatores para a informação, a sobrevivência-reprodução e a convivência. Mas a lei, as normas jurídicas, éticas e morais que garantiriam essa distribuição harmônica de satisfatores, têm sido pervertidas e ninguém as respeita. Isso faz que nossas relações sejam de tão pouca profundidade e tenhamos caído em um verdadeiro canibalismo, onde o objetivo é eliminar o outro para apoderar-me do que ele tem.

Hoje, como nunca, necessitamos buscar novas

propostas para reeducar, repolitizar e reorganizar as forças sociais e econômicas dentro de uma perspectiva triádica; de não fazê-lo, os três subgrupos seguirão nessa tresloucada luta pela maximocracia[41]. De não fazê-lo, teremos sempre violência mais aberta ou mais solapada, mas sempre violência. O que temos agora são três tipos de violência[42]:

- Violência 1ª: a dos subgrupos oficiais. Por seu excesso de poder, depredam os oscilantes e exterminam os antioficiais.

- Violência 2ª: a que reage à violência 1ª, e é praticada pelos subgrupos antioficiais e manifestada em terrorismo, revolução, desordem pública etc.

- Violência 3ª: a que se manifesta como criminalidade de rua dos oscilantes, "autorizada" e facilitada pelo péssimo exemplo dos subgrupos oficiais e antioficiais negativos. Isso os leva a pensar que não há nenhuma lei nem moral. "Vale tudo"... e "o fim (pobreza, fome) justifica os meios"...

VIOLÊNCIA 1ª: do oficialismo
Violência "legalizada" com aperto crescente imposto pelos subgrupos oficiais (mães/pais, chefes, governos e impérios), camuflada de vontade divina, de razões de Estado ou de mercado (bancos e bolsas), fazendo-se passar por SUJEITO OCULTO (não fui eu!). Corresponsável por 60% da desordem tri.

VIOLÊNCIA 2ª: do antioficialismo
Reação à violência 1ª imposta pelo oficialismo, tida pelo oficial, como "ilegal", terrorista, "eixo do mal" e injusta. É a contraviolência. Corresponsável por 30% da desordem tri.

VIOLÊNCIA 3ª: do oscilantismo
É a violência popular, comum, de rua. O povão acaba achando que tem os mesmos "direitos" que "os de cima" (riqueza à força). Corresponsável por 10% da desordem tri

Ordem em que se dá a opressão, a violência e o terrorismo tri-grupal

12.4 A lei da proporcionalidade

Esta interação que se dá entre os três subgrupos, e que está descrita no funcionamento do Jogo Triádico, faz com que se necessitem e se estimulem mutuamente. Isso faz que o grupo seja dinâmico e esteja em contínuo crescimento e evolução. Em outras palavras, essa disputa entre os subgrupos é positiva e gera avanços quando se dá dentro de certos limites, conhecidos como **a Proporcionalidade**[43].

Os subgrupos são negativos ou desproporcionais, quando buscam a Maximocracia, o absolutismo, a ambição desmedida, pela imposição da lei do mais forte, com a anulação dos outros dois, numa espécie de canibalismo subgrupal.

A maximocracia é a busca de monopólio ou oligopólio de poder e satisfatores. As grandes transnacionais de telecomunicações, petroleiras, financeiras etc. controlam os bens satisfatores que necessitamos todos, mas que elas manipulam segundo suas conveniências. As petroleiras fixam os preços dos combustíveis e dos derivados do petróleo, alegando que as crises no Oriente Médio geram instabilidade nos mercados internacionais. E enquanto eles especulam com "o que pode acontecer" todos os cidadãos do planeta pagamos o que eles quiserem porque o petróleo é o sangue que faz circular a economia mundial. Mas agora, para fazer guerra econômica ou guerra fria aos países petroleiros fora do controle do império anglo-americano, os preços foram artificialmente rebaixados à metade. O petróleo e seus preços não obedecem só ao mercado econômico, mas também ao mercado político submetido ao poder econômico. Guerra fria, bloqueio, sanções econômicas etc. são apenas o penúltimo estágio da intensidade do jogo triádico, antes da guerra armada, como foi no caso do Iraque e outros.

Outra arbitrariedade da maximocracia oficialista é a rede bancária internacional, comandada pelo FED (Federal Reserve, o banco central dos EUA, que é privado). A rede está disfarçada e diversificada de Banco Mundial, Fundo Monetário Internacional, BID, Banco Central Europeu etc. Dizem que velam pela segurança econômica e financeira das nações, mas com o comando central – o FED - decidem qual país levantar e qual afundar. Averiguemos qual ajuda ofereceram ao Haiti depois do terremoto. Acabamos de ver recentemente a voracidade da rede bancária estadunidense no golpe que chamam, eufemisticamente, de crise financeira de 2008. A própria União Europeia está sob o assalto da rede bancária alemã.

O poder econômico conseguiu que o poder político repassasse 13 trilhões de dólares para "resgatar" bancos, enquanto não passou um tostão sequer para nenhuma das pessoas devedoras e perdedoras de suas moradias. Ou seja, o povão passa o dinheiro dos impostos ao governo e este o contrabandeia para os bancos. Em resumo, os subgrupos oficiais do poder econômico dominam os subgrupos oficiais do poder político e, juntos, depenam os impotentes subgrupos oscilantes. É assim que se tem que entender o jogo triádico e não como capitalismo ou socialismo, que não passam de máscaras ideológicas.

Quero exemplificar, de maneira mais clara, como

funciona a Maximocracia. Vamos às seguintes perguntas:

Como está distribuída a riqueza no mundo[44]?

Em mãos de quem está o dinheiro e a concentração de bens satisfatores?

Vejamos uma pequena estatística:

✓ **20%** da população têm **74% da riqueza mundial;**

✓ Há uns **20%** da população à qual só chegam **2% da riqueza;**

✓ O restante **60%** da população se reparte os **24% restantes da renda.**

Para apoiar um pouco mais essa triste estatística, permito-me apresentar, ao final do livro, um anexo fotográfico que ilustra às claras como se distribui a riqueza[45]. As fotografias falam do que consomem algumas famílias típicas de alguns países, no *lapso de uma semana*. Uma imagem diz mais que mil palavras. Que a distribuição da riqueza no mundo é injusta - é mais que evidente, é gritante.

Para distribuir riqueza, primeiro é preciso tê-la em nossas mãos, é preciso criá-la, produzi-la. O passo seguinte é: Como distribuí-la de maneira equitativa e proporcional?

Isso foi o que tentaram arbitrar, inicialmente, as religiões com suas leis morais; depois, as constituições dos países que iam nascendo; depois as leis, a ética, os princípios democráticos; mais tarde as leis do mercado, com variantes moderadoras como o keynesianismo, a social democracia e, até, a radicalização socialista, tudo sem maior êxito, até agora[46].

É necessário buscar novas propostas e insistir numa reeducação, numa repolitização, e numa reorganização das forças sociais, econômicas e morais. Os esquemas, os modelos atuais nos levam à violência ou, como disse antes, a um verdadeiro canibalismo.

A proposta ou nova fórmula para a distribuição equitativa dos bens satisfatores a está oferecendo a Cibernética Social, com a **Lei da Proporcionalidade.**

Esta lei de distribuição harmônica está representada em porcentagens de 62% e 38%. Qualquer forçamento aos extremos (90% X 10%) produz desigualação máxima. E qualquer forçamento à igualação máxima (50% X 50%) gera estagnação e imobilidade[47].

Em outras palavras, forçar a competição ao máximo é vicioso; e suprimi-la ou negá-la também o é. Por isso, defendemos regulação triádica, que aceita diferenças, mas proporcionais.

A percepção da proporcionalidade é algo inato e natural nos três cérebros, e cada cérebro tem sua própria maneira de percebê-la:

A) PERCEPÇÃO PELO CÉREBRO DIREITO. O cérebro direito percebe a proporcionalidade como um sentimento intuitivo do que é correto, da ética, moral, justiça, harmonia. Como se trata de um sentimento, é difícil de explicar. É a sensação de indignação que experimentamos quando vemos um delinquente golpear uma criança ou um idoso para roubá-los. É uma injustiça, é um abuso, um atropelo. O oposto gera a sensação de admiração, como uma Teresa de Calcutá, uma obra de arte etc.

B) PERCEPÇÃO PELO CÉREBRO ESQUERDO. O cérebro esquerdo traduz essa percepção segundo a **lei matemática da média e extrema razão,** muito conhecida na arquitetura, nos cartazes, nos formatos dos livros etc., que se aproxima de 62% X 38%.

Foi o célebre filósofo e matemático Pitágoras quem descobriu essa lei, no século IV a. C., observando como a natureza constrói sistemas com módulos de 68% X 38%, sucessivamente. A esta razão entre base e altura, que compõe o retângulo áureo, chamou φ (Phi ou Fi) que corresponde a 1,618 e seu oposto 0,618. Ao ponto que divide a média razão e extrema razão chamou: "seção áurea"

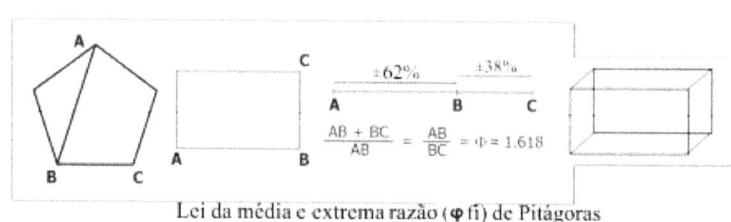

Lei da média e extrema razão (φ fi) de Pitágoras

Posteriormente, vários pintores do Renascimento utilizaram este mesmo padrão para saber onde colocar o objeto principal de seus quadros, para conseguir um maior impacto visual, que chamaram o "cânone da arte".

Mas foi Leonardo da Vinci quem descobriu e apresentou a harmonia das proporções na figura humana seguindo o mesmo cânone, com seu célebre Homem de Vitrúvio[48]. Sugiro ao leitor que consulte esta fonte para que veja as proporções harmônicas entre as partes do corpo humano, que produzem a sensação de harmonia e beleza.

Mais tarde, apareceu a **curva de sino de Gauss** (1777-1855) **ou a curva normal de distribuição**, com três segmentos onde se distribui todo o universo de uma amostra.

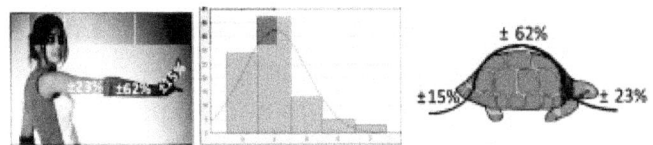

Proporcionalidade trimodal (lei das distribuições de Carl Gauss)

A harmonia que propugnamos se daria numa distribuição próxima a essas porcentagens.

Podemos, também, apreciar o funcionamento desta lei na Série ou Sequência Fibonacci[49], formulada pelo célebre matemático italiano, Leonardo de Pisa. A sequência ou série Fibonacci se formula assim: (k_n = k_{n-1} + k_{n-2}, por exemplo, 0, 1, 1, 2, 3, 5, 8, 13, 21...). Cada novo número é o resultado da soma dos dois números que o antecedem.

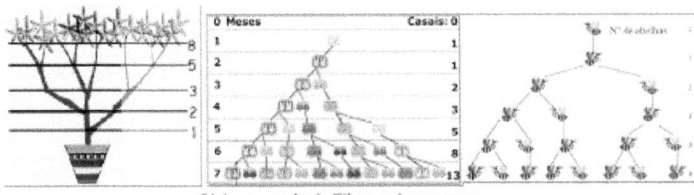

Série ou sequência Fibonacci na natureza

Waldemar De Gregori[50] se baseia nesses autores ao propor uma distribuição equitativa dos bens satisfatores tricerebrais ou dos 14 subsistemas e seus quatro níveis, chamados "níveis de vivência".

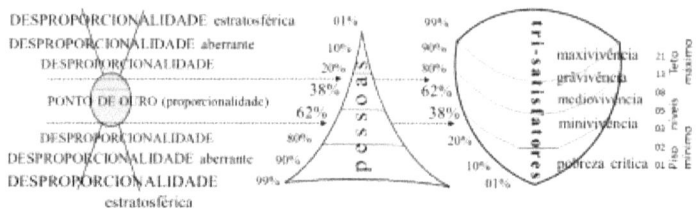

Proporção e graus de desproporção nos níveis de vivência

A coluna de números apresentada à direita do quadro é a "série/sequência Fibonacci. Aqui, está sendo usada para indicar o intervalo entre o piso mínimo, os pisos médios e o teto máximo de acesso/propriedade de satisfatores em um grupo, numa empresa, numa sociedade e no planeta.

Nas sociedades mais desenvolvidas, mais sérias e justas, a diferença entre os ganhos mínimos e os ganhos máximos é, em média (era, antes da financeirização da economia neoliberal) de vinte vezes. Vejamos como estão as diferenças entre o que ganha o trabalhador de ganhos mínimos e o que ganham mais, como gerentes, e como os altos executivos dos bancos e corretoras de bolsa, em alguns países:

Country	Ratio of Pay CEO : Avg Worker
Japan	11:1
Germany	12:1
France	15:1
Italy	20:1
Canada	20:1
South Africa	21:1
Britain	22:1
Mexico	47:1
Venezuela	50:1
United States	475:1

C) PERCEPÇÃO DA PROPORCIONALIDADE PELO CÉREBRO CENTRAL. O cérebro central busca a proporcionalidade mediante um esforço organizativo de instituições que regulem com suas leis, normas, códigos penais, princípios religiosos, ciência, filosofias, ideologias etc., de maneira que se jogue o Jogo Triádico dentro dos limites da proporcionalidade econômico-política. Assim, criam, por exemplo, porcentagens progressivas de acordo com os ganhos, na lei do imposto de renda, buscando que a excessiva acumulação de uns seja recolhida e redistribuída.

No seguinte quadro de **Comportamento dos Subgrupos,** apresentado por W. Gregori, vemos como ficam os subgrupos em função das porcentagens de ajuste-desajuste da proporcionalidade; e como deveria ser a reação dos honestos e dos indignados.

	90/10% Infernal: Eliminar	85/15% Imoral,criminal: Prender	80/20% Amoral, nada proporcional: Controlar	75/25% Moral, menos Proporcional: Pressionar	62/38% Ponto de ouro, Proporcional: BENDIZER
SUBGRUPO OFICIAL	Tirano, autoritário, ditador, cruel, monstro	Manipulador, gângster, corrupto, ganhador por qualquer meio	Organizador de ganhos só para o subgrupo oficial, por via "legal" (anomia)	Organizador de ganhos só para dois dos subgrupos	Organizador de ganhos para os três subgrupos
SUBGRUPO ANTIOFICIAL	Negador, clandestino, terrorista, salteador, destruidor	Obstrutor, sectário, dilapidador, adepto da violência gratuita	Anárquico, autopromovedor, incitador dos outros à luta para ele tirar proveito	Competidor, lutador e cobrador de mudanças e moralização dos outros 2 subgrupos	Propositor, co-creador, co-gerente e co-movador para os três subgrupos
SUBGRUPO OSCILANTE	Vadio, assaltante, delinquente, reincidente	De má vontade, desmotivado, descumpridor, omisso, mentiroso	Espontaneísta, individualista, dissimulado, malandro oportunista	Disciplinado, cumpridor, colaborador e solidário com 2 dos subgrupos	Conciliador, confiável, produtivo e solidário com os 3 subgrupos

Aproximação a critérios para controle dos subgrupos. Da esquerda à direita

A proporcionalidade deve ser buscada entre e para todos os integrantes de um grupo ou nação, de maneira que os satisfatores sejam compartilhados com base nesse princípio. E isso funciona, não só, mas sobretudo, no campo da negociação.

A Lei da Proporcionalidade funciona em todas as esferas dinâmicas, mas especialmente na dinâmica prestusuária, manifestada nas relações de trabalho e sua retribuição. Podemos dizer, sem temor a equivocar-nos, que 99% das greves, desordens públicas e todo tipo de conflitos têm sua origem na muito desigual partilha dos satisfatores.

Em qualquer empresa ou instituição, há três subgrupos horizontais, verticais e em coalizões. O subgrupo que está no nível mais alto é o oficial, em relação aos níveis de baixo. Como há, no mínimo, quatro níveis, o nível 3 é oscilante frente ao nível 4, mas é oficial em relação ao nível 2 etc., daí as coalizões.

- Como ficam esses níveis numa greve ou num conflito a resolver por negociação?

- Quando o jogo triádico cresce em intensidade, os donos ou o corpo diretivo mais alto serão o subgrupo oficial; os representantes do sindicato vão liderar o subgrupo antioficial; e os oscilantes dos diversos níveis escolherão a qual subgrupo vão aderir, segundo os possíveis ganhos à vista. Impelidos pelo princípio da maximocracia, todos buscam escalar o nível de oficialismo mais alto, porque lá a maximocracia é quase totalmente livre de limitações e pode mais facilmente reprimir a concorrência; só que, nessa luta de escalada, indivíduos e subgrupos se desgastam muito e, de vitória em vitória, um dia chegarão a seu nível de incompetência, de acordo com o Princípio de Peter[51].

O jogo triádico é um conceito que inclui competição-neutralidade-colaboração entre três pessoas ou subgrupos. É sempre o mesmo jogo de dois contra um, ao longo da história, onde oficiais e antioficiais revezam suas posições, deixando os oscilantes quase sempre fora do jogo e das vantagens, seja no capitalismo, no socialismo, nas comunidades religiosas etc. Há ciclos históricos de jogo mais violento e outros, menos, mas sem avanços na busca de integração ou, ao menos, corresponsabilidade pelo bem-estar tri-uno. Seguimos caminhando em círculo e repetindo os mesmos erros.

Tanto o capitalismo, como o socialismo e o clericalismo são disfarces (como as fantasias de carnaval) do oficialismo e sua obsessão doentia de acumulação de poder para acumular satisfatores ou patrimônio e sua transubstanciação em dinheiro. Essa acumulação oficialista mórbida, abandonada no último suspiro, não gera nem distribui satisfatores proporcionalmente pelos 4 níveis de vivência; ela é como um torniquete no fluxo do dinheiro e dos satisfatores, deixando só gotas e migalhas para os oscilantes.

Este é o verdadeiro retrato da tão decantada "livre competição do jogo triádico", por mais que se a disfarce com novas denominações e eufemismos (democracia, capitalismo social, paraíso socialista na terra ou recompensas no céu). Termina, sempre, prevalecendo a lei do mais forte, mesmo porque as leis civis e morais são feitas pelos mais forte ou seus representantes, enganosamente chamados "representantes do povo".

O jogo triádico tem mudado de nome e de atores ao longo da história e, em diferentes lugares. Umas poucas vezes, movendo-se rumo ao proporcional e, na maioria das vezes, ficando ou chegando no desproporcional. Há quem encha a boca pregando justiça, democracia, igualdade de oportunidades, igualdade perante a lei. Mas, no fundo, disfarçam o individualismo, o oficialismo, o exclusivismo, o monopólio, a oligarquia e o imperialismo.

Este é o paradigma monádico-cartesiano-oficialista negativo, cujo princípio é a liberdade ilimitada para os oficialistas depredarem os demais e sonhar com a maximocracia. Em seus discursos de palanque, proclamam "temos que lutar para manter a unidade", "somos um só povo, uma só pátria", criando-nos, até, complexo de culpa por termos pensamentos discrepantes, que eles qualificam de traição à Pátria.

Outro tanto ocorre com a grande quantidade de publicidade e propaganda, para criar necessidades artificiais e impor um consumismo "de felicidade" estúpido, só para estar à altura dos de tua classe, para estar na moda, estar "in".

Este hiperpromessismo do marketing pode gerar violência, pela hiperpressão insuportável a que submete a maioria dos empobrecidos ou vagabundos ambiciosos que querem viver como ricos. Gera humilhações e derrotas desnecessárias à grande maioria honesta, mas sem dinheiro. Faz valer quem tem dinheiro; o resto nem se sabe se existe, a não ser quando se manifesta por marchas de protesto, assaltos e sequestros estridentes.

O paradigma monádico do oficialismo obriga todos a competir cada vez mais selvagemente: "tens que ser competitivo, tens que ser o número UM". Aí, todo mundo se queixa de stress, porque é obrigado a correr atrás de tudo em estado mental gama (ondas mentais aceleradas típicas de estado de agitação). Disso, também, o oficialismo faz um bom negócio, para vender tranquilizantes e ansiolíticos, livros de mentalismo e religiões pentecostais. E como isso surte pouco efeito, porque a imposição da corrida existencial em estado gama continua, o oficialismo cria umas instituições chamadas centros psiquiátricos, *spas*, centros de desintoxicação, casas de retiro, que se encarregam de manejar "o que sobra" desses pobres seres humanos, e que, na maioria dos casos, são também mais um negócio...

12.5 Os quadros de referência

U m quadro de referência é uma representação condensada e classificadora de informação e eventos, num gráfico ou mapa, em contraste com uma apresentação discursiva, linear e por livre associação. Para que um quadro de referência seja válido e eficaz, tem que ser:

✓ **Gráfico**: em forma de esquema, diagrama, modelo, matriz estável.

✓ **Abrangente**: que assimile e descreva o TODO aludido.

✓ **Explícito**: tem que ser aberto, compartilhável, conhecido por todos.

✓ **Ordenado**: classificador e sistematizador de dados.

✓ **Processador**: que permite cruzamentos e análise combinatória.

Vou apresentar o **Quadro de Referência** mais empolgante do momento e que cobre essas caraterísticas: a TOH - Teoria de Organização Humana – em 14 subsistemas, formulada, inicialmente, pelo antropólogo e economista brasileiro, A. R. Müller, da Escola de Sociologia e Política de São Paulo, um instituto da USP. Os 14 subsistemas são os canais de circulação da energia de qualquer sistema, como uma comunidade, uma empresa, uma pessoa. Um sistema tem um "sistema nervoso" em 14 subsistemas.

A NEGOCIAÇÃO COM O MODELO DA CIBERNÉTICA SOCIAL

S01. Parentesco – gêneros, sexualidade, família, demografia, comunidades.
S02. Saúde pessoal/pública – hospitais, farmácias, profissionais, cemitérios.
S03. Manutenção – abastecimento, feiras, comércio, cozinha, dietas.
S04. Lealdade – amor, solidariedade, união, confiança, associações, cooperação.
S05. Lazer – descanso, artes, clubes, esportes, férias, turismo.
S06.1. Comunicação – idiomas, correio, mídia, Internet, informação, marketing.
S06.2. Transporte – vias, terminais, equipamento, circulação, depósitos.
S07. Educação – escolas, educadores, manuais, pesquisa, ciência.
S08. Patrimonial – propriedade, bancos, bolsa, corretoras, seguros, negócios.
S09. Produção – energia, prestusuárias, trabalho, oferta de satisfatores.
S10. Religioso – templos, livros sagrados, ritos, fé num mundo "sobrenatural".
S11. Segurança – forças armadas, polícias, presídios, violência, defesa, paz.
S12. Político-Administrativo – organização social, Estado, gestão do bem-estar.
S13. Jurídico – leis, moral, justiça, tribunais, poder legislativo e judicial.
S14. Precedência ou Ranking – maximocracia, fama, mérito, reconhecimento.

Os 14 subsistemas da Teoria da Organização Humana, que substituem com
muitas vantagens o referencial socioeconômico de Adam Smith.
Foi tese de doutorado de A. R. Müller na Universidade de Oxford, em 1957.

Cada um dos 14 subsistemas de qualquer sistema tem uma "engrenagem" que o move e concretiza. É um referencial menor, mas básico e indispensável. Aristóteles classificava os conceitos em substâncias (substantivos) e acidentes (verbos e complementos ou adjuntos). Os acidentes eram: onde, quando, quem, o que, como, com que meios, por que, para que. Os norte-americanos os resumem em 5 W + 1 H: where, when, who, what, why and how. Mas esta é uma apresentação linear. Já sabemos da superioridade técnica da apresentação em quadros, gráficos e suas características classifi- catórias e de análise combinatória. Por isso, conforme a tradição iniciada por A. R. Müller e continuada por W. De Gregori, de representar referenciais em gráficos processadores, apresentamos o referencial dos Quatro Fatores Operacionais assim:

1. ESPAÇO (onde): Região, Instituição, instalações. Salas de aula.
   Uso de equipamentos e biblioteca. Espaço público/privado

2. CRONOLOGIA (quando): Calendário escolar, cronograma, turnos.
   Horários, ritmo. Ciclos, datas. História da escola, visão de futuro.

3. PERSONAGENS: Prestadios e seus níveis.
   Coordenação, Secretaria. Serviçais. Supervisão
   Controles. Usuários: pais e alunos. Subgrupos.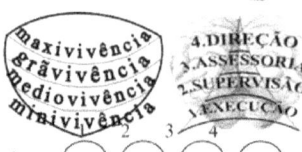

4. PROCEDIMENTOS:
   4.1. AGENDAS: O QUE, cursos, currículos, serviços
   4.2. SÍMBOLOS: A TRAVÉS de que linguagem, números, símbolos.
   4.3. KNOW-HOW: COMO, tecnologia, métodos didáticos, inovação.
   4.4. PRINCÍPIOS: POR QUE fazer, missão, motivação, crenças.
   4.5. VALORES: COM QUE recursos cognitivos, financeiros, emocionais
   4.6. RESULTADOS: Avaliação, indicadores, balanços. Feedforward.

Os 4 Fatores operacionais de qualquer sistema (família, empresa, cultura, país etc.)

Deste referencial menor, mas essencial, nascem as expressões "operacionalizar", "operacionalizado" e as definições "operacionais". Como os 4 fatores operacionais são a engrenagem que faz funcionar cada subsistema, sua articulação se apresenta assim:

	S01-Parentesco, demografia	S02-Saúde, remédios	S03-Manutenção, comércio	S04-Lealdade, solidariedade	S05-Lazer, espetáculos	S06.1-Comunicação, mídia	S06.2-Transporte, terminais	S07-Educação, cérebro	S08-Patrimonial, bancos	S09-Produção, mão de obra	S10-Religioso, crenças	S11-Segurança, violência	S12-Político-Administrativo	S13-Jurídico, leis, tribunais	S14-Mérito, status, ranking.
1. ESPAÇO Onde															
2. CRONOLOGIA Quando															
3. PERSONAGENS Quem															
4. PROCEDIMENTOS AGENDONOMIA Símbolos Know-How Valores Princípios RESULTADOS															

O referencial dos 4 operacionais acoplado ao dos 14 subsistemas

Cruzando cada fator operacional com um subsistema, tem-se, de imediato, o questionário para qualquer pesquisa. Funciona como um banco de perguntas e dados. Posteriormente, Waldemar De Gregori aperfeiçoou a TOH adaptando-lhe uma terceira dimensão, a das esferas dinâmicas (mencionadas sob o ponto 12.1.) onde podem ser indicadas as **Metas** ambientais, pessoais, laborais, políticas, culturais, espirituais e as utopias. Com isso fica completa a TOH, em nova versão atualizada e, mais popular.

Com este Quadro de Referência tridimensional[52], toda realidade, e todas as necessidades humanas podem ser vistas desde os 14 setores da vida, cada um com seus quatro fatores operacionais e 8 esferas dinâmicas de complexidade. Aí podem ser situadas todas e cada uma das ciências sociais específicas. Por isso, a teoria do jogo triádico ou tri-uno com parâmetros de proporcionalismo, mais este referencial dos 14 subsistemas de qualquer sistema, são uma linguagem e ferramenta que podem ser compartilhadas por todas as Ciências Sociais e Humanas. Falta, ainda, apresentar a teoria do cérebro tri-uno como metodologia de pesquisa-criatividade-ação, que é uma contribuição essencial para as Ciências Sociais e Humanas (ver mais adiante).

Já comentei que todos os seres humanos temos necessidades. *Umas que são nossas e outras que não o são: são criadas artificialmente.* Ninguém necessita a moda, mas todos buscam "vestir-se ou pentear-se de acordo com a moda". Ir a espetáculos, ir ao cinema para curtir o que "está de moda", debater os temas que estão "de moda", são necessidades. São essenciais, são as básicas, são de ostentação? E quais seriam "todas" as necessidades, como classificá-las, como atribuir-lhes graus de importância ou valoração?

Se quisermos pôr um pouco de ordem nesse debate sobre as necessidades humanas, podemos começar organizando-as ao redor do cérebro tri-uno em quatro e até 21 níveis.

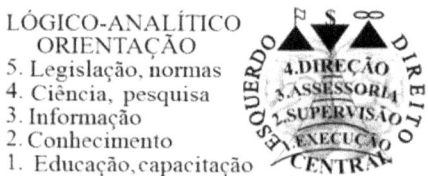

LÓGICO-ANALÍTICO
ORIENTAÇÃO
5. Legislação, normas
4. Ciência, pesquisa
3. Informação
2. Conhecimento
1. Educação, capacitação

CRIATIVO-INTUITIVO
CONVIVÊNCIA
5. Sentido para a vida, fé
4. Estética. Espiritualidade
3. Ética. Reconhecimento
2. Criatividade, alegria, arte
1. Afeto, Família. Moral.

4. DIREÇÃO
3. ASSESSORIA
2. SUPERVISÃO
1. EXECUÇÃO
CENTRAL

OPERATIVO-ADMINISTRATIVO
SOBREVIVÊNCIA-REPRODUÇÃO
6. Liderança, Administração
5. Capital, recursos, instalações
4. Fornecedores, mão-de-obra
3. Transporte, segurança, energia
2. Alimentação, sexo, vida longa
1. Ambiente físico, comunitário

O Tricerebrar como definidor de 3 blocos de necessidades

Este é um processo de organização mental chamado "triadização primeira". Depois, cada uma das necessidades ou dos eventos já classificados pode ter uma "triadização segunda". Por exemplo, tomemos a educação, que a "triadização primeira" classifica no cérebro esquerdo; na "triadização segunda" ele será educação gramatical-científica pelo cérebro esquerdo; educação emocional-afetiva pelo direito; e educação financeira pelo central. Pode-se ir a uma "triadização terceira", quarta etc. para abarcar toda a ramificação de cada carreira/profissão e suas especialidades, guardando sempre a conexão inicial com a matriz que é o cérebro tri-uno em seus quatro níveis.

Conhecemos outras tentativas de identificação e classificação das necessidades humanas, como a de Manfred Max-Neef, do Chile. Uma das mais conhecidas é a de Abraham H. Maslow - *A Pirâmide de Necessidades* – que apresentamos anteriormente. Foi uma maneira que a Psicologia Humanista elaborou para começar a entender esse ser humano, tão pequeno e breve, mas tão complexo.

Se compararmos os grupos de necessidades apresentados por Maslow, com os referenciais da Cibernética social, podemos dizer que têm uma certa coincidência com as esferas dinâmicas, apresentadas pela Cibernética Social, como vemos no seguinte quadro:

FISIOLÓGICA BÁSICA alimentação, sexo.	PREVIDÊNCIA. SEGURANÇA emprego, saúde, propriedade privada.	FILIAÇÃO. PERTENÇA amor, carinho, afeto.	PRECEDÊNCIA. RECONHECI-MENTO êxito, respeito, confiança	AUTO-REALIZAÇÃO. TRANSCEN-DÊNCIA espontaneidade, criatividade, moralidade.
1ª ORDEM	2ª ORDEM	3ª ORDEM	4ª ORDEM	5ª ORDEM
NECESSIDADES FISIOLÓGICAS	NECESSIDADES PSICOLÓGICAS			

Pirâmide das necessidades (Abraham H. Maslow)

Mas esta visão das necessidades, sem negar méritos a Maslow por sua contribuição, é bastante imprecisa; e sua progressão, ambígua. Necessitamos classificações mais amplas, com mais clareza, com mais possibilidades combinatórias e diversificação de níveis. A classificação pelos três cérebros e seus níveis faculta isso, num panorama inicial. Um panorama mais completo é o que nos apresenta o Quadro de Referência dos 14 subsistemas, operacionais, e esferas dinâmicas de complexidade, recém-apresentado como TOH. Com ele podemos identificar, classificar, reordenar as necessidades e os correspondentes satisfatores em 4 e até 21 níveis de vivência para indivíduos, grupos, empresas, países e o planeta. Este referencial tem alcance universal nas Ciências Sociais e Humanas; não é preciso – e é desastroso - trocar de referencial em cada uma das Ciências Sociais específicas. Este referencial é supradisciplinar, é metalinguagem e serve como linguagem comum a todas.

Para pôr uma metáfora que ilustre melhor o que quero dizer, é como o grau de solução da tela do computador ou da televisão: quantos mais "pixels" tenhamos na imagem, mais nítida e perfeita será ela. Com este referencial, mais nítido será nosso diagnóstico da realidade que pretendemos decifrar e interferir.

No quadro seguinte, apresento uma amostra, correlacionando as necessidades com os correspondentes satisfatores e as instituições que seriam incumbidas de resposta a essas necessidades.

14 SUBSISTEMAS	IMPULSO/ATRAÇÃO NECESSIDADES	SATISFATORES SUPRIDORES - BENS	PRESTUSUÁRIAS INSTITUIÇÕES
S01-PARENTESCO, Família, demografia	Sexualidade, Procriação, família, abrigo	Matrimônio, parentela, moradia, comunidade	Min. da Ação Social Incorporadoras.
S02-SAÚDE	Sobreviver, ambiente saudável, higiene	Artigos de higiene, serviços de saúde	Min. da Saúde, INSS Instituições biomédicas
S03-MANUTENÇÃO Comércio, feiras	Restaurar energias, alcançar bem-estar	Alimento, bebida, vestuário, cozinha, sono	Min. Ind. e Comércio. Redes de abastecimento
S04-LEALDADE Solidariedade	Laços, união, amor, associação	Parceiros, associações sociedades, pactos	Camp. Solidariedade. Federações de Organiz.
S05-LAZER, diversão, esporte	Alegria, descanso, desfrute, felicidade	Festas, férias, esportes, arte, clubes	Min. da Cultura. Min. Ind. Com. e Turismo
S06-VIÁRIO COMUNIC/TRANSP	Informação, comunicação, mobilidade	Línguas, imprensa, correio, vias, veículos	Min. Comunicações e Transp. Companhias.
S07-EDUCAÇÃO treinamento	Aprendizagem, capacitação, reciclagem	Ensino, laboratórios, ciências, educação	Min. da Educação, Organizações científicas
S08-PATRIMONIAL Salários, impostos	Posse, troca, uso de meios de vida, ter	Bens, moeda, ganhos, poupança, capital.	FMI, Min. da Fazenda, do Planejam. Comércio
S09-PRODUÇÃO Trabalho, emprego	Obtenção, criação e adaptação de bens	Empresas, tecnologia, trabalho, produtos	Min. Ind., Agric., Minas e Energia. Indústrias.
S10-RELIGIOSO Crenças, fé	União cósmica, eternização, fé, esperança	Religiões, rituais, templos, liberdade espirit.	CNBB, CRB. UMI. Vaticano. Meca
S11-SEGURANÇA Paz, tranquilidade	Proteção, segurança, paz, combatividade	Meios de segurança, artes marciais, cárceres	Min. da Defesa. Quartéis, Polícias
S12-POLÍTICO-ADMINISTRATIVO	Poder, condução triádica, liberdade	Organiz. social, regime político, ordem pública	Min. Admin. e Reforma Rel. Exteriores, OEA
S13-JURÍDICO Direitos e deveres	Normas, regulagem proporcional do jogo	Códigos legais, moral, serviços jurídicos	Min. da Justiça, Comis. de Justiça, Tribunais.
S14-RECEDÊNCIA Mérito e ranking	Maximocracia, identidade, prestígio, honra	Concursos, títulos, diplomas, prêmios	Comis.MéritoNobel, Canonização, ISO 9000

um dos 14 subsistemas tem **Níveis de atuação** que são os escalões mínimos que compõem uma hierarquia ou estrutura, dentro de cada sistema e subsistema: execução, supervisão, assessoria e direção. Esses níveis de atuação estabelecem comportas ou limites de informação para o cérebro esquerdo, de poder e remuneração para o cérebro central e, de status para o cérebro direito.

O nível de execução corresponde às pessoas que fazem as coisas e concretizam algo na realidade. É a mão de obra para realizar tarefas de rotina ou baseadas em esforço físico. Certamente, os empregos do nível de execução estão sendo reduzidos pelo uso cada dia mais intenso da mecanização e robotização.

O nível de supervisão é o de pessoas quem dirigem, coordenam e supervisionam as tarefas realizadas pelo pessoal do nível de execução. Os supervisores ou animadores fazem parte do que se chama "mandos médios", já que têm conhecimento dos processos de produção e de liderança e dinâmica de grupo.

O nível de assessoria ou consultoria é o de profissionais que manejam informação técnica, elaboram planos e orientam a ação dos supervisores que repassam ordens de trabalho aos operários do nível de execução. São especialistas que coordenam equipes de trabalho e orientam o conhecimento e os processos para determinadas metas e, para a superação de problemas nos processos produtivos.

O nível de direção é o subgrupo oficial, o executivo, que detém o poder. É a alta administração, o estado maior. Tem o poder e a legitimidade para a tomada de decisão. Pode ser mais autocrático ou mais democrático, dependendo da aceitação que tenha do jogo triádico na dinâmica da organização. Deve ser um generalista e algo especialista para conhecer os processos técnicos que se manejam na organização e a posição da mesma no jogo triádico do mercado.

A esses Níveis de Atuação correspondem os Níveis de Vivência[53]:

Níveis/hierarquias que desmentem a igualdade, tanto ao nascer como ao longo da vida

Um ensaio de classificação das necessidades e seus correspondentes satisfatores pelos 14 subsistemas e 4 ou mais níveis pode ser visto em Gramática do Dinheiro: https://books.google.com.br/books?id=EpxSzaihQvC&redir_esc=y

Para manter a conexão com os três cérebros, podemos reduzir os 14 subsistemas a três blocos, de acordo com o predomínio da cultura do cérebro esquerdo, central e direito:

- Subsistemas de reguladores subordinados ao cérebro esquerdo.

- Subsistemas apropriadores subordinados ao cérebro central

- Subsistemas regeneradores subordinados ao cérebro direito.

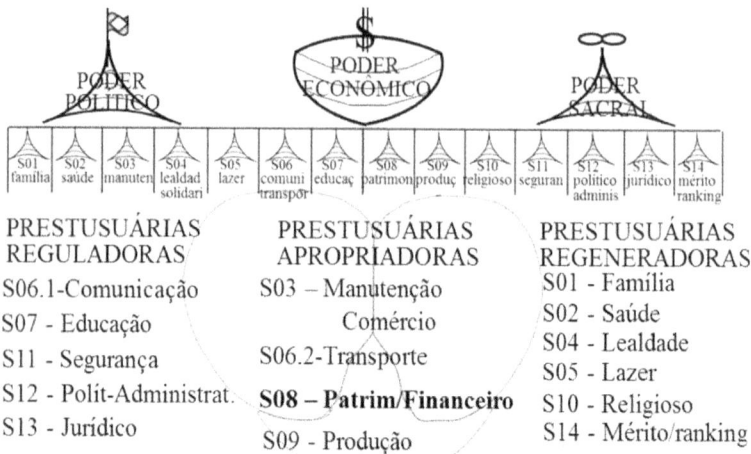

PRESTUSUÁRIAS
REGULADORAS
S06.1-Comunicação
S07 - Educação
S11 - Segurança
S12 - Polít-Administrat.
S13 - Jurídico

PRESTUSUÁRIAS
APROPRIADORAS
S03 – Manutenção
            Comércio
S06.2-Transporte
S08 – Patrim/Financeiro
S09 - Produção

PRESTUSUÁRIAS
REGENERADORAS
S01 - Família
S02 - Saúde
S04 - Lealdade
S05 - Lazer
S10 - Religioso
S14 - Mérito/ranking

Satisfatores pelos 3 cérebros e 14 subsistemas

Finalmente, para terminar de ver todo o conjunto de contribuições da Cibernética Social vamos apresentar o CCF – o percurso dos três cérebros para pesquisar, recriar e modificar uma realidade qualquer.

12.6 O CCF - Ciclo Cibernético de Feedback)

Outra das contribuições da Cibernética Social é o **CCF - Ciclo Cibernético de Feedback**[54]. Nasceu como resultado da aplicação do paradigma tri-uno à metodologia do processo mental: três em um, e cada qual apenas um de três. Pelo paradigma monádico unilateralista, será sempre um único, qualquer um dos três, sozinho; pelo paradigma diádico serão dois, como em pesquisa-ação; pelo paradigma triádico serão três: pesquisa-criatividade-ação. É a arte de tricerebrar (não é só pensar).

O CCF é uma unificação do método científico acadêmico que usa só o cérebro esquerdo, com o método estratégico e criativo que usa o cérebro direito e o método administrativo que usa o cérebro central. É um fluxograma ou sequência de passos para disciplinar e guiar o tricerebrar: captar e processar informação presente, projetá-la no futuro, para planejar caminhos e realizar projetos. É a integração de pensar-sentir-atuar, com sentir-pensar-atuar e com atuar-sentir-pensar, em diferentes hierarquias. Isso é devido ao funcionamento do cérebro como holograma, em que cada parte contém e repete o todo. No primeiro holograma estão os três cérebros; no segundo, o esquerdo contém os três, o direito contém os três e o central contém os três. No terceiro etc. Como cada parte contém o todo, cada um dos 10 passos do CCF contém o todo, formando micro CCFs, como veremos adiante.

As atividades compreendidas entre as fases 1 e 4 pertencem ao cérebro esquerdo, que desempenha funções lógico-analíticas; é o método acadêmico. No número 5, 5.1 e 6 intervém o cérebro direito de funções intuitivo-sintéticas; é o método prospectivo, estratégico e decisório. Nos números de 7 a 10 intervém o cérebro central ou pragmático; é o método administrativo que permite a transformação de uma realidade anterior em outra nova.

Vale lembrar que cada passo do CCF se comporta como um sistema com input-transformação-output e feedback. Se um passo não tiver sido bem realizado, o feedback indicará refazê-lo, pois não servirá de input no fluxo sistêmico para o próximo. Isto é o que quer indicar a corrente de símbolos de sistema ao redor da figura central do cérebro. Para uma melhor compreensão das tarefas que se realizam em cada um desses 10 passos do CCF, vejamos o mesmo CCF, um pouco mais explicado.

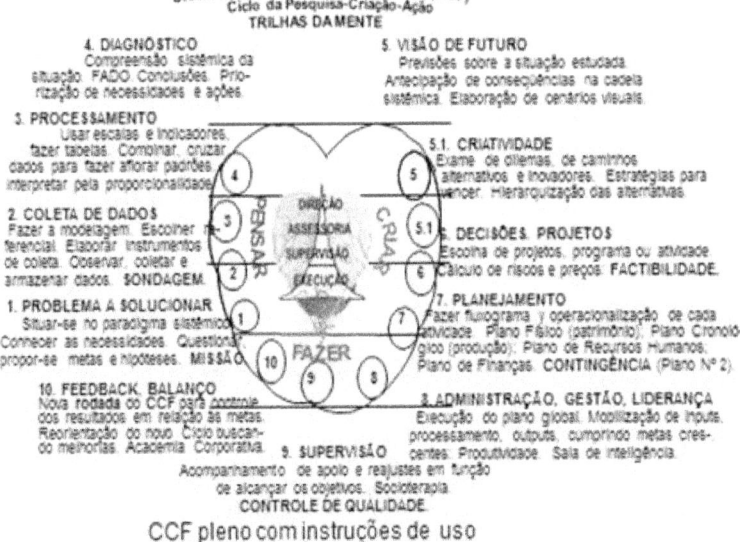

CCF pleno com instruções de uso

Este ciclo se repete, consciente ou inconscientemente, a cada novo momento da evolução de um tema ou problema, como de uma negociação. Os unilateralistas do cérebro central querem só ativismo sem muito pensar e sem parar para *brainstorming* (na negociação são os apressadinhos); os unilateralistas do cérebro direito sonham e sonham e imaginam, sem submeter suas "viagens" ao exame do cérebro esquerdo e ao teste do cérebro central prático (na negociação são os sonhadores líricos); e os unilateralistas do cérebro esquerdo querem análises e mais dados e comprovações, com dificuldades de passar à criatividade e à prática (na negociação, acham que basta discutir e esclarecer os fatos). O mais seguro é "rodar" o ciclo completo a cada momento, sem ficar atolado num só dos três blocos. Assim é como podemos perceber um avanço na negociação ou na transformação da realidade.

O CCF trabalha como um grupo de três engrenagens em perfeita sincronia. A primeira move a segunda e esta, a terceira, e a terceira, a primeira. Mas enquanto se movem as três, movem a engrenagem maior que é o CCF que move e transforma tudo o que tocamos.

A sequência de ciclos forma um fluxograma em espiral. Cada volta da espiral percorre o CCF em forma mais complexa e aperfeiçoada, pois agrega correções e melhorias.

O que, à primeira vista, parece repetição, na realidade são aprofundamentos, tornando mais nítida a imagem do que queremos ver e entender.

O ciclo dos dez passos é hologramático. Quer dizer que cada passo contém e reproduz os outros nove passos. Para realizar o primeiro passo, percorrem-se os outros nove passos, tendo-o como eixo; para realizar o segundo passo, percorrem-se os outros nove, tendo o segundo como eixo; e assim sucessivamente. A isso se chama fractalidade ou "recorrência" do molde hologramático. O todo está contido e se repete em cada parte e vice-versa. Por isso é possível a clonagem.

O CCF é uma metodologia geral para qualquer campo de saberes e qualquer profissão. Mas, segundo o caso, cada campo de saberes ou cada profissão adaptará os dizeres de cada passo segundo sua linguagem. A medicina, por exemplo, fala em "anamnese" para chegar ao diagnóstico (passos 1 a 4); depois fala em "prognóstico" (passos 5, 5.1 e 6). Por fim, fala em "tratamento" (passos 7 a 9) com retorno para "revisão" no passo 10; para a revisão, o médico percorrerá todo o CCF novamente.

O Ciclo Cibernético de Feedback com microciclos

No aso de pesquisas acadêmicas, monografias, teses, dissertações, é preciso corrigir a amputação que fazem do processo, parando o CCF nas conclusões (passos 1 a 4) às quais se acrescentam "algumas recomendações" que cobririam os passos de 5 a 10. O processo completo para desenvolver um trabalho com o CCF teria que seguir, aproximadamente, este roteiro.

1. Focalização da atenção em um estímulo interno ou externo, ou formulação de um problema a ser investigado e resolvido.

1.1. Determinar o interesse e as metas. Objetivos e estratégia heurística.

1.2. Tipo de teoria e método de investigação (optar por um determinado paradigma: cartesiano-monádico; dialético-marxista; sistêmico triádico etc.).

1.3. Situar triadicamente o assunto frente ao investigador e vice-versa, por revisão da literatura existente e a consulta a especialistas.

1.3.1. Questionamento – será que? - holográfico (ver hológrafo mais adiante).

1.3.2. Limitação da área de interesse ou dos fatores variáveis que sejam pertinentes.

1.3.3. Hipótese, pré-conclusões, expectativas da investigação.

1.3.3.1. Definição operacional de conceitos, variáveis e neologismos.

2. Coleta triádica de dados para o suporte da hipótese.

2.1. Coleta verbal. Elaboração e uso de instrumentos de coleta.

2.2. Coleta não verbal e factual. Guias e instrumentos de observação não verbal.

2.3. Prova piloto ou pré-teste da coleta.

2.3.1. Feedback da prova com inclusão de melhorias.

2.3.2. Fluxograma da coleta de dados.

2.4. Administração e execução da coleta de dados.

2.4.1. Exame holográfico da coleta de dados (quais dados temos e quais faltam, percorrendo o hológrafo).

3. Computação, processamento, tratamento ou análise dos dados. Tratamento dos dados, uso de estatísticas e recursos de cruzamento dos dados.

4. Diagnóstico, conclusões simbolosféricas (teóricas),

tese.

4.1. Desdobramento ou interpretação do diagnóstico e das conclusões.

4.2. Psicossíntese: reintegração dos fatos em um todo maior, com atitude proativa.

5. Futurição, prospectiva da possível evolução da questão tratada.

5.1. Priorização. Busca de estratégias de ação.

5.2. Busca de soluções, inovações, pela criatividade.

6. Propostas, projetos, programas de ação e decisões.

7. Planejamento das decisões.

7.1. Fluxograma de cada atividade a realizar.

7.2. Operacionalização de cada etapa dos fluxogramas.

7.3. Endomarketing do plano. Capacitação, treinamento.

8. Gestão da implementação do plano.

9. Supervisão, acompanhamento, controle.

10. Feedback, recomeçando na etapa um, refazendo todo o ciclo.

O uso de um só dos cérebros ou de alguma operação separada das demais produz uma visão incompleta, fragmentada, enviesada. É a visão monádica, míope.

Lamentavelmente é o que acontece em muitas instituições acadêmicas e nos governos. Muitos diagnósticos, muito debate. Mas que ações se implementam para transformar a realidade? Ou, então, parte-se para um ativismo irresponsável e inconsequente.

A vida profissional, a transformação e o progresso de instituições e países, dependem da execução completa de todas e cada uma das etapas do CCF. É imprescindível para alcançar as metas. É imprescindível para negociar e solucionar um conflito. Agora que temos o **CCF**[55] que é a composição de todos os referenciais anteriores.

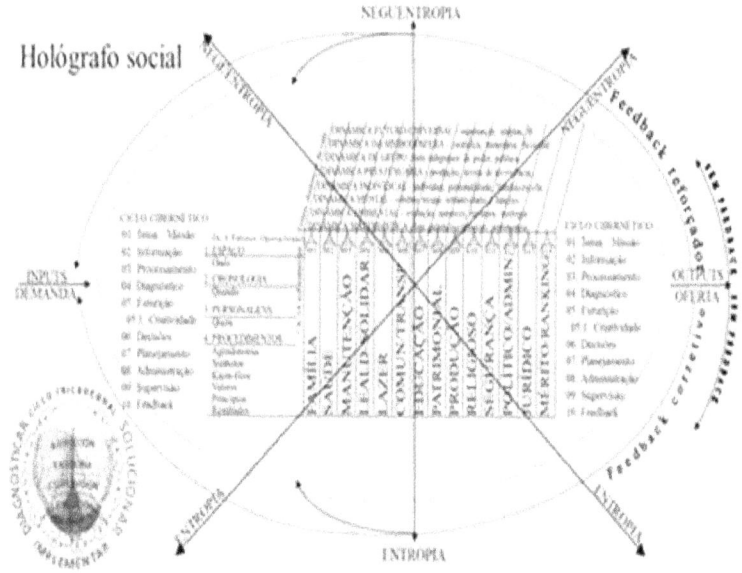

O Hológrafo compõe-se de:

- uma moldura externa, pontilhada, que representa um sistema e seu fluxo;

- três linhas cruzadas, marcadas com neguentropia e entropia nos extremos, que representam o princípio triádico e seu proporcionalismo.

- CCF na entrada da moldura que representa um sistema, porque o CCF faz o controle dos inputs que entram, o que se repete na saída para o controle dos outputs.

- 14 subsistemas na vertical, com os 4 fatores operacionais à esquerda na horizontal, e as esferas dinâmicas como campos de aplicação dos 14 subsistemas, em posição diagonal.

O Hológrafo serve para organizar e classificar qualquer conjunto de eventos e saberes porque, supostamente, é global e pode assimilar qualquer inovação sem perder sua configuração original: basta subdividir e subenumerar. Os instrumentos técnicos devem ser preservados em seu formato original para que possam servir de linguagem compartilhada; só em congressos e assembleias gerais, os profissionais que os usam podem propor modificações e melhorias, se aprovadas. Por não respeitar esta regra profissional-técnica, as Ciências Sociais e Humanas sofrem com sua Babel linguística.

Uma das inovações em Cibernética Social é o combate ao discursismo, aos referenciais lineares-discursivos do livre associacionismo, que são sempre muito extensos, tagarelas e confusos. A Ciência Social Geral introduz e usa, cada vez mais, os modelos, referenciais e maquetes tangíveis ou virtuais, úteis para todas as Ciências Sociais e Humanas. Os referenciais (quatro fatores operacionais, 14 subsistemas, 8 dinâmicas) e os modelos (o cérebro tri-uno tetranivelado, o CCF, o fluxo sistêmico etc.) começam em forma "menor" e menos complexa, como módulos que se podem ir combinando ou agrupando, progressivamente, até chegar ao referencial global chamado Hológrafo Social ou macroscópio e vice-versa. Pode-se desmembrar o Hológrafo pelos módulos que o compõem e usá-los como referenciais "menores".

C C F minimo	OPERACIONAIS C C F pleno	Espaço Instalações Equipamento	Cronologia Ciclos Visão futura	Atores Níveis Jogo triádico	Missão Objetivos Métodos Dificuldades Custos Resultados
INFORMAÇÃO DIAGNOSTICO SITUACIONAL	1 Tema e objetivos				
	1.1 Hipótese, definições				
	2 Coleta de dados				
	3 Processamento				
	4 Diagnóstico				
CRIATIVIDADE ESTRATEGIA DECISÕES	5 Futurologia				
	5.1 Criatividade				
	Estratégia				
	6 Propostas/decisões				
GESTÃO E CONTROLE	7. Planejamento Fluxogramas Operacionalização				
	8 Ejecução				
	9 Controle				
	10 Feedback/feedforward				

CCF acoplado ao Referencial dos Quatro Fatores Operacionais

Neste caso, perdem-se detalhes pela menor densidade do conteúdo, porque só usamos os 4 fatores operacionais e não os 14 subsistemas e as esferas dinâmicas; mas não se perde nem a conexão com a globalidade do Hológrafo, nem a coerência ou compatibilidade com os demais módulos.

Definitivamente, as Ciências Sociais e Humanas precisariam adotar o CCF e seus referenciais e modelos para dar um salto qualitativo e se tornarem interdisciplinares e práticas. Quando algo falha e não conseguimos os objetivos desejados, geralmente é porque falhou a metodologia, alguma de suas ferramentas ou algum dos passos do CCF.

Apresentei, até aqui, a Cibernética Social e seu conteúdo como ferramentas para as negociações. Mas estas ferramentas não vão prestar grandes serviços se não conhecermos a fundo o processo da comunicação. A construção deste novo modelo de negociação não será possível se não dominarmos com excelência o processo da comunicação, associado às ferramentas da

Cibernética Social.

13 A COMUNICAÇÃO NA NEGOCIAÇÃO

Neste capítulo quero citar as contribuições que faz Francisca Berrocal[56], com sua didática. A experiência e o conhecimento que ela nos oferece são fruto de largos anos de trabalho; e serão de grande ajuda para todos os leitores. Acrescento também algumas contribuições de minha própria experiência que, espero, sejam de utilidade para todos.

A comunicação é o fundamento de toda a interação social e, portanto, um elemento essencial e indispensável em toda negociação. A comunicação é o instrumento básico que utilizam as partes para entender e resolver suas discrepâncias de interesses. Em outras palavras, sem comunicação bem conduzida entre as partes, não existe a mínima condição de chegarem a entendimento e acordos.

Por isso, toda pessoa indicada como negociadora deverá manter um sistema de comunicação eficaz tanto com os membros de sua própria equipe de negociação, como com a outra parte.

Existe a ingênua crença que por saber falar em público, por manejar vários idiomas e as TIC já sabemos comunicar-nos e negociar. Mas é algo bastante mais complexo. Por isso, há gente que se queixa "não me compreendem"; ou "será que estou falando grego"?

Há muitos obstáculos, barreiras, terminologias, distorções que podem afetar a comunicação entre os negociadores, provocando erros na emissão, na decodificação/interpretação e no retorno das mensagens.

Por isso, neste capítulo analisaremos cada um dos componentes do processo de comunicação e as barreiras que o podem afetar, assim como os meios que se podem empregar para prevenir ou desfazer mal-entendidos e confusões.

O que é a comunicação?

Comunicação é a iniciativa de uma interação com alguém, que se faz com três tipos de linguagem, típicos de cada um dos três cérebros:

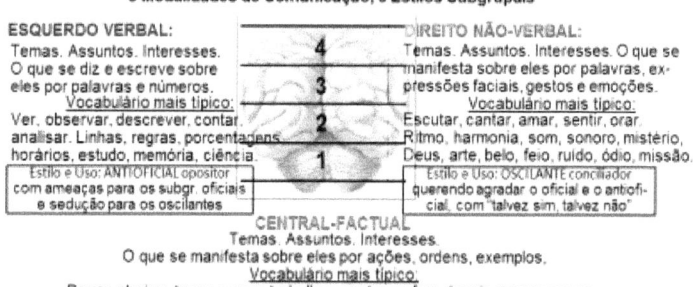

3 Modalidades de Comunicação; 3 Estilos Subgrupais

ESQUERDO VERBAL:
Temas. Assuntos. Interesses.
O que se diz e escreve sobre eles por palavras e números.
Vocabulário mais típico:
Ver, observar, descrever, contar, analisar. Linhas, regras, porcentagens, horários, estudo, memória, ciência.
Estilo e Uso: ANTIOFICIAL opositor com ameaças para os subgr. oficiais e sedução para os oscilantes

DIREITO NÃO-VERBAL:
Temas. Assuntos. Interesses. O que se manifesta sobre eles por palavras, expressões faciais, gestos e emoções.
Vocabulário mais típico:
Escutar, cantar, amar, sentir, orar. Ritmo, harmonia, som, sonoro, mistério, Deus, arte, belo, feio, ruído, ódio, missão.
Estilo e Uso: OSCILANTE conciliador querendo agradar o oficial e o antiofi- cial, com "talvez sim, talvez não"

CENTRAL-FACTUAL
Temas. Assuntos. Interesses.
O que se manifesta sobre eles por ações, ordens, exemplos.
Vocabulário mais típico:
Pegar, cheirar, tocar, comer, trabalhar, gastar, sofrer, dormir, preocupar-se.
Bom, duro, brando, perfumado, malcheiroso, salgado, sem sabor, forte.
Estilo e Uso: OFICIAL dominador com ameaças para os antioficiais e paternalismo para os oscilantes

Quando nos referimos à comunicação como instrumento básico para a resolução das divergências entre as partes numa negociação, não é suficiente apresentá-la como a simples transmissão de informação. Isso seria comunicação como um processo unilateral, onde toda a responsabilidade da eficácia do processo dependeria só do emissor. É verdade que ele deverá ter muito claro o que quer dizer e saber expressá-lo da forma mais correta possível. Mas isso é só uma parte do processo, pois a informação não é de mão única.

Como o emissor saberá *se seu interlocutor assimilou a mensagem da forma e modo que ele havia pensado?*

Pensemos numa situação na qual um negociador envia um sinal indicando que está disposto a fazer uma determinada concessão para facilitar o ponto de chegada. Se não houver comprovação que o outro negociador assimilou a mensagem, nada feito.

Mas o inverso também é capenga: pensar que o emissor pode dirigir-se ao outro em meias palavras, acreditando que é o receptor que tem toda a responsabilidade de entender bem as intenções dele, chefe ou negociador. O paradigma monádico pode gerar esses autistas egocentrados.

A comunicação é um processo interativo: vai e volta. Na volta, quem era receptor torna-se emissor; é a retroinformação que equivale ao processo de feedback ou verificação do resultado. Este enfoque supõe um tipo de comunicação mais "cooperativo", que requer um maior esforço recíproco para ir superando as ambiguidades e imprecisões decorrentes dos muitos significados de cada palavra e frase. Esse revezamento de posição como emissor/receptor/emissor tem que ser consciente, a cada vez que um toma a palavra. E tem que haver boa vontade, pois se fizerem uso de comunicação tática para engabelar o outro, será um jogo de gato e rato e não, de parceiros de caçada.

Elementos que intervêm no processo de comunicação

Em todo processo de comunicação podem-se distinguir os seguintes elementos:

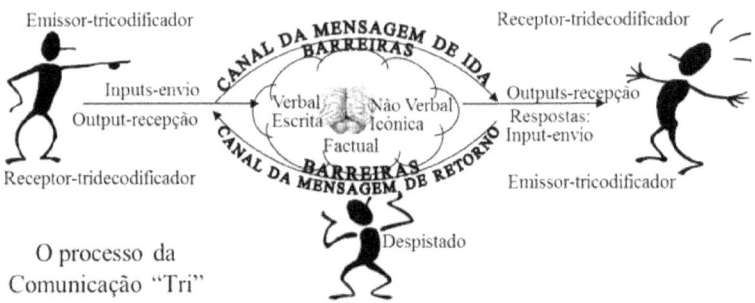

Emissor: pessoa ou grupo de pessoas que codificam e enviam a mensagem.

Receptor: pessoa ou grupo de pessoas que recebem e decodificam a mensagem.

Mensagem: é a informação (fatos, ideias, arte) que o emissor transmite ao receptor.

Retroinformação: é a reação/resposta que o receptor codifica e envia ao emissor, pela qual o primeiro emissor confirma se sua mensagem foi bem interpretada ou não, o que o leva a codificar e enviar nova mensagem.

Canal: meio através do qual se transmite a mensagem: presencial, por telefone, por um bilhete, por e-mail, pela mídia, por fumaça...

Código: conjunto de símbolos verbais, não-verbais

e factuais utilizados para expressar a mensagem.

O emissor

O emissor pode ser uma pessoa ou um grupo de pessoas. É o encarregado de produzir a mensagem e fazer sua "embalagem" verbal-escrita, não verbal-gestual e factual.

É fundamental, numa negociação, utilizar uma codificação que esteja ao alcance do receptor para que a decodifique apropriadamente; e, que se escolha o meio de transmissão que se considere mais eficaz por sua rapidez, e que gere o menor grau de distorção ou ruído.

Mas, para captar a atenção dos demais, assim como para influir em seu comportamento, é preciso que o emissor reúna uma série de características:

➢ **Credibilidade.** O emissor precisa ter credibilidade perante o receptor, para o qual são importantes fatores como, por exemplo, a posição que se ocupa na organização, seus conhecimentos sobre o tema, a capacidade de levar à prática os acordos adotados, sua experiência em negociações anteriores etc.

➢ **Simpatia.** Quanto mais atrativa seja a imagem do emissor para o receptor, maior receptividade terão as mensagens e melhor compreensão haverá entre os dois.

➢ **Persuasão.** O emissor há de ser, também, suficientemente persuasivo - emocional, racional e factualmente - para que o receptor faça seu o conteúdo das mensagens; isto é, que acate e adote o ponto de vista do emissor.

Para utilizar corretamente a persuasão, durante a negociação, é indispensável conhecer as características tricerebrais da outra parte (seu modo de pensar, nível de linguagem e compreensão, sensibilidade, necessidades, expectativas e motivações) em relação com o tema que se está tratando.

No decurso da negociação, é fundamental conhecer que possíveis distorções e barreiras poderão afetar o diálogo das partes, ou as dificuldades esperadas, para assim preveni-las, minimizar ou contornar seus efeitos, na medida do possível.

Todos teremos sofrido a experiência de emitir uma mensagem e não ser entendido ou ter sido mal interpretado. Isso pode ser por erros que cometemos como emissores, entre os quais podemos destacar, por sua frequência, os seguintes:

✓ **Redundância.** Pode ocorrer que o emissor não tenha pensado bem a mensagem ou não se tenha preparado, o que pode levar a repetições desnecessárias, redundâncias e linguagem cantinflesca (longa e enrolada, como a do comediante Cantinflas) que termina por cansar e até irritar o receptor.

✓ **Ambiguidade.** Certas mensagens costumam ser emitidas com palavras e frases que permitem distintas interpretações, dificultando a interpretação por parte do interlocutor. Se a ambiguidade for proposital, como balão de ensaio, é prudente calcular a repercussão, pois pode ser tomada, até, como ameaça velada.

✓ **Defeitos na expressão.** Alguns defeitos na expressão (erros gramaticais, cacoetes, suspense etc.) podem fazer que o receptor preste mais atenção ao defeito que, à própria mensagem.

✓ **Atitudes pessoais do emissor**, em relação com a própria pessoa, o tema ou com o receptor, que podem contaminar a comunicação:

a) **Atitudes consigo mesmo.** Se o emissor tem uma atitude negativa para consigo, sua mensagem será formulada de forma negativa, com tom de voz inseguro, falto de confiança; assim, não deve esperar nenhum tipo de persuasão da outra pessoa. A importância do tom de voz é chave na emissão da mensagem (disso falarei um pouco mais adiante).

Pensemos na mensagem que emitiria uma pessoa que considera que não tem as competências necessárias, nem a preparação suficiente para ser interlocutor válido numa negociação. Sua comunicação com a outra parte, e sua atitude negativa transmitiriam a mensagem que ela não poderá obter um acordo ou que vai fazer um mau acordo. Quem tem autoconfiança, preparação, e está convencido de poder obter os objetivos estabelecidos, terá uma comunicação verbal, não verbal e factual muito distinta e bem mais eficiente.

b) **Atitude em relação com o tema.** Se uma pessoa não acredita no valor da mensagem e na coerência de seus argumentos, dificilmente vai dar certo.

c) **Atitudes com relação ao receptor.** As atitudes positivas ou negativas do emissor com relação ao receptor, também afetam a forma de transmitir a mensagem e, evidentemente, a forma em que o receptor responderá.

Comportamentos inconvenientes do emissor podem ser: usar posturas de autoritarismo e intransigência; ou de indiferença; ou então falar de entendimento e continuar com sua postura de superioridade e de sabichão. Efetivamente, a resposta que obterá do receptor será do mesmo teor. E vice-versa.

Em suma, as atitudes afetam o resultado da negociação.

Não devemos esquecer que a possível distorção das mensagens, inúmeras vezes, não se deriva do significado real das palavras utilizadas, mas de como elas são interpretadas por seus receptores.

Uma mesma palavra dita no mesmo lugar, no mesmo momento, no mesmo contexto e escutada por várias pessoas, pode ser interpretada de formas muito distintas por cada uma delas, por sua diferente hierarquia tricerebral. Por isso, é importante estar atento não só ao conteúdo das mensagens, mas também à forma como se emitem.

Para fazer ver a importância da linguagem não verbal, o professor A. Mehrabiam, da Universidade da Califórnia, estabeleceu que a eficácia e o significado de uma mensagem estão distribuídos nas seguintes porcentagens:

- **7% verbal** (só palavras)

- **38% tom de voz**

- **55% não verbal** (gestos, expressões faciais, movimentos etc.).

A soma do tom de voz e dos gestos nos dá um 93% de informação. A linguagem não verbal expressa: sentimentos, emoções, estados de ânimo, atitudes. Ela nos dá mais informação que a linguagem verbal-escrita (esta mente facilmente e, muito).

Os tipos de tons de voz são chaves na negociação e nos informam da coerência entre o que se diz e a forma como se diz. Saber escolher o tom de voz adequado para persuadir nosso interlocutor é verdadeiramente crucial.

O tom de voz é a roupa com que vestimos nossa mensagem para adequá-la ao momento. Se temos um convite para um casamento, um funeral, ou um piquenique, devemos vestir-nos com roupas apropriadas para cada ocasião. Insisto, nosso tom de voz é a roupagem com que vestimos nossa mensagem; e temos que ser suficientemente treinados e sensíveis para escolhê-la e usá-la.

Há algumas variedades de tons de voz que utilizamos na comunicação e que descrevo brevemente:

Tom cálido: demostra amabilidade e empatia, com sorrisos. Revela uma atitude positiva de disposição à entreajuda. Utiliza-se mais na apresentação e na despedida. Seu objetivo é transmitir uma imagem agradável.

Tom tranquilo: é pausado, calculado. Revela uma atitude de controle, de domínio da situação. Utiliza-se, fundamentalmente, para desfazer objeções e para tratar reclamações. Seu objetivo é transmitir tranquilidade diante de interlocutores que elevem o tom de voz ou façam uma queixa forte. Este é o tom que deve predominar no processo da negociação.

Tom persuasivo: é entusiasta e convincente. Revela uma atitude resoluta, de convencimento próprio. Utiliza-se para estabelecer um compromisso com o interlocutor. Seu objetivo é a aceitação desse compromisso por parte do interlocutor. O bom uso deste tom garante o entendimento entre as partes. **Tom sugestivo**: caracteriza e insinua. Revela uma atitude dirigida à sugestão. Utiliza-se este tom quando queremos argumentar com base nas características ou vantagens de nossa ideia, proposta, ou serviço. Seu objetivo é aproximar nosso interlocutor ao nosso ponto de vista, evitando o medo de compromisso. Este tipo de tom de voz também deve frequentar as negociações.

Tom seguro: é direto, sério. Revela uma atitude de profissionalismo e seriedade. Utiliza-se para sondar necessidades e para a obtenção de dados. Seu objetivo é conseguir a informação necessária, para oferecer, logo, a solução, ideia ou serviço adequado. É o tom mais adequado para as fases de coleta de dados e diagnóstico.

A gesticulação

É o elemento da comunicação não verbal que maior conteúdo de mensagem carrega. Uns 55% da informação é transmitida através da linguagem corporal silenciosa. Mas nossa distração habitual faz com que não lhe prestemos maior atenção e nos fixemos somente na mensagem que nos chega pelas palavras.

Temos que compreender que a negociação é um processo interpessoal no qual, saber utilizar corretamente a linguagem corporal facilita a sintonia e capta a atenção da outra parte. Usada de maneira correta, pode ajudar-nos enormemente a caminhar para um futuro acordo.

"Escutar", neste caso, é observar nosso interlocutor em seus movimentos de mãos e braços, nas posturas, na decoração corporal, nos olhares, na variação do tom de voz e ritmo, nos silêncios e no seu visual geral. Todos esses elementos são informação e mais informação.

Todo negociador, se quiser fingir, o faz tanto através da linguagem verbal como da não verbal, teatralizada. Por isso, a linguagem do corpo pode ter vários significados e pode ser interpretada de várias formas. Aqui não há um dicionário de sinônimos. É preciso ter em conta outros elementos como o estado de ânimo, metas ocultas, táticas diversas que ocultam, não o que ele diz, mas por que ele diz o que diz, sente o que sente, faz o que faz.

Todo o conjunto da linguagem não verbal adquire outros significados pela modulação do tom de voz. Uma mesma frase pode significar elogio ou reprimenda, conforme o tom de voz usado. Quando dizemos a alguém "bonito isso", se o comentário é sincero e o tom de voz de admiração, é um elogio; se o tom de voz é de ironia, será uma reprimenda. As palavras são as mesmas, só mudaram o tom de voz e uns gestos faciais. Mas os resultados são diametralmente opostos.

O silêncio

É um elemento muito importante da comunicação, seja pessoal ou telefônica. Mais ainda numa negociação. Corresponde aos pontos, vírgulas, novo parágrafo etc. da comunicação escrita. O silêncio serve para:

- Ressaltar a importância de determinadas palavras.
- Dar importância às ideias.
- Facilitar respostas.
- Ajudar a pensar.

O silêncio negativo

O silêncio pode ser negativo e mostrar desatenção. Por exemplo, se o prolongarmos muito, criamos perplexidade...

O silêncio do outro

O interlocutor pode guardar silêncio também. Nesse caso, deveremos tomar uma posição de escuta ativa, indicando a nosso interlocutor que estamos atentos à sua conversação, por meio de palavras ou frases como:

- Sim
- Claro.
- Entendo.
- Certo.

E outras para demonstrar que se está atento e sendo respeitoso.

Por que prestar tanta atenção à linguagem não verbal?

Resumindo:

➢ Porque mais de 90% da comunicação é não verbal.

➢ Porque as palavras dizem uma coisa, e os gestos podem dizer outra.

➢ Porque permite decodificar o que a linguagem verbal esconde.

➢ Porque comprova o significado e veracidade das palavras ou não.

➢ Porque manifesta as verdadeiras intenções da pessoa que está falando.

Em outras palavras: a comunicação verbal *informa* o que **diz** a pessoa. A comunicação não verbal *informa* o por que a pessoa diz o que diz. E se, de por meio, o interlocutor decide fazer alguma coisa, teríamos também a linguagem factual, para completar a comunicação.

É importante o papel que desempenham os três tipos de linguagem do emissor numa negociação. Por isso antes de intervir, devemos fazer-nos sempre estas perguntas:

a) **O que quero transmitir?** Em primeiro lugar, devemos questionar-nos se realmente a informação que desejamos transmitir é necessária ou não. Caso a resposta seja afirmativa, é preciso ter claro o objetivo, ou seja, o que se deseja que entenda o receptor.

b) **Como transmitir a mensagem?** Se se deseja que a informação enviada seja efetiva, é necessário codificá-la numa linguagem tricerebral que seja acessível ao receptor da mensagem e, bem operacionalizada, para garantir a compreensão esperada. Depois, escolher o meio a empregar. Dentro das organizações são muito numerosos: telefone, fax, correio eletrônico, reuniões, entrevistas etc. Mas são todos igualmente eficazes? Dependendo do receptor, da importância e urgência da mensagem, será mais adequado utilizar um ou outro.

Numa negociação, o canal mais utilizado é a linguagem oral presencial; e os meios são a entrevista e as reuniões.

c) **Como será interpretado?** Tenho certeza que meu pensamento vai ser interpretado como eu queria? Qualquer distorção gerará conflito. Por isso, a recomendação é que se escreva a ideia para avaliá-la previamente e que se analise se as palavras utilizadas são as mais adequadas para a outra parte. O mais prudente, sempre, é utilizar palavras e frases simples e curtas. Está demonstrado que as palavras curtas e simples são as mais fáceis de pronunciar e as mais fáceis de compreender.

d) **Como posso saber se me entenderam?** Simples. Observe o olhar de seu interlocutor. Se o vê com a cabeça parada e com o olhar perdido no infinito, ou com os olhos dançando da direita para esquerda, é sinal que não entendeu ou que criou dúvidas.

Explique novamente sua proposta, com exemplos, com nova informação, dividindo sua proposta em partes menores, uma cada vez, para que seja mais assimilável. Pode perguntar a seu interlocutor quais aspectos gostaria de esclarecer, ou como vê ele a situação desde seu ponto de vista. O importante é manter a comunicação para que possamos avançar para o diagnóstico e as soluções.

O receptor

É a pessoa ou grupo de pessoas que recebem a mensagem e, portanto, encarregados de sua decodificação (decifrar e interpretar a informação recebida). Suas características tricerebrais são fundamentais para determinar o tipo de linguagem e nível de vocabulário que o emissor deve empregar. *Comunicação não é só o que diz o emissor, mas também o que entende e põe em prática o receptor.*

Já comentamos as precauções do emissor para a boa embalagem da mensagem e para prever as barreiras esperadas e contorná-las. Se temos barreiras como emissores, também as temos como receptores. Por isso, devemos estar atentos para evitá-las ou minimizá-las.

O receptor capta e interpreta a informação; e elabora sua resposta, dependendo de diversos fatores, entre os quais podemos destacar: sua experiência anterior em outras negociações similares, contatos anteriores com a outra parte, seus interesses, suas atitudes etc. Por tanto, ao receber uma determinada informação, depois de interpretá-la, ele reagirá com uma resposta de concordância ou discordância com a mensagem, de forma que tenha sentido e coerência para ele. Depois de codificada nas três linguagens, à sua maneira, a enviará como emissor a quem fora emissor e que, agora, é receptor, em revezamento de papéis.

Existe uma série de barreiras internas no receptor, que podem acontecer no processo de comunicação, enquanto é feita a recepção da mensagem. São "ruídos" que distorcem a mensagem sendo recebida:

> **Inferências.** É frequente o receptor mesclar os fatos observados com os fatos inferidos (confundindo o real com o imaginário). Por exemplo, quando alguém é selecionado para um posto e é "filho de um graúdo", uma inferência seria pensar que foi selecionado só porque é "filho de fulano de tal", sem precisar ter as competências requeridas pelo posto.

> **Tensão emocional.** Em um estado de tensão emocional, o receptor está tão absorto no que vai dizer que não presta toda a atenção no que diz quem está falando.

Por exemplo, quando alguém, numa reunião, está criticando nosso ponto de vista sobre um determinado assunto, em vez de escutar bem, estamos pensando em como rebater suas opiniões ou argumentos.

> **Tendência a avaliar.** Uma tendência precipitada, quando se está na posição de receptor, é a de fazer juízos de valor, aprovar ou desaprovar, antes mesmo que o outro termine de falar.

Por exemplo, quando alguém está recebendo uma crítica, antes que o emissor termine sua exposição, o receptor está pensando se deve ou não tomá-la, e se deve etiquetar o cara como amigo ou inimigo.

Embora esta tendência seja comum em todo processo de comunicação, é muito maior naqueles que mesclam razão e emoção, levados por más experiências anteriores. Por isso, é fundamental ter consciência do passo do CCF em que vão a comunicação e a negociação, e manter a credibilidade e a confiança na outra parte. Sem seguir o CCF, não haverá ordem mental e progressividade na negociação, pois se dará a pulos de sapo.

➢ **Estereótipos.** São clichés ou preconceitos sem fundamento sobre características de uma pessoa ou grupo de pessoas, por pertencerem a uma determinada etnia, um determinado grupo ou subgrupo social ou de idade etc.

Isso, geralmente, deforma a tal ponto a percepção que, a um mesmo fato ou a uma mesma palavra, atribuímos significados totalmente distintos em função do estereótipo que se tenha do emissor. Analisemos como nos sentimos quando estamos negociando com um de nossos grandes clientes, e como nos sentimos quando estamos negociando um trabalho com um pedreiro.

➢ **Efeito aura.** É frequente que o receptor tenha a tendência a valorizar mais o que vem de um comunicador que seja "celebridade" ou que lhe evoque figuras simpáticas de seu inconsciente. É o retorno do "argumento de autoridade". Tudo que viaja pelo cérebro direito sai carregando uma auréola.

➢ **Distorção pelo filtro tricerebral.** Todos temos "filtros" ou "alfândegas" de avaliação para rejeitar ou deixar passar o que combina ou não com nossa maneira de pensar ou atuar. Neste caso, a informação não é captada tal qual foi emitida ou como se apresenta na realidade. Todo sistema tem filtros para os inputs que deixa entrar e para os outputs que deixa sair. É a função de feedback que é inerente ao CCF.

O resultado de passar pelo tal filtro é que ficamos completando, eliminando, alterando, modelando a informação recebida, para ajustá-la a nossos modelos tricerebrais, vindos da família, profissão e experiência social. A água se ajusta ao recipiente em que é derramada; cada recipiente imprime seu formato à água que recebe. Como o cérebro defende a programação que tem, precisamos sempre guardar uma boa imagem de nós mesmos. Por isso, para uma mesma informação ou circunstância, cada receptor pode entender e reagir de maneiras diferentes.

Allport e Portman, em 1947, bolaram um teste psicológico, para descobrir como funciona nosso filtro mental e como pode deformar a recepção.

É uma brincadeira de salão chamada "telefone estragado". Pedem-se seis voluntários. Cinco saem da sala. Ao sexto voluntário que permanece na sala, alguém descreve, em voz alta, esta cena no metrô de Nova York":

"Dentro do metrô duas pessoas estão em discussão. Uma é negra, bem vestida, com sua pasta 007; a outra é branca, malvestida, com uma navalha na mão. Atrás dessas duas pessoas estão cinco passageiros sentados. Um homem lê o jornal, ao lado uma senhora de chapéu, que escuta a discussão".

Em seguida, chama-se à sala um dos 5 voluntários, para ouvir o relato do metrô contado pelo voluntário a quem foi narrado o fato. Este descreve a cena como a captou. Em geral, esta primeira transmissão é bastante fiel e detalhada. O segundo tem que transmitir o fato ao terceiro; este ao quarto; e este ao quinto.

Vai-se constatar que a informação vai-se deformando de um narrador para o outro, podendo até inverter os papéis dos personagens, ficando o negro com a navalha e o branco com a pasta 007... É o filtro tricerebral, com o preconceito clássico do negro frente ao branco. Entre estilistas, ou entre mulheres, o único detalhe correto, foi a menção da senhora com chapéu. Será isto também um preconceito contra os estilistas ou as mulheres?

A maioria dos ditos populares é carregada de preconceitos: "Branco correndo...atleta! Negro correndo... ladrão!"

➢ **Projeção.** Por último, é também comum a tendência a atribuir ao emissor características ou condutas que são próprias do receptor. "Cada um julga pelo que é".

Por exemplo, se para nós o mais importante numa negociação é obtermos benefícios máximos, à custa do que for necessário ou empregando qualquer tipo de artimanha, a "projeção" seria pensar que a outra parte atuaria da mesma forma.

Além desses ruídos internos que se dão na mente do receptor, e que geram distorções na mensagem, há outros que são externos e que não podemos controlar facilmente. Menciono alguns:

➢ **Distrações externas**: ruídos, aviões passando, atividades de companheiros, frio ou calor excessivos, moscas e mosquitos, uma secretária exuberante que entra e sai da sala etc.

➤ **Incômodos pessoais**: indigestão, sono, fome, ansiedade, coisas que só a pessoa afetada sente, enquanto os demais se sentem bem e continuam suas atividades.

➤ **Sonhar acordado:** se o receptor não estiver bem concentrado, as palavras podem soar muito distantes ou levá-lo a outros mundos. "De regresso" se perguntará "em que ponto estávamos"?

Para prevenir este tipo de barreiras ou distorções quando somos receptores, é dispor-se a escutar de forma ativa, sem preconceitos e sem precipitações.

Apresento as principais dificuldades internas, das quais se derivam as barreiras que comentamos anteriormente:

• **Implicação afetiva.** "Com este cara é impossível falar, é teimoso ou fechado como ele só"...

• **Influência de experiências frustrantes.** Já sei o que ele vai dizer e fazer. Não adianta nada tentar outra vez.

• **Interpretação e valorização do conteúdo das mensagens** em função do próprio sistema de valores e crenças, funcionando como peneira ou filtro.

• **Influência do estado de ânimo** no momento de receber a mensagem. A disposição de humor – deprimido ou eufórico, boa vontade ou má vontade – tem influência na interpretação da mensagem e na aceitação do comunicador.

• **Influência dos hábitos** ao momento de captar a

comunicação. Estamos mais preparados, pela educação que recebemos, a falar que a escutar. Dizem que Deus nos deu dois ouvidos, mas uma boca só. Entretanto, utilizamos mais a boca que os dois ouvidos. A "escutatória" tem menos cursos que a "oratória"; a interpretação tem menos cursos que a redação.

Como escutar e persuadir os outros

Quando há uma discussão sobre um tema ou uma negociação, reúno-me com um grupo de pessoas que não pensam como eu, para convencê-las a apoiar meu projeto. Elas vêm com suas próprias ideias, sua própria visão do projeto ou do problema. Minha tarefa é atraí-las para a proposta que eu tenho e convencê-las.

Aqui vêm as recomendações:

♦ **A pessoa.** Deixe que a outra pessoa fale e que carregue o peso da conversação.

♦ **Não reprima as ideias e as opiniões.** Ao realçar o que o outro diz, você conseguirá que ele escute você mais atentamente. O outro lhe está dando informação, não rejeite.

♦ **Enquanto escuta, não demonstre atitude beligerante.** Se você der sinais de contrariedade, perderá a oportunidade de persuadir.

♦ **Seu verdadeiro objetivo não é derrotar a outra pessoa, MAS PERSUADI-LA.**

♦ **No começo da discussão, faça perguntas em vez de falar.** Quanto mais informação tiver da outra pessoa, mais poder você terá sobre ela.

♦ **Se a outra pessoa apresentar uma ideia oposta à sua, não queira defender-se.**

♦ **Faça perguntas:** Por quê? Por que você interpreta assim? Pode dar um exemplo?...

♦ **Fazer perguntas é a primeira parte da dis-**

cussão e, a mais importante, porque se seu "oponente" não tem respostas ou argumentos, isso ficará evidente.

♦ **Praticamente, todas as conclusões que saem de uma discussão, saem do que se diz na parte final dela.** Por isso é preferível você reservar suas palavras e propostas mais importantes, para a reta final.

♦ **Quem sabe escutar ganha as discussões; e, mais importante, ganha amizades.**

♦ **Ainda que pareça estranho, as pessoas preferem ser escutadas a serem obedecidas.**

♦ **Se você sabe escutar, as pessoas lhe terão mais confiança.** Será mais fácil contar com seu apoio e obediência.

ESCUTE SEMPRE: aprenderá mais e terá sempre um colaborador.

Quando quiser captar toda a informação:

• **Abandone toda atividade desnecessária.** Não escreva, não fale com um terceiro, não olhe pela janela, não fume. **Só preste atenção.**

• **Incline-se ligeiramente para frente e olhe diretamente para a pessoa que fala.** Olhe nos olhos: descobrirá muitos sinais de certeza, falsidade ou distorção na mensagem.

• **Dê a impressão que o que escuta/vê é a coisa mais maravilhosa do mundo.** O que importa é a pessoa com a mensagem, não a construção gramatical.

• **Mostre intenso interesse na conversação.** Se precisar, tome notas rápidas e volte a fixar-se em seu interlocutor. Capte as ideias mais que os dados (se for preciso, peça que o faça sua secretária ou um colaborador).

• **Faça com que a pessoa que fala se sinta realmente apreciada.** Quando a outra pessoa termina de falar e você começar, ela lhe escutará com a mesma atenção que você lhe dedicou.

A mensagem

A mensagem, ainda que seja verbal-escrita, compreende, geralmente, algo mais que meras palavras; junto com a linguagem oral ou escrita vão também a não verbal e factual, todas situadas num determinado contexto geográfico, histórico e social. Isso permite organizar uma mensagem em:

● **Essencial:** a elaboração da informação de maneira lógico-racional que transmite a mensagem central, ou seja, o objetivo, a meta, a intenção.

● **Contextual:** é a informação relativa ao contexto; este se tem que apresentar, com detalhes dos 4 fatores operacionais e, recoberto com efeitos da linguagem emocional e exemplos factuais.

Essas duas partes da mensagem têm correspondência com os tipos de conflito: real-factual, lógico-racional e emocional-subjetivo.

Podemos distinguir quatro estágios das mensagens, no fluxo sistêmico da comunicação, abaixo:

◆ Mensagem pensada e elaborada no estágio de input (1).

◆ Mensagem codificada e transmitida, no estágio de processamento (2).

◆ Mensagem recebida e resposta provocada no estágio de output (3).

◆ Mensagem codificada e reenviada como resposta no estágio de feedback (4).

Numa comunicação eficaz, esses quatro estágios deveriam ser idênticos na ida e na volta; mas na prática, tal e como estamos comprovando, isso é quase impossível.

Se se quiser aumentar a eficácia do intercâmbio de mensagens, é preciso compatibilizar os seguintes requisitos:

MENSAGEM INTERESSANTE + CÓDIGO COMUM + CLAREZA E EXATIDÃO + TEMPO E LUGAR OPORTUNOS.

➢ **Mensagem interessante.** A mensagem terá que criar no receptor uma reação positiva; isso só é possível se for interessante para ele, isto é, se está relacionada com suas necessidades, expectativas, desejos...

➢ **Código comum.** Uma mensagem pode cumprir com muitos requisitos sem conseguir seu objetivo. A causa mais comum pode ser que o código utilizado para sua transmissão não é compartilhado ou não é o mesmo para o emissor e para o receptor, tanto no essencial como no contextual.

➢ **Clareza.** As mensagens devem ser compreensíveis de maneira inequívoca para o destinatário. Portanto, é importante evitar mensagens redundantes ou ambíguas, defeitos que contribuem para confundir os receptores.

244

➤ **Exatidão.** A informação transmitida tem que ser completa e precisa, bem delimitada e com números, se for o caso, de forma a não suscitar dúvidas ou suspeitas no receptor.

➤ **Oportunidade.** A mensagem, quando possível, tem que dar-se no lugar e momento apropriados e favoráveis, dispondo da atenção do receptor, sem interferências.

No quadro abaixo, se resumem os distintos níveis de perda de informação, assim como as perguntas que deveria fazer-se o emissor para analisar a qualidade de sua comunicação e transmissão, bem como a de sua possível recepção.

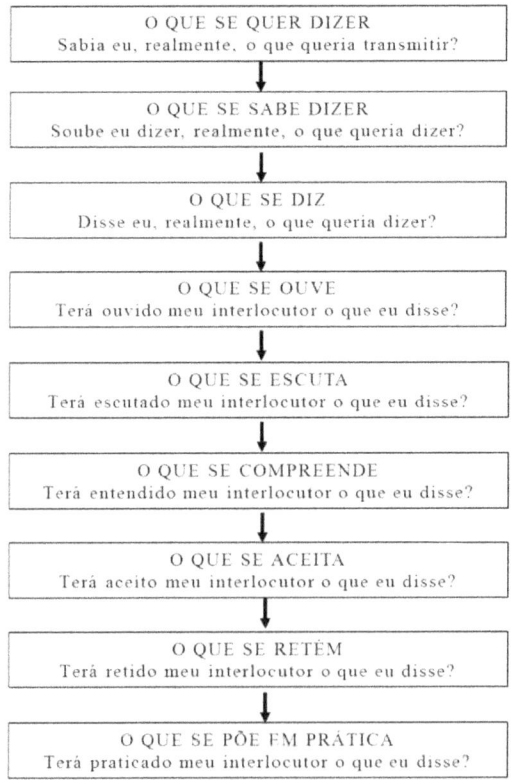

A retroinformação

(Feedback)

Podemos ter emitido nossa mensagem da maneira mais cuidadosa e, supostamente, eficaz, que só o será se cumprir o objetivo. E como podemos ter certeza se a comunicação enviada consegue seus objetivos? A resposta é: utilizando corretamente a retroinformação ou feedback.

Podemos definir *a retroinformação como a informação que o emissor recebe sobre os efeitos produzidos por sua mensagem no receptor.*

Por conseguinte, a retroinformação implica nesses aspetos:

---

1. Comprovar que a mensagem transmitida e a mensagem recebida são idênticas; se não o são, quais discrepâncias existem entre ambas.

2. Comprovar que o objetivo com que foi transmitida foi alcançado (informar, motivar, vender...); se não foi, verificar as falhas e por que.

Em muitas ocasiões, só se pede confirmação da compreensão das palavras ou conteúdo da mensagem, na redação final do acordo; aí começa tudo de novo. Pode dar-se o caso, também, de conseguir a compreensão a nível gramatical, mas não o objetivo contido no documento. Conta uma anedota que após a invasão do Panamá, que era território colombiano, onde os Estados Unidos queriam construir o canal interoceânico, foi apresentado um documento de cessão do território para ser assinado pelo Presidente colombiano, José Manuel Marroquín. Este, que era um literato, examinou detidamente o contrato de entrega do território e dispôs-se a assiná-lo, depois de dizer "está bem redigido"!

A possibilidade de utilizar a retroinformação aumenta a eficácia da comunicação, diminuindo impasses ou corrigindo os problemas pertinentes, o que pode consumir um bom tempo. Em inúmeras ocasiões, o emissor vai supor, inadvertidamente, que o receptor tem informação ou uns conhecimentos que realmente não tem, por não ter compreendido corretamente a mensagem. Aí, haja feedback corretivo!

Por outro lado, para que a retroinformação seja eficaz, a pessoa que a proporciona deve passá-la com as seguintes características:

➢ **Específica.** A informação deve ser bem pontual e particularizada: será sobre uma mensagem, um fato ou um comportamento concreto e pontual; nunca sobre generalidades. Por exemplo, expressões do tipo "nunca apresentam propostas viáveis", "nunca têm em conta as dificuldades da empresa", vão despertar indignação e agressividade no receptor. É informação vaga, não diz do que se trata, especificamente.

➢ **Operacionalmente descritiva.** Explica-se a repercussão que uma mensagem ou um comportamento tiveram, indicando - o lugar, a hora, os envolvidos, seus atos, o como e o porquê - de tal forma que o receptor conheça em detalhe e compreenda de que aspetos ou pontos trata o feedback.

➢ **Imediata.** Deve ser proporcionada imediatamente depois de ter chegado a mensagem a seu destino e produzido o efeito esperado, para saber se é pra reforçar ou corrigir algo, na hora.

➤ **Sobre fatos ou comportamentos;** a retroinformação deve estar centrada em fatos ou comportamentos observáveis e, que estejam diretamente relacionados com os temas ou assuntos que são objeto da negociação; só em segundo plano seria relacionada com as características do negociador, e só se for indispensável (valores, crenças, inibições, reações etc.). A razão é que fazer avaliação de pessoas, críticas, ou dar opiniões sobre aspetos pessoais, é um tanto difícil, pouco objetivo. Além do mais, isso pode ser percebido como ataque pessoal e, geralmente, desperta a hostilidade da referida pessoa, quando ficar sabendo.

➤ **Oportuna.** Já dissemos que uma das características da retroinformação é que deve ser imediata; isso não quer dizer que não tenha que ser oportuna. Deve dar-se em lugar e momento adequados e favoráveis para sua utilização pelo interessado.

Até aqui, foram orientações para quem proporciona retroinformação. Mas é igualmente importante fazer sugestões para a pessoa receptora da mensagem:

◆ **Solicitação.** A retroinformação resulta mais útil quando é solicitada. Para isso, deve-se sondar as opiniões e impressões existentes sobre o que se disse ou se fez. Em certos casos, a retroinformação não deve ser dada, se houver receio de má interpretação ou de causar melindres.

◆ **Escuta.** O interessado na retroinformação deve portar-se de acordo com o CCF, contendo-se para não discutir, defender-se, interromper o informante ou tirar conclusões precipitadas. A retroinformação é só coleta de dados (passo número 2 do CCF que, uma vez concluído, será seguido pelo passo 3 que é de análise, pelo passo 4 que é de diagnóstico/conclusões e assim por diante até o passo 10).

♦ **Verificação.** Uma vez escutada a informação e confirmada sua fidedignidade, pode-se pedir ao interessado para ecoar o relato, isto é, reproduzir verbalmente o que entendeu da retroinformação. É um exercício para assegurar que a análise ou o processamento se fará sobre os dados reais e não deformados subjetivamente. Passa-se, então, a analisar as informações recebidas, pelos 4 fatores operacionais e cruzamentos cabíveis dos dados. Este é o passo de número 3 do CCF. Como indicado antes, quando esgotada a análise ou esgotado o processamento da informação, passa-se ao diagnóstico; daí à futurição, à criatividade, às propostas de ação para corrigir ou confirmar os resultados recebidos da retroinformação.

A reformulação consiste em tomar medidas de reforço ou correção do que está acontecendo, conforme a informação recebida e processada. Essas medidas ou decisões terão que ser planejadas por um fluxograma e sua operacionalização, que o interessado tratará de implementar oportunamente. Depois, outra vez retroinformação sobre as medidas implementadas e, assim, sucessivamente.

O canal da comunicação

A palavra canal tem duas acepções diferentes:

1. No âmbito da comunicação como é conhecida pela maioria das pessoas, a palavra "canal" se refere ao *meio físico pelo qual se transmite a mensagem* (entrevistas, telefone, correio eletrônico, quadro mural etc., segundo os destinatários). A correta escolha do canal é fundamental e determinante para a eficiência e eficácia da comunicação.

2. Além dos canais físicos, em Cibernética Social, cada um dos *14 subsistemas é tomado como canal*. Nesses canais classificamos a informação que obtivemos na coleta de dados. Quando fazemos essa classificação e a obedecemos, a informação flui.

Querer meter num canal a informação que pertence a outro, gera interferência, bloqueios, obstrução e mais problemas. Por exemplo, uma noiva diz que seu noivo faz direito... Bem, trata-se do S13, a carreira jurídica? Ou estará insinuando que se trata do S01, sexualidade?

A imensa maioria das piadas de conotação sexual usa palavras e expressões que pertencem a um canal, mas pode sugerir outro, daí o riso. Essas são palavras ou expressões com duplo sentido. Às vezes, nos fazem rir; outras, são uma agressão.

Todas as mensagens, reuniões, palavras, todos os gestos e movimentos são classificados no canal S06-COMUNICAÇÃO. Os meios físicos que utilizarmos para publicar ou informar, (telefone, internet, correio eletrônico, mídia etc.) são parte dos 4 fatores operacionais do S06-Comunicação; neste caso, são equipamentos pertencentes ao fator "espaço"; e a mensagem é parte dos SÍMBOLOS (um dos procedimentos, através de que).

O conteúdo de uma negociação terá um dos 14 subsistemas como eixo, com seus 4 operacionais. O processo todo da busca do acerto ou da negociação terá, como contexto, os outros 13 subsistemas, dando e recebendo influências. Isso tem que ter sido perfeitamente identificado pelo negociador ou o mediador, para todos os passos do CCF.

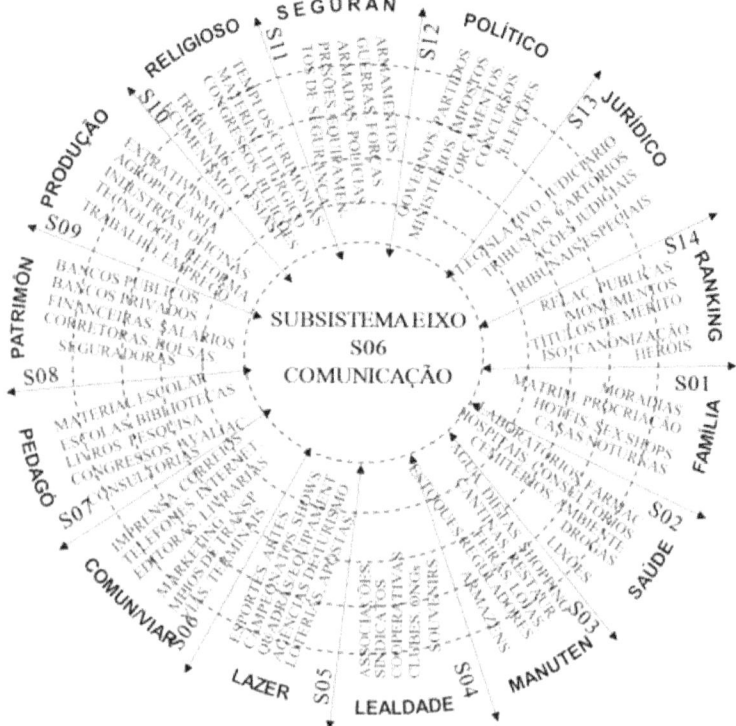

Faço essa distinção sobre o termo "*canal*" para evitar confusões. Se uma pessoa é acusada de ter um canal encantado, de que canal se trataria? Se está vidrado em sexo, é S01; se está vidrado em dinheiro é canal S08; se está vidrado em religião, é S10 etc. Neste exemplo, "canal" é o subsistema por *onde flui a informação classificada e organizada.* Um cara tarado por sexo (este é o canal S01) pode divulgar suas aventuras pelo facebook (este é o canal físico).

Retornando aos métodos de negociação tradicionais e à terminologia usual, podemos dizer que o "canal" mais utilizado é a linguagem oral-escrita do S06, acompanhada da linguagem não verbal e da factual; e o "canal físico" são a entrevista, as reuniões, o Skype, o telefone, o whatsapp, o e-mail, as cartas, a mídia, os contratos escritos e registrados etc.

Isso vale em qualquer tipo de negociação como são as diplomáticas, os acordos comerciais, a separação de sócios e cônjuges etc.

O código

O código é o conjunto das três linguagens utilizadas para expressar uma mensagem. O código seria comum ou compartilhado para o emissor e para o receptor se "falassem o mesmo idioma", se os gestos que fazem os interpretassem da mesma maneira, e se suas manobras práticas tivessem o mesmo significado.

As três linguagens são como a embalagem com que envolvemos nossas ideias ou mensagens, para enviar ao interlocutor. No momento em que chega a mensagem ao receptor, este lê o rótulo das palavras, tira a embalagem, identifica o conteúdo e se apropria dele até decidir o que fazer, como reação. Se o código utilizado foi o correto, ambos nos entendemos. Depois se verá se estamos de acordo ou não com essa ideia.

Além do código geral de uma cultura, desenvolve-se um código interno de cada empresa, de cada subgrupo, até de cada família, que se pode chamar de jargão, gíria ou dialeto privado. Neste caso, o código é fundamentalmente oral, gestual e de hábitos de rotina. Vale reforçar que a interação pessoal envolve a codificação nas três linguagens e sua respectiva tríplice decodificação. Tudo são sempre manifestações de um dado jogo triádico, em que os três participantes afirmam, negam, disfarçam, distinguem, confundem, agem e reagem etc.

Portanto, é primordial, durante o processo de negociação, levar em conta tudo isso. Se nosso interlocutor detecta incoerências em nossas três linguagens, pode pensar que estamos mentindo, coisa que utilizará para "apertar-nos" se considera que não temos alternativa senão ceder. E vice-versa. Nenhum detalhe é insignificante.

A comunicação não verbal (código não verbal) cumpre distintas funções:

➤ **Substituir a linguagem oral** (por exemplo, pôr um dedo sobre a boca para indicar "calado").

➤ **Reforçar a linguagem oral** (por exemplo, polegar pra cima como sinal de aprovação, bater palmas como sinal de aprovação).

➤ **Facilitar e regular os diálogos** (por exemplo, gestos que indicam ao interlocutor que está sendo entendido; que se apresse; que é sua vez de falar).

➤ **Manifestar afetos e emoções** (por exemplo, expressões do rosto, sorrisos, movimentos da mão, posturas que indicam o que se está sentindo).

➤ **Adaptar-se frente a estímulos perturbadores** (gestos de proteção frente a sentimentos ameaçadores: esfregar as mãos, coçar a cabeça; gestos de controle de objetos ou pessoas, como estender o braço e a mão para deter alguém que avança em nossa direção).

Em síntese, um negociador não pode chegar a ser eficaz se não for um excelente comunicador. Tem que ser um verdadeiro profissional da comunicação para o manejo das interações que se dão entre as partes. "Tem que aparar todas as bolas". Tem que conhecer, em profundidade, os mecanismos que movem a comunicação e o entendimento entre as partes, para poder direcionar o jogo triádico que toda negociação põe em cena.

O que buscamos, sempre, é uma mudança favorável

dos resultados. Essa mudança só se consegue com a COMUNICAÇÃO. A comunicação dialógica muda as pessoas e muda o mundo. É a ferramenta mais maravilhosa que tem o ser humano para mudar sua vida e para construir seu futuro, sem ter que apelar para métodos violentos.

14 PROCEDIMENTOS DE NEGOCIAÇÃO COM O MÉTODO DA CIBERNÉTICA SOCIAL

Partimos do fato de que ninguém vai a uma negociação forçado ou obrigado. Quando uma pessoa, um grupo ou uma empresa são forçados a negociar, não há negociação: há imposição, há uso e, até, abuso da força. Qualquer acordo que possa sair deste tipo de "negociação" é furado. Ninguém gosta de sofrer abuso. E, mais cedo que tarde, partirá para a revanche, querendo recuperar aquilo de que foi privado ou despojado; e se for necessário, fará aliança até com o diabo para consegui-lo.

A negociação requer que as partes que se sentam à mesa de negociações o façam de maneira voluntária e, convencidos de que não vão conseguir tudo o que esperavam, mas ainda assim decidem sentar-se a negociar. Nenhuma das duas partes vai dominar ou vencer a outra, mas ambas vão sair ganhadoras.

Uma verdadeira negociação é um acordo duradouro e de longo alcance *que implica manter uma relação com a outra parte até que o acordo assinado no papel seja uma realidade visível e palpável na prática.* Ambas as partes devem constatar que o conflito foi superado e que permanece uma relação estável entre eles.

Insisto nisso de "manter uma relação" porque a

maioria das negociações termina com um acordo que põe fim ao conflito ou a seus sintomas, mas não preserva a relação entre as partes para futuros negócios e convênios. Só preservando a relação se dá verdadeiramente a superação do conflito, mesmo sabendo que o jogo triádico continuará, mas contando com a boa vontade das partes para novos acertos[57].

Falo também de "manter uma relação" porque o processo de negociação pode ser demorado, dependendo da gravidade e das implicações do conflito. E uma das maneiras verdadeiramente eficiente de conseguir que o tempo se abrevie é seguir o padrão da Cibernética Social com o CCF e suas ferramentas.

Todo processo de negociação deve começar pela identificação do jogo triádico, sua origem, evolução e as desavenças consequentes. Sua descrição operacionalizada garante que isso seja mais exato e minucioso. Quanto mais informação *ordenada* tenhamos, mais possibilidades haverá de encontrar a solução do conflito.

Para coletar a informação, vamos utilizar, como ferramenta principal, o Hológrafo da Ciência Social Geral. O CCF marca os passos a seguir, do começo ao fim do processo.

Como complemento, podemos agregar as sugestões de comunicação que Francisca Berrocal nos propõe, nas fases de preparação da negociação e na negociação mesma.

Vamos apresentar o processo da negociação seguindo os quatro fatores operacionais:

- <u>PERSONAGENS</u> (jogadores triádicos, negociadores, mediadores, árbitros);

- ESPAÇO (local, ambiente, equipamentos, recursos físicos);

- CRONOLOGIA (época, horários, duração, ritmo, término);

- PROCEDIMENTOS (ações a empreender, linguagens, métodos e técnicas, normas a seguir, obstáculos e resultados esperados).

14.1 PERSONAGENS:

Um dos erros mais graves, em que se cai mais facilmente, é escolher o Presidente ou o Gerente Geral da organização para negociar e defender os interesses do grupo. Não nos damos conta que essas pessoas, por serem as mais envolvidas emocionalmente no conflito, são quase sempre as mais inadequadas para negociar uma solução.

Cada negociador é como é tricerebralmente em seus quatro níveis. É uma pessoa que se apresenta com suas competências e características individuais, atitudes, interesses, motivações etc. e que podem afetar em maior ou menor grau o desenvolvimento da negociação e o resultado da mesma.

Daí que conhecer a **personalidade tricerebral dos negociadore**s que vão integrar nossa equipe de negociação e a da outra parte, é fundamental. Isso pode ajudar a prever algo de seu comportamento durante o processo de negociação e as estratégias que utilizarão.

A personalidade e o comportamento dos negociadores podem afetar a negociação da seguinte forma:

a) Determinando as posições iniciais, faixas de negociação e objetivos prévios.

b) Escolhendo as estratégias e táticas a utilizar durante o processo.

c) Influindo no clima grupal, nos procedimentos e resultados da negociação.

Suas atitudes serão cruciais. Elas definem se haverá ou não acordo. **As ATITUDES (manifestação das três linguagens)** são transmissoras de mensagens e impactos para a outra parte que é receptora e que, por sua vez, dará respostas por suas atitudes. Tais atitudes podem reduzir ou incrementar o conflito.

Os aspetos que podem influir na geração de atitudes negativas dos negociadores são:

1. **Buscar um culpado** para as experiências negativas.

2. **Tomar como ameaça** aquilo que a outra parte, da qual se desconfia, expressa de maneira que é apenas ambígua, e não uma artimanha intencional.

3. Condutas que façam **aumentar a agressividade** entre as partes.

4. Comportamentos que **afetam a comunicação** entre as partes.

5. Ações que **dificultem a empatia** com a outra parte.

6. Considerar que **o que é bom para uma das partes é mau para a outra.**

As atitudes mais frequentes, num processo de negociação, e que temos que identificar são:

➢ **Confiança ingênua.** É a tendência dos indivíduos a confiar em tudo e todos, sem feedback. A negociação supõe um comportamento mais cooperativo, mas não de subgrupo oscilante, acrítico e incauto.

➢ **Autoritarismo.** As pessoas com personalidade forte, de subgrupo oficialista, podem mostrar atitudes de menosprezo e cinismo para com os demais. Quanto menos autoritário e mais proporcional seja um negociador, mais proativa será sua conduta na negociação. Pode-se coordenar e negociar sem exibição de poder.

➢ **Maquiavelismo**. É a tendência a utilizar a astúcia, a enganação, as artimanhas nas relações interpessoais, com o objeto de confundir a outra parte e manipulá-la em benefício próprio. É outra face do subgrupo oficialista desproporcional que, além de ser autoritário, é psicopata, insensível com os demais e suas dores.

➢ **Beligerância**. Há personalidades que só sabem viver em clima dramático, de luta, de contraposição. É um comportamento típico de subgrupo antioficial radical, unilateral, que não serve para negociar. Quer vitórias e não conciliação.

➢ **Conciliação**. As pessoas que têm consciência da precariedade da vida e da convivência sempre instável no jogo triádico, buscam diminuir os conflitos para aumentar os ganhos. São conciliadoras, veem e tratam as demais de maneira compreensiva e tolerante com suas limitações. São representantes da ética triádica proporcionalista. Vivem e deixam viver, respeitando as porcentagens de corresponsabilidade de cada subgrupo, nos ganhos e nas perdas.

"Todo mundo fala de paz; mas ninguém educa para a paz; educam para a competição, e este é o começo de qualquer guerra. Quando eduquemos para cooperar e serem solidários uns com os outros, neste dia estaremos educando para a paz" (Maria Montessori).

Todo mundo fala de paz, mas ninguém educa para a paz; educam para a competição, e este é o começo de qualquer guerra. Quando eduquemos para cooperar e serem solidários uns com os outros, nesse dia estaremos educando para a paz (Maria Montessori).

Então, partindo desta realidade, QUEM DEVE NE-GOCIAR?

A melhor resposta seria: **aquelas pessoas que tenham um melhor ou maior domínio do paradigma triádico sistêmico, aplicado a si mesmo e aos demais.**

São pessoas com predomínio de um lado do cérebro sem perder a conexão e a proporcionalidade com os outros dois. São profissionais com cérebro lógico, capazes de ver todo o contexto de maneira sistêmica; capazes de inventar novas soluções e instituições pelo cérebro direito-criativo porque as atuais já não servem, por isso temos o conflito; e portadores de um grande sentido prático de cérebro central, com os pés em terra, para que as soluções encontradas e aceitas pelas partes possam ser implantadas e produtoras de um novo modelo de convivência proporcionalista.

Esses cérebros, de funcionamento ideal, são praticamente impossíveis de encontrar, porque não fomos educados assim. Todos temos falhas, mas as vulnerabilidades de um cérebro podem ser compensadas pelos outros dois, embora não as eliminem. E as carências que tenha um membro da equipe de negociadores poderão ser compensadas pelas competências de outro companheiro.

Minha proposta - antes de compor a equipe de negociadores - é aplicar-lhes o teste **"Revelador do Quo-**

ciente Tricerebral" proposto por W. Gregori.

O teste nos ajudaria a encontrar essas pessoas que, ainda que não sejam perfeitas, se aproximem um pouco do perfil desejado, e tenham uma cabeça mais equilibrada e capacidade integradora. Além do mais, economizaria muito tempo, muitas dores de cabeça, bem como muito dinheiro.

As pessoas que se costuma selecionar como negociadores podem ser magníficos profissionais em sua especialidade e ter conhecimentos profundos dela; mas isso não os capacita para ser negociadores, se não tiverem um funcionamento triádico e equilibrado do cérebro. Não basta ser um competente especialista.

O leitor perguntará: Mas se não temos esses negociadores de mente triádica, que fazemos? Simplesmente prepará-los. Pensar-sentir-atuar triadicamente é um processo de aprendizagem. Aprendemos a negociar, como aprendemos tudo de uma profissão.

Este livro é uma grande ajuda para aprender a negociar com essa perspectiva, e apresenta, de maneira muito clara, os instrumentos que deve aprender a usar quem, seriamente, queira chegar a ser um negociador profissional. Mas depende de cada um se quer ou não apostar em tornar-se negociador triádico.

Os negociadores escolhidos **devem ter poder para negociar.** Um negociador não pode ser um agente de correios ou um office-boy para levar mensagens *"a quem decide e que não está presente na negociação".* Poderá fazer consultas e pedir tempo para analisar as propostas, mas não pode alegar que não tem poder de decisão. Se não pode decidir, por que se apresenta como negociador?

Um negociador deve ser, também, **um excelente comunicador, com uma grande capacidade de observação e de escuta**, ao longo do fluxo sistêmico. Só assim entenderá as verdadeiras causas do problema e terá inspiração para resolvê-lo.

Na equipe de negociação, devem estar claramente definidos os papéis que deve representar cada um dos integrantes. Deve-se atribuir tarefas específicas a cada um como: dirigir reuniões, fazer leitura de informes, argumentar, anotar propostas da outra parte, sintetizar, observar etc.

Em outras palavras, devem aparecer claramente organizados os **Níveis de Atuação:**

Dirigir: A pessoa que assume esta função está encarregada de conduzir a negociação desde o primeiro contato até alcançar o acordo final e, inclusive, nas etapas posteriores ao acordo. Este nível de direção deve ser apoiado pelo resto da equipe.

Sintetizar: esta tarefa é para ganhar tempo quando o dirigente da equipe tem que reformular seus argumentos. A pessoa que assume esta tarefa, típica do nível de assessoria ou consultoria, deve detectar quando o dirigente se encontra em apuros e necessita tempo para reformulá-los, passando-lhe a informação pertinente.

Observar: Esta pessoa do nível de supervisão deve estar atenta a todo o processo de interação e a tudo que ocorre no ambiente, observando e desdobrando as três linguagens e correndo em socorro tanto do nível de assessoria como de direção. Nos intervalos deve fazer, com o grupo, seus comentários sobre o que está supervisionando.

Apoio: Se houver uma pessoa para isso, esta pessoa do nível de execução é a encarregada do bem-estar do grupo (manter o ambiente limpo e bem organizado, atender a porta, providenciar o material necessário, servir água e café, cuidar da iluminação e do som do ambiente, receber telefonemas, digitar trabalhos etc.), sob o comando do nível de supervisão.

Todos os ocupantes desses níveis devem estar capacitados na metodologia triádica, imbuídos e respeitadores do funcionamento tetranivelado; sem essa divisão de tarefas, todos quererão fazer tudo e a trapalhada resultante será o espetáculo para outros rirem da equipe.

Naturalmente, as partes envolvidas no conflito, e que decidem sentar-se à mesa de negociações, devem informar-se mutuamente acerca de quem são os membros de sua equipe e mantê-los durante todo o processo. Não podemos mudar os negociadores a cada dia, porque seria um começar tudo de novo, perdendo-se a memória de grupo acumulada, com mais perda de tempo.

Os mediadores

São personagens que intervêm com frequência na solução dos conflitos. Deles também será preciso conhecer a personalidade tricerebral e o correspondente desempenho que se espera deles.

Certamente, uma das formas mais conhecidas para resolver conflitos é acudir à mediação. É um recurso intermédio entre a negociação que fazem diretamente as partes envolvidas num conflito, e a arbitragem, que é convocada quando o conflito se prolonga e não cede na negociação direta, nem na mediação.

O primeiro requisito, para a escolha de um mediador, é que seja realmente imparcial, objetivo, não influenciável e não interessado, qualquer que seja o resultado. O que ele tem a ganhar é a remuneração por seu trabalho profissional, somente.

Qual é o papel de mediador? É o que vai constar no contrato, mas podemos mencionar:

• Entrevistar as partes para conhecer, em detalhe, os pontos álgidos que geraram o desacordo e, por que não puderam chegar a um acordo antes.

• Entender o jogo triádico das partes, intermediar comunicados desobstruindo os canais, e dialogar para conciliar as diferenças entre os contendores.

• Ajudar as partes a encontrar saídas para os bloqueios que paralisaram as negociações.

• Conseguir que as partes mantenham umas

relações francas e respeitosas, limpas e justas, enquanto fazem tentativas de um acerto de suas divergências.

• Aconselhar e assessorar as partes na solução de problemas trabalhistas. Este costuma ser o campo onde se solicita com mais frequência a presença de um mediador.

• Examinar as petições que realizam as partes e seu ajuste às leis trabalhistas, práticas e costumes de seu ambiente, assim como às políticas sociais.

• Mover os pauzinhos para chegar a um acordo com rapidez, evitando perdas salariais e interrupções da atividade produtiva.

• Apresentar relatório sobre as decisões tomadas e os resultados que se esperam.

• Pode representar a uma das partes no processo da negociação quando é delegado para isso e a outra parte dá seu consentimento por escrito. Há ocasiões em que é tal a aversão que se têm entre as partes que são incapazes de sentar-se a negociar. Nesses casos, o mediador pode atuar como negociador, representando uma das partes, com o consentimento formal e explícito da outra.

• Pode ajudar a preparar a arbitragem, se sua tarefa como mediador não conseguiu levar as partes em conflito a encontrar uma solução negociada.

Para desempenhar estas funções, o negociador deve ter uma personalidade muito centrada e profissional. Deve reconhecer, instantaneamente, as manifestações tricerebrais, as posições subgrupais e os diferentes papéis de dinâmica de grupo que cada parte assume, para saber intervir e mediar de forma a manter o interesse das partes e a expectativa de chegar a um entendimento saudável e duradouro. Para isso ele deve:

1. Ser um bom conhecedor do jogo triádico e das táticas subgrupais de cada um. Tem que atuar como um verdadeiro investigador das jogadas em andamento, utilizando o CCF e as demais ferramentas da Cibernética Social. Mas não pode tomar partido, embora cada parte trate de usar táticas para "dobrá-lo" a seu favor.

Na análise do jogo triádico (passos 1, 2, 3 do CCF) em que estão envolvidas as partes e o modo de jogar de cada uma delas, deve abranger o contexto ideológico, familiar-privado e profissional-público de cada uma delas; o diagnóstico elaborado (passo 4 do CCF) deve ser exposto às partes para confirmação ou correção. Sem diagnóstico correto não há remédio que sirva. O mediador deve estar bem treinado para fazer futurições ou prognósticos (passo 5 do CCF) e, para levar as partes à criatividade ou busca de soluções inovadoras (passo 5.1 do CCF), sobretudo quando a negociação parece empacar. Sua atitude proativa, otimista, relaxante, deve estar presente todo o tempo, para preservar um clima favorável à negociação.

2. Gerar a confiança necessária nas partes, para que possam expressar-se sem inibições na apresentação de sua visão do problema. É ganhar a credibilidade das partes por sua disposição de servir. A autoridade se ganha servindo.

3. Criar um ambiente de comunicação aberto e cômodo, para que possam suavizar tensões e ap-

resentar propostas. Sem verdadeira comunicação é impossível encontrar soluções. Ter sentido de humor e usá-lo. É um recurso de grande utilidade, sobretudo quando o processo de negociação "esquenta". Muitas vezes, a interrupção do trabalho com uma piada oportuna é uma estupenda terapia, ao melhor estilo zen.

4. Saber persuadir as partes para que deixem de lado posturas de intransigência e de cobranças do passado. Fazer ver que o que vão ganhar é muito mais importante que as renúncias ou concessões que vão fazer.

5. Explicar e facilitar a compreensão das mensagens de cada uma das partes, sem dar opiniões pessoais que possam levar uma delas a sentir-se coagida ou mal interpretada.

6. Estar atento a sinais de sintonia e afinação entre as partes que permitam vislumbrar um acordo. Observar que o acordo sendo proposto seja razoável, justo e viável (passo 6 do CCF).

7. Ser sumamente pragmático na hora do acordo, não esquecendo nenhum dos 4 fatores operacionais para sua execução. As partes não podem levantar-se da mesa de negociações sem ter um planejamento objetivo e minucioso, com fluxogramas bem operacionalizados (passo 7 do CCF) onde constem suas tarefas e responsabilidades de implementação do acordo (passos 8 e 9 do CCF); e, como complemento importante, o compromisso de manter uma relação contínua e amistosa.

8. Combinar, com os ex-contendores, reuniões

periódicas que, além de estreitar as relações interpessoais, sirvam para avaliar os resultados previstos no planejamento (passo 10 do CCF com a retomada do CCF agregando melhorias e correções). No começo, é preciso feedback frequente, ficando mais espaçado à medida que as coisas vão entrando nos eixos, e cessando quando tudo funciona a contento.

Resumindo, o fundamental é que sua intervenção seja de absoluta *imparcialidade*. É imprescindível que assim o vejam as partes, de maneira que possam depositar nele toda credibilidade e confiança. A isso devemos acrescentar:

- *experiência* nos processos de mediação;

- domínio suficiente do paradigma e das ferramentas da Cibernética Social para abordar a questão com realismo e segurança; e,

- sólidos conhecimentos sobre a *normativa legal* relacionada com o caso.

Conforme o caso a solucionar, pode ser que lhe falte o conhecimento técnico ou científico para intervir. Nesse caso, ele deverá buscar informação junto aos respectivos profissionais que lhe forneçam bases competentes para solucionar o caso.

Os árbitros

O papel dos árbitros é o de buscar e estabelecer por si mesmos um acordo para as partes, coisa que não quiseram ou não puderam conseguir diretamente, nem tampouco com a ajuda do mediador. Como não querem seguir negociando, submetem a questão à decisão de um árbitro.

O objetivo é sair de uma vez do problema e firmar o convênio, alcançando uma paz, nem sempre definitiva; o problema poderá ressurgir, se a decisão for considerada como prejudicial a uma das partes, não havendo, então, interesse em continuar as relações. A decisão imposta libera o vapor da panela de pressão, que voltará a ferver depois de algum tempo. É o que costuma ocorrer nas negociações de contratos coletivos.

O árbitro tem toda a liberdade para decidir; e sua decisão é vinculante. Às partes não lhes resta mais que submeter-se.

É melhor que seja competente em direito trabalhista, já que sua profissão o faz estar mais próximo a este tipo de conflitos; mas sem chegar aos tribunais, porque nenhuma das partes quer chegar a essa instância.

Quais são suas tarefas e responsabilidades?[58] Seriam quase as mesmas do Mediador, com a diferença que o árbitro decidirá por si mesmo, segundo seus critérios de justiça e conveniência para as partes. Mencionemos algumas:

- Ter domínio da Cibernética Social e usar o CCF para analisar a informação existente sobre o conflito, e as práticas e costumes do contexto desse jogo triádico.

• Complementarmente, escutar as partes para avaliar seus pontos de vista e suas posições. Com isso terá o diagnóstico que servirá para calcular plausibilidades futuras, imaginar soluções alternativas e pistas para sua decisão.

• Despois de sopesar as consequências de cada uma das possíveis decisões, estar preparado para arbitrar a disputa entre a empresa e os trabalhadores, ou qualquer outra disputa, que obrigará ambas as partes ao cumprimento.

• Tomar e emitir a decisão num documento ou contrato assinado pelas partes, encerrando a disputa, para assim proteger os interesses públicos, prevenir a perda de salários e reduzir a interrupção da atividade produtiva. O mesmo se aplica a disputas de qualquer natureza.

• Produzir um relatório sobre os resultados da arbitragem e apresentá-lo às autoridades pertinentes.

14.2 Espaço, lugar, entorno físico

(Onde)

Ao preparar a negociação, é preciso dar atenção ao lugar onde transcorrerão as negociações, que deverá ser escolhido de comum acordo entre as partes. Isso deve ser resolvido na fase de preparação da negociação. Em todo caso, é preferível que seja um lugar neutro, ao menos ao princípio, até que se gere a suficiente confiança entre as partes.

Uma pousada em ambiente retirado ou um hotel fazenda convidam à comunicação e ao relax, facilitam a convivência e dissipam receios, além de evitar interrupções no trabalho.

A sala deve ter boa iluminação e deve estar isolada de ruídos que interfiram no trabalho ou distraiam os participantes. O mobiliário deve ser cômodo, sem que leve as pessoas à preguiça. É ideal ter uma mesa espaçosa para que se possam manejar os documentos, bem como facilidades para computadores e material de escritório. É preferível que a mesa de negociações seja redonda para que ninguém tenha posições de privilegio.

Deve-se negociar a posição dos negociadores na mesa para que não haja nem preferências e nem suspeitas. Os integrantes de cada equipe devem sentar-se juntos, ainda que possam fazer rotações entre eles. O uso de celulares deve ser limitado. Nada de gravadores, nem fotos sem permissão prévia.

273

Posteriormente, se as relações amadureceram e se o modelo de negociação for o triádico, os lugares na mesa perderão importância, porque os negociadores se dirigem ao mesmo objetivo que é resolver o conflito. As posições "na frente de" passam a ser "ao lado de".

A hospitalidade não pode afetar os interesses das partes. Não pode ser pretexto para exigir que a outra parte faça concessões em retribuição ao bom trato recebido. É muito oportuno dispor de uma cafeteira com xícaras, copos, água, chá etc. Não é recomendável que entre na sala de negociação alguma pessoa estranha, para servir qualquer coisa. Sua presença poderia ser tomada como espionagem ou gerar suspeitas. Cada pessoa se servirá. Seria recomendável indicar, entre os presentes, um recepcionista que estivesse a cargo do ambiente e de providenciar tudo que fosse necessário para o trabalho e o bem-estar de todos.

14.3 Cronologia, tempo, horários

(Quando)

Quando se vai a uma negociação, a maioria das pessoas pensa que é um acontecimento com um início e um final definidos, isto é, que há um tempo fixo. Não é assim.

Sim, devem-se fixar datas de início e previsão para a finalização. Deve-se fixar horário de começo e término das reuniões e ser muito respeitoso com ele. Os atrasos, se não são justificáveis, geram incerteza e suspeitas na outra parte; e a consequência pode ser contrariedades e atitudes adversas que será preciso desfazer para começar a reunião.

Pode-se fazer uma estimativa do tempo que vai durar a negociação, mas não se pode definir datas nem limites rígidos. É preciso ter a suficiente abertura, sem que isso tampouco seja dilapidação do tempo. Se as partes coincidem em que é necessário estender o tempo da negociação porque apareceram tópicos que requerem maior análise, consultas técnicas etc., propõe-se uma prorrogação para isso, sem abusar do tempo nem da paciência de ninguém.

Na negociação há etapas e processos que não se podem saltar ou atropelar para economizar tempo e chegar logo ao acordo final. Em outras palavras, devemse respeitar, de maneira rigorosa, os passos marcados pelo CCF.

Quando alguém vai negociar com seu chefe um aumento de salário, o acordo sempre se produz depois de ter percorrido uma série de etapas. Mas quanto duram as etapas até chegar ao acordo? Não é fácil prever. O fato é que **em qualquer negociação, há uma escalada de etapas sucessivas em direção à ultima que é a do fechamento do acordo. Só nas duas ou três etapas finais é que o acordo começa a ter cara.**

Pode ser de ajuda para a boa utilização do tempo e dos horários nomear um cronometrista, entre os membros das equipes, que tenha algum treinamento para isso.

14.4 Procedimentos

O que e como negociar?

A) ESTABELECIMENTO DE NORMAS NA NEGOCIAÇÃO

As decisões na negociação se tomam **por consenso**. Não é por votação e por nenhuma maioria. Cada negociador tem liberdade para decidir se aceita ou rejeita o acordo.

Se não se utiliza o consenso, é muito provável que as negociações se rompam, ainda que já se tenham conseguido acordos parciais. Não obter o consenso é sinal de que há algo oculto ou implícito, mas que não é do conhecimento dos demais negociadores; por não estarem plenamente convencidos do acordo, hesitam e adiam a decisão final. Neste caso, haverá que pedir a essas pessoas que apresentem suas inquietudes para uma melhor análise por todo o grupo.

Para participar numa negociação, se requer **credibilidade** de parte dos restantes negociadores. Ninguém faz acordos com pessoas suspeitas, desonestas ou trapaceiras.

Inicialmente, é preciso estabelecer limites à hospitalidade, às atenções e, inclusive, à comunicação que pode dar-se nas relações interpessoais com pessoas da outra parte. Posteriormente, se irá flexibilizando esta norma à medida que cresça a confiança entre os participantes. São necessárias algumas normas em relação aos títulos e tratamento a ser dado a cada participante, em relação ao modo como se solicitará e terá autorização para uso da palavra e por quanto tempo, em relação ao modo como fazer propostas, contrapropostas, emendas etc. Será oportuno nomear, entre os participantes, alguém com a função de Secretário e, alguém com diplomacia para cobrar o cumprimento das normas.

Ajuda muito, também, nomear **assessores**, mediadores ou árbitros, entre os participantes, que fossem chamados a interferir para desobstruir mal-entendidos, dificuldades na interpretação de certos pontos concretos e possíveis atritos pessoais. Faltaria nomear, ainda, um coordenador ou moderador da dinâmica do grupo (não das negociações) e dos participantes com algum papel de liderança ou serviço.

B) PROCEDIMENTO DA NEGOCIAÇÃO

A melhor maneira de negociar, vale repetir, é com o uso do paradigma triádico e obedecendo a sequência do CCF - Ciclo Cibernético de Feedback.

Repito, de maneira resumida, a sequência do CCF:

1. Identificação do objetivo (ideal, problema, projeto, meta, missão)
2. Coleta de dados (informação, sondagem, *survey*, experimento)
3. Processamento (apuração dos dados, estatística, análises, reflexão)
4. Diagnóstico (conclusão, explicação, causa/ efeito, sentença)
5. Futurição (previsões, prospectiva, projeção, cenários, simulação)
   5.1. Criatividade (soluções alternativas e estra-

tégicas, brainstorming)

6. Decisões (opção por um caminho de ação, projeto, seleção da melhor opção)
7. Planejamento (junção e compatibilização dos elementos do plano)
8. Gestão (implementação, concreção, levar à prática)
9. Supervisão (acompanhamento e controle diário, upaya-coaching)
10. Feedback (balanço, avaliação periódica e partilha de resultados, propostas de melhoramento).

Vale a pena ver como relacionar o que se chamava "faculdades mentais" e capacidades, com a sequência do CCF.

Operações do cérebro	Faculdades mentais, capacidades, sentidos
1. Focalização de um tópico. Titulação. Deter- minação de interesse. Objetivos. Tipo de teoria, método. Situação triádica. Questionamento holográfico. Limitação do tema de pesquisa. Hipótese, conclusões prévias. Definições e indicadores.	Atenção seletiva. Simbolização. Codificação. Sentido de relevância e diferenciação. Percepção da oportu- nidade. Agudeza epistemológica. Domínio do virtual. Correlação factual, realismo. Associação, interrogação, crítica. Focalização, abstração. Inferência, insight (iluminação repentina) dedução. Identificação, configuração, uso. Domínio da linguagem.
2. Coleta de dados Seleção de fontes. Preparação de instru- mentos. Teste da coleta. Realização da coleta. Classificação. Armazenamento.	Sensibilidade, captação Discer- nimento. Criatividade, imaginação. Atenção, percepção, concentração, Experimentação, diligência, obser- vação. Comparação, ordenação, hierarquização. Memória, agrupação, conservação, recuperação.

3. Processamento, análise	Sistematização, representação esta- tística, diagramação, seleção, seriação, indução, correlação, crítica, dedução, reflexão, análise.
4. Diagnóstico	Juízo, consciência, inteligência, explicação, compreensão, valoração, síntese.
5. Futurição 5.1. Criatividade	Extrapolação, televidência, profecias, sinais dos tempos, disposição para preparar-se. Imaginação, fantasia, intuição, engenhosidade. Nível alfa, heurística, estratégia.
6. Decisões	Vontade, teleologização, iniciativa, capacidade de risco.
7. Planificação	Percepção sequencial, proporcionalização de meios e fins, formulação estratégica mini-max (mínimo de custo e máximo de ganhos), isomorfismo (consonância entre teoria e prática).
8. Implementação	Capacidade realizadora. Administra- ção, gestão, liderança. Management.
9. Acompanhamento	Supervisão, direção, coordenação, determinação. Coaching.
10. Feedback	Percepção de posição relativa de avanço, avaliação. Sentido de direção.

Como vemos no quadro, pondo em funcionamento o potencial de nosso cérebro triádico, temos ferramentas mais que suficientes para desentranhar as verdadeiras causas de um conflito, principalmente se a equipe toda dominar o CCF e for capaz de segui-lo, disciplinadamente, passo a passo.

Vamos estudar de maneira detalhada cada um dos

passos do CCF, para que fique mais compreensível e se note seu valor na negociação.

PASSO 1 DO CCF

Identificação do objetivo

É o primeiro passo do que chamamos **a preparação da negociação**. Requer observação detalhada de alguns elementos que estruturam a negociação: *O objeto da negociação.*

Há que compreender bem os objetivos, interesses, expectativas que possam satisfazer cada uma das partes e, cada um dos negociadores.

Quando há abundância de recursos e poucas necessidades, há alto nível de compatibilidade. Quando há escassez de recursos e muitas necessidades, a distribuição dos mesmos vai gerar inconformidades e conflitos.

Por isso é preciso ter muito claro[59]:

- **O que pretendemos obter (nossos interesses).** Conhecer bem o que realmente necessitamos e o que gostaríamos de ter, adicionalmente. **Objetivo realista.**

- Conhecer **o que pretende a outra parte (os interesses dela).** Se os recursos são limitados, a satisfação das necessidades alheias pode limitar a satisfação das minhas.

- **O que podemos conceder.** Quando a relação com a outra parte é mais importante que as vantagens que pretendo conseguir, posso ceder e fazer concessões parciais. Quando meus recursos são muito importantes para a outra parte, posso pedir-lhe que modifique e abrande sua postura inicial.

Roger Fisher e William Ury apresentam outras perguntas a responder, no momento de preparar a negociação:

✓ Que alternativas temos se não se alcança uma solução negociada? E a outra parte?

✓ Que critérios se poderão utilizar para que cada uma das partes se convença que não está havendo enganação?

✓ Que compromissos deveríamos obter da outra parte e quais os nossos?

- **Características da outra parte.** Devemos conhecer também:

✓ Características pessoais (atitudes, estilos de gestão de conflitos etc.).
✓ Experiências anteriores.
✓ Que grau de confiança nos merece a outra parte?
✓ Que grau de confiança teremos da outra parte?
✓ Que poderíamos fazer para estabelecer um clima adequado de relacionamento?

- **Determinar as estratégias e táticas a seguir**

✓ Que estratégia, em princípio, parece mais adequada?
✓ Em que ordem se apresentaria as propostas?
✓ Que táticas se utilizarão pelos 4 fatores operacionais?

A dependência das partes.

Se os negociadores não dependem da outra parte

para conseguir seus objetivos, chegar-se-á ao acordo quando ambos perceberem que o acordo é mutuamente benéfico. Ambas as partes têm que perceber que se necessitam igualmente, para chegar a um entendimento.

Quando os resultados da negociação não cobrem as expectativas mínimas das partes, a estratégia será retirar a proposta feita e começar a busca de alternativas.

Se ambas as parte reconhecerem que há dependência, mais favorável será o relacionamento e mais fácil a conclusão de um acordo. Quanto maior seja a dependência das partes, mais provável será a colaboração na negociação.

As recompensas da negociação.
Todos buscamos recompensas na negociação. Se não fosse assim, pra que negociar? Mas devemos considerar o seguinte:

• O **regateio,** nas negociações, é um comportamento absolutamente **normal.** São ensaios sobre diferentes valores para chegar a um acordo.

• O **valor** de um bem ou um serviço é relativo. Quanto mais próximos forem os critérios de valor das partes que negociam, mais probabilidade haverá de acordo rápido. A **estratégia** de cálculo de cada negociador é o valor ou limite mínimo. E sua expectativa é conseguir o máximo acima do limite mínimo.

• A **ruptura** está no momento em que uma das partes exagerar a margem (maximocracia) acima do valor mínimo, o que prejudicaria demais a outra parte.

• A percepção de **"utilidade"** pode ser **maior** para nós, **igual** para as partes, ou **maior** para a outra parte. Isso leva a esta conclusão: a **probabilidade inicial de desacordo sobre os valores do intercâmbio é maior que a de acordo.** Mas ainda assim, é melhor negociar.

A identificação do objetivo.

Partindo dessas considerações, na hora de preparar uma negociação, é muito válido analisar nosso objetivo com o quadro das Faixas de Negociação, proposto por Stagner e Rosen e apresentado anteriormente (ver pag. 51).

Nas faixas de negociação, sempre há pontos de encontro para chegar a um acordo. Este é o campo das estratégias. Aqui é onde funcionará a criatividade.

Os movimentos dos negociadores irão desde o limite mínimo das soluções desejadas até o ponto em que ambas as partes considerem que é a melhor opção, que é igual ao ponto máximo que cada um está disposto a ceder. O ponto ótimo de uma parte coincide com o mínimo da outra parte.

O encontro no ponto intermédio deveria ser o resultado lógico. Mas aqui é onde aparecem as pressões, as intrigas, as manobras que levam à competição e até ao confronto. Aqui é onde devemos prestar uma atenção especial à Lei da Proporcionalidade.

PASSO 2 DO CCF

Coleta de dados

N A PREPARAÇÃO. Podemos começar a preparação da negociação obtendo uma descrição geral, operacionalizada, do que é a empresa ou a organização ou o grupo humano onde foi gerado o conflito. Onde está localizada, que espaço ocupa, se tem filiais nacionais ou internacionais; sua história, seu ritmo e ciclos de crescimento, sua visão de futuro e como se originou o conflito a resolver; é propriedade familiar ou sociedade de capital aberto, seu organograma, as competências internas e de mercado, jogos triádicos internos e competitividade externa, tipo de comunicação em domínio interno e externo; ramo de negócios a que se dedica, tecnologia e métodos, filosofia de trabalho ou missão, valores e princípios que a orientam, seus produtos, resultados, balanços.

Se o conflito é de uma família, devemos ter informação operacionalizada sobre ela, principalmente o jogo triádico em que se move e que originou o conflito, com muita atenção para as três linguagens de cada indivíduo ou subgrupo envolvido. Disso podemos identificar se é um conflito **real** de cérebro central ou se é um conflito **emocional** de cérebro direito ou é tão somente um quiproquó de **comunicação**.

Conflito real na família é quando os desacordos são sobre poder, sexo, dinheiro, controle dos filhos, ou competição pelos mesmos recursos, concepções discrepantes sobre tradições que vêm da família de cada um etc. Mas com certeza, por trás de todo conflito familiar está a luta de poder: quem controla quem, seus recursos e sua liberdade. O machista ainda acredita que ele é o que manda; e a mulher sabe que é ela, discretamente. O difícil é o machista admitir isso.

Conflito emocional implica sentimentos negativos entre as partes, (irritação, desconfiança, cansaço um do outro, desprezo, ressentimento, temor, rejeição, exigência de divórcio ou separação etc.). No fundo, são conflitos **Afetivos** e dos 4 níveis do cérebro direito.

Conflito comunicacional se dá por teimosia, por disputa de quem tem razão, por flagrar o outro em mentiras ou por simplesmente falta de cérebro esquerdo ("o coração tem razões que a razão não entende"; e o cérebro esquerdo tem razões que o coração não entende). Mas pode que sejam apenas sintomas da superfície, como eco de um problema mais profundo, que é a eterna luta de poder (jogo triádico) entre gêneros.

O fundamental é **ter informação**, seja sobre empresas, famílias, vizinhos, partidos políticos e qualquer instituição, já que o jogo triádico agita tudo, em toda parte, sem parar. Sem informação, é andar a esmo.

Necessitamos coletar toda a informação, primeiro das fontes externas que estejam ao nosso alcance. Depois, da pessoa ou grupo com que temos o conflito. Mas se não temos um quadro referencial claro e explícito, a avalanche de informação caótica que nos chega vai criar mais confusão. O processo sequencial segue a disciplina estabelecida no CCF; mas a organização dos dados, em cada passo do CCF, será feita pelo referencial mais apropriado para cada caso em estudo:

- Os três cérebros tetranivelados, tomados como referencial organizador, são o referencial mais básico para entender mentes e culturas;

- Os 4 fatores operacionais são o referencial descritivo que melhor situa e identifica qualquer sistema, evento ou fato;

- O referencial das 8 esferas dinâmicas é o que organiza em áreas progressivas, tanto teóricas como práticas, o espaço social de uma pessoa, etnia e de um país;

- Os 14 subsistemas são o referencial que identifica os setores ou os canais de realização de qualquer sistema, seja vegetal, animal, humano, empresarial e comunitário de qualquer extensão;

- O hológrafo social é a montagem de todos os anteriores num só macro referencial ou macroscópio. Este quadro de dupla entrada, abaixo, deverá ser ampliado e impresso ou transformado em cartolina onde se registrarão as informações obtidas em cada passo do CCF e o referencial organizador.

REFERENCIAIS CCF	TRÊS CÉREBROS	4 FATORES OPERACIONAIS	8 ESFERAS DINÂMICAS	14 SUBSISTEMAS	HOLÓGRAFO
1. Tema. Objetivo 2. Coleta de dados 3. Processamento 4. Diagnóstico Síntese. Informe					
5. Futurologia 5.1. Criatividade Estratégia 6. Propostas. Projetos					
7. Planificação Fluxograma Operacionalização 8. Implementação 9. Supervisão, controle (coaching) 10. Feedback					

A ordem dos referenciais indica graus de ampliação

e complexidade mental. Vejamos como se daria cada passo do CCF com cada um dos referenciais progressivos:

1. Observamos a qual dos três cérebros, nível tricerebral e sua hierarquia se refere nosso tema e objetivo.

2. Descrevemos o tema e o objetivo, vinculados ao tricerebrar tetranivelado, pelos 4 fatores operacionais. Se um deles tiver função de eixo, pode-se desenhar uma "roda viva" com ele no centro, e os demais como raios de intercâmbio (dando e recebendo influências).

3. Localizamos o tema e objetivo na esfera dinâmica principal com função de eixo para mostrar o intercâmbio com as demais.

4. Localizamos em qual dos 14 subsistemas o tema e objetivo se encaixam melhor, indicando a qual de seus 4 níveis; este será colocado como eixo num desenho de "roda-viva" para mostrar o intercâmbio com os demais 13 subsistemas, dispostos como raios ou vetores de duas vias. Tudo é 1 + 13, em alguma dinâmica, circunscrita aos 4 fatores operacionais, onde se exteriorizam os três cérebros e seus objetivos.

Por isso podemos, também, fazer uso dos referenciais na ordem inversa, começando pelo referencial dos 14 subsistemas, indicando qual deles é o eixo; daí passar ao das 8 dinâmicas escolhendo uma como eixo; em seguida, passar aos 4 fatores operacionais; e chegando, por fim, ao tricerebrar tetranivelado.

Em qualquer caso, o Hológrafo Social, que é o mapa geral da representação da realidade e suas coordenadas, servirá para assinalar o ponto que o tema e objetivo tocam, em cada referencial; juntando os pontos marcados, teremos a rota ou curva de interesse e de pesquisa a seguir. Dito de outra maneira, a curva obtida com a junção dos pontos marcados indica o que deve entrar na pesquisa como prioridade 1, prioridade 2, 3 etc., ou seja, o grau de importância que cada item variável do Hológrafo tem para o tema e objetivo em questão.

O mesmo acontecerá com o passo 2 do CCF – a coleta de dados.

1. Coletamos e documentamos a informação proveniente da hierarquia tricerebral tetranivelada à qual se dedicam nosso tema e objetivo, como ficou estabelecido no passo 1 do CCF.

2. A informação do passo anterior será vinculada aos quatro fatores operacionais, que situarão o tema e objetivo. Cada um dos 4 fatores operacionais dará a informação pertinente e indicará as fronteiras em que está contido o que estamos investigando (chamase, também, delimitação das variáveis): o ambiente, o histórico, os personagens envolvidos, os fatos e circunstâncias etc. Os 4 fatores operacionais, como tudo, têm uma hierarquia, estrutura ou escala de importância para cada caso; isto já foi determinado no passo 1 do CCF, agora é arrancar os dados que interessam.

3. O que obtivemos até aqui será cruzado com as esferas dinâmicas. Já foi determinado antes qual delas é a central ou o eixo; agora é arrancar a informação proveniente dela. O cruzamento dela com as demais esferas dinâmicas dará informações sobre suas mútuas influências. Em que a dinâmica eixo afeta a esfera da dinâmica grupal do poder e, vice-versa? E o intercâmbio com a dinâmica prestusuária, ambiental, individual etc.?

4. Vamos coletar dados sobre o subsistema eixo determinado antes; em seguida, o cruzamos com os demais subsistemas como numa "roda-viva" para saber quais as interinfluências sobre o tema e objetivo que estamos perseguindo.

Quando se trata de conflito, briga, disputa, é um jogo triádico do subsistema de segurança – S11. Mas o tema deflagrador dessa guerra social pode ser qualquer um dos 14 subsistemas, em qualquer das esferas dinâmicas, que se situa nos 4 fatores operacionais, onde desaguaram os três cérebros com seus objetivos. Estes são de satisfação de necessidades tetraniveladas que o dono individual ou grupal dos 3 cérebros acha que estão ameaçados ou sendo obstaculizados por um rival. Daí a competição que pode desdobrar-se em animosidades, desavenças e conflitos que devem ser estancados, por negociação, mediação e arbitragem, antes que cheguem aos extremos. A época dos duelos já passou.

O exemplo dado para percorrer o passo 1 e 2 do CCF com diferentes referenciais deverá ser seguido na execução dos demais passos.

Conforme o caso, mais simples ou mais complexo, pode-se utilizar só o referencial do cérebro triádico e dos operacionais; ou só o dos 14 subsistemas e esferas dinâmicas.

O ENSAIO[60]. Depois que tivermos percorrido o CCF até o passo 7, já estamos preparados para "implementar" o passo 8 do CCF. De fato, o miolo e o diálogo da negociação começam no passo 6 – decisões – depois de cada parte ter sua informação que pode ir sendo intercambiada progressiva e cautelosamente. É como num jogo de cartas: ninguém mostra as cartas todas de uma vez, cada um vai mostrando/jogando uma cada vez, segundo lhe pareça mais oportuno. Próximo ao fim da partida, vai-se sabendo que cartas ainda restam na mão de uns e outros.

Com a informação e as propostas alternativas e, algumas planejadas, estaremos preparados. Falta um ensaio geral, como os times titulares fazem com os reservas antes de um jogo importante. O ensaio geral (como no teatro) pode ser feito em conversa com outra pessoa, um colega ou um amigo; melhor se for com

as pessoas que vão ser parte da sua equipe de negociação.
Certamente, aparecerão pontos de vista e sugestões em
que você não tinha pensado até então.

Você precisa ter respostas apropriadas às perguntas
que lhe faça a outra parte; e estas reuniões prévias
lhe servirão de ensaio para saber como responder perguntas, fazer contrapropostas, livrar-se de objeções e
conduzir o processo da negociação. Permita que seus
amigos, colegas ou colaboradores façam o papel de "advogados do diabo". É preferível que você cometa erros
quando está analisando o caso com seus amigos ou seus
colaboradores, que cometê-los no momento da negociação formal. Nesse momento os erros saem caros.

Faça um feedback com seus amigos ou colaboradores sobre a qualidade de suas respostas, suas três linguagens, suas atitudes frente à outra parte, sua predisposição para chegar a um acordo. Permita jogo aberto e,
até, um pinga fogo, para que lhe digam o que saiu bem e
que lhe digam, cruamente, o que saiu mal e deve corrigir.

NA NEGOCIAÇÃO FORMAL. Todo o processo de
preparação da negociação é feito desde nossa óptica,
isto é, nosso paradigma, nossa hierarquia tricerebral e
posição subgrupal. Mas no momento em que estamos
na negociação formal, a interpretação que tínhamos
dos fatos pode mudar muito, quando a outra parte
nos apresenta sua própria versão. Quando temos boas
ferramentas – CCF e referenciais - a assimilação da informação recebida da outra parte será fácil e, igualmente, a reinterpretação dos dados referentes ao conflito. Se não tivermos tais ferramentas, a informação da
outra parte pode abalar-nos e deixar-nos desarmados,

sem saber o que contrapropor.

Vale lembrar que toda negociação, sabendo ou não, começa no passo 1 do CCF; depois começa o intercâmbio do banco de dados informativos de cada parte, que são comparados ou cotejados um frente ao outro; é o passo 2 do CCF. O mesmo acontecerá no passo 3 do CCF que é de análise, no passo 4 que é de diagnóstico etc. No vaivém e cotejo das informações, leva vantagem quem as tenha mais completas e organizadas.

Que fazer se nos chega uma informação que desconhecíamos? Simplesmente, repetir o processo já descrito para classificar a informação que nos proporciona a outra parte. Tomamos outro formulário como o que já temos usado para organizar e armazenar nossa informação e começamos a classificar a informação que recebemos; depois, a contrastamos com a que já tínhamos. Aí aparecerão as concordâncias, discrepâncias e, também, a complementariedade. Se a informação for útil a integramos em nosso repertório de dados.

Os conflitos mais difíceis de resolver são aqueles sobre os quais não temos informação prévia. Só com informações de última hora e conjeturas, não estamos seguros.

Se não temos informação suficiente, perguntemos. Se não sabemos, perguntemos. Não é delito não saber, ou não ter entendido bem. O grave é empreender ações sem saber ou sem ter entendido bem, porque serão equivocadas.

Quanto **mais intimidantes ou fortes** nos apresentarmos, **menos nos dirão**. Quanto mais confundidos e humildes **"pareçamos"**, mais nos ajudarão.

Se na coleta de dados houver alguma entrevista, devemos ir **mais dispostos a escutar que a falar.** Devemos ir **mais dispostos a perguntar que a responder.** Ainda que você saiba a resposta, pergunte. Mostre-se simples, inofensivo e, até, ingênuo ou desvalido. Ao vê-lo assim, a outra parte aumentará a boa vontade para dar-lhe mais informação.

Fase de contato.

Será crucial a atitude que tomarmos frente aos negociadores do outro lado, logo no primeiro encontro. Sabemos que a atitude define os resultados, por isso a capacidade de escuta de nossa parte deve ser usada ao máximo, primeiro para **estabelecer uma relação** e, depois, para **obter informação** e armar bem nossa coleta de dados. Francisca Berrocal[61] sugere seguir estas normas:

✓ Não interromper
✓ Escutar ativamente
✓ Pedir esclarecimentos
✓ Resumir sem interpretar
✓ Não nos comprometer com as explicações ou posições da outra parte
✓ Pedir justificação detalhada das posições adotadas e propostas
✓ Averiguar as prioridades de quem fala
✓ Captar os "sinais de intenção de negociar"

Para dar informação
✓ Não falar em excesso
✓ Não ameaçar

✓   Não acusar
✓   Não ridicularizar
✓   Expor detalhadamente nossas posições
✓   Expressar nossas prioridades
✓   Enviar "sinais de intenção de negociar"

Na coleta de dados, durante a reunião de negociação, inicialmente as pessoas costumam estar tensas, não falam e podem chegar a mostrar mau humor. Convém, quando o clima fica assim, contar uma piada ou fazer um comentário engraçado. O riso afrouxa as tensões.

Quando se retoma a sessão de trabalho, um moderador ou sintetizador (se tiverem sido indicados) ou algum participante indicado, deveria começar fazendo uma síntese dos aspetos valiosos trazidos por cada grupo. É a memória de grupo. É melhor omitir as partes reativas e ficar só com as proativas, as que criam mais ânimo para seguir com entusiasmo e esperança.

O **objetivo** das negociações é obter um acordo por consenso. Mas isso só se pode conseguir **falando a verdade**. Tanto neste modelo de negociação como no modelo Harvard, não podemos ocultar informação. Não existe informação estratégica a proteger.

Dar às pessoas a oportunidade para falar resolve grande parte do conflito. O grave é quando as pessoas não podem falar, por receio de ameaças ou vinganças.

PASSO 3 DO CCF

Processamento, análise dos dados, reflexões

T ambém poderíamos chamá-lo *Fase de discussão dos dados para trazer à tona significados.* Discussão tem dois significados e duas acepções:

1) São análises, reflexões e razões que apresenta cada parte para justificar algo a fazer ou a evitar, pensando no futuro (critério **objetivo**).

2) É o bate-boca entre as partes para defender seus interesses, invocando fatos e dissabores do passado, o que pode produzir aumento de agressividade (critério **subjetivo**).

Para o processamento dos dados coletados, terão que trabalhar perfeitamente sincronizados os três cérebros ou os três modos de percepção: o cérebro esquerdo-lógico, lendo, perguntando, questionando e fazendo estatísticas; o cérebro direito-intuitivo, observando, escutando, sentindo, "sintonizando" e desenhando modelos, ilustrações; e o cérebro central-prático, experimentando, fazendo, tocando, comparando prazos, custos, balanços etc.

Como em todos os passos do CCF, há intercâmbio e comparação das informações que cada lado tem; a **confiança e a credibilidade** são duas condições básicas para que o processo seja construtivo e não obstrutivo. Se não o conseguirmos, haverá resistências, objeções e sensação de ameaça.

Para vencer as resistências e gerar confiança, todo negociador deve manifestar:

● **Aceitação**: aceitar as pessoas tal e como são.

● **Fiabilidade**: consiste em fazer o que se diz e não prometer o que não se pode cumprir.

● **Congruência**: significa manter os mesmos critérios (não as mesmas posições), ao longo de toda a negociação.

● **Sinceridade**: é mais que não mentir; é dizer o que se pensa.

A **fiabilidade** se consegue, a curto prazo, com provas ou demonstrações.

A **aceitação e a fiabilidade** desaparecem se não se mantém congruência nas apresentações. Na etapa de intercâmbio, é importante ser congruente entre o que se pede e o que se oferece.

A **sinceridade** supõe dizer o que se pensa e se sente. Manifestar nossas intenções e não deixar que a outra parte tire conclusões falsas sobre elas.

Como estamos num passo importante do CCF para entender e abordar o conflito, Francisca Berrocal nos dá recomendações muito válidas, como as que nos deu para a coleta de dados[62]:

➢ **Responder em reciprocidade**

➢ **Incentivar o acordo, não a intransigência**

➢ **Estar atento aos sinais de acordo**

➢ **Obter informação**

✓ **Escutar**

- Não interromper
- Escutar ativamente
- Pedir esclarecimentos
- Proporcionar retroinformação

✓ **Sondar:**

- Não se comprometer com as explicações ou posições da outra parte
- Pedir justificação detalhada das posturas e propostas
- Averiguar suas prioridades
- Captar os "sinais de acordo"

➤ **Dar informação**

✓ **Evitar**

- Falar em excesso
- Ameaçar
- Acusar
- Ridicularizar

✓ **Fazer**

✓ Expor detalhadamente nossas pretensões
✓ Expressar nossas prioridades
✓ Enviar "sinais de acordo"

Quando o clima da relação gera confiança, o primeiro resultado que se produzirá será uma modificação das exigências das duas partes. Aparecerá a espontaneidade, e aparecerão as primeiras soluções para as dificuldades; não é ainda o momento de fechar acordos, mas convém anotar as propostas.

Berrocal faz menção de **mandar sinais** de predisposição ao acordo (**Linguagem não verbal**). E isso nos leva a um aspeto fundamental nos processos de negociação, que é a análise **da comunicação.**

OS SINAIS. Quando se chega a esta fase da negociação, as partes já estão carregadas com uma **grande ansiedade.** Inicialmente, fala-se muito pouco, como consequência dessa tensão. Os sinais[63] são uma mensagem enviada que pode ser ambígua e requer interpretação. Há três categorias:

➢ **Sinais não intencionais**, pelos quais o comportamento ou as palavras transmitem uma mensagem inadvertidamente (lapsus freudiano).

➢ **Sinais verbais**, pelos quais a entonação ou a ênfase enviam uma mensagem que parece contradizer o que se está dizendo.

➢ **Sinais de comportamento**, que são a linguagem corporal, expressões faciais, contatos oculares, gestos de mãos, uma piscadela, uma cutucada no vizinho etc.

Conclusões:

● Os sinais são matizações que se esgueiram nas declarações verbais.

● O significado de um sinal é um convite, é uma insinuação para algo, não é um fato consumado.

● Os sinais nos permitem interpretar que, modificando um pouco a proposta, seria possível chegar a um acordo.

● Os sinais enviados não significam acordo, apenas encorajam a continuar com a negociação.

● Os sinais necessitam uma tradução ou um desdobramento do que ficou implícito.

A LINGUAGEM OCULTA DOS SINAIS[64]

Seria extraordinariamente difícil cumprir esse prazo	Estas são nossas condições normais de contratação
Nossas linhas de produção não estão preparadas para este tipo de trabalho	Mas podemos mudá-las, não é impossível
Não estou autorizado para negociar este preço	Este é um preço sumamente razoável
Não é nossa prática normal fracionar os pedidos	Qual é a normal? Fale com o chefe
Nossa empresa nunca negocia seus preços	Negociamos o que damos por esses preços
Podemos discutir este ponto	Isso é negociável
Não estamos dispostos neste momento a discutir este ponto	Podemos negociá-lo amanhã
Não podemos fabricar essa quantidade nesse prazo	Estamos dispostos a negociar preços, prazos de entrega, qualidade e quantidade
Não costumamos conceder descontos, e se o fizéssemos, seria menos de 10%	Daremos uns 2%. Mas são negociáveis
Nosso preço para essa quantidade é X	Para outras quantidades, outros preços. É nossa posição mais favorável

Quando se envia um sinal e não é respondido, pode ser que tenha passado por alto ou que não tenha sido compreendido, ou não foi escutado. Neste caso, deve-se repetir o sinal. Se foi ignorado deliberadamente, é preciso perguntar-se por que: não existe confiança? Não foi bem compreendido? Não tem capacidade para tomar decisões sem pedir autorização a alguém? Não deseja negociar?...

A maioria dos sinais vem pela linguagem não verbal ou está nas entrelinhas. Por isso, antenas ligadas e bom treinamento para interpretar e desdobrar seus significados latentes! Os **sinais enviados** deixam entrever que **as posições** – aparentemente inamovíveis - não o são. A dúvida ou resistência em aceitar propostas, às vezes, deve-se a essa falta de interpretação das mensagens cifradas dos sinais ou porque uma proposta é tão inovadora que não houve tempo suficiente para analisá-la e entendê-la.

Esta é a etapa do NÃO, que pode passar ao TALVEZ e, finalmente, ao SIM.

Quando um negociador apresenta uma informação cuidadosamente formulada e verbalizada, espera que a outra parte a aceite e ceda em algo, mas pode ser que não. Então, é preciso rever a estratégia:

a) Se você apresenta algo inteiramente novo, a resposta poderá ser um NÃO.

b) Reformule a informação ou proposta, simplificando a linguagem e explicando mais operacionalmente.

c) Continue mencionando a mesma informação ou

proposta nos encontros seguintes, com jeitinho, para que os presentes comecem a familiarizar-se com ela, mas sem insistir.

d)   Quando você reapresentar a informação ou proposta, já não será estranha para os outros, que poderão considerá-la aceitável.

O NÃO inicial é uma reação de estranheza, não uma posição fixa.

As pessoas reagem negativamente a uma proposta inédita que cause surpresa, porque necessita tempo para avaliá-la e ajustar seu pensamento a tal novidade.

Com o tempo e as repetições despretensiosas de sua parte, *quase todo NÃO se pode transformar em um TALVEZ e, finalmente, num SIM*. Não desista. Todo começo obedece à lei da inércia, custa a sair da imobilidade e ganhar velocidade. Invista tempo, esforço e paciência até que a outra parte saia da inércia, do medo da novidade e comece a vê-la com mais naturalidade.

A mudança e as novas ideias só são aceitas quando apresentadas em pequenas doses homeopáticas progressivas. Para a maioria das pessoas, a primeira reação é dizer NÃO. Por isso é preciso ser perseverante quando se introduzem ideias novas, que devem ser acompanhadas de maneira convincente e atrativa pelas três linguagens.

PASSO 4 DO CCF

Diagnóstico da situação, compreensão, julgamento

É a interpretação real do problema. Só podemos falar de que temos um diagnóstico correto e completo do jogo triádico em estudo, quando identificamos sua tri-causalidade pelos três cérebros, subgrupos, dinâmicas e 14 subsistemas. A tricausalidade obedece à visão sistêmica: os inputs provêm de fatores triádicos em disputa desproporcional; a evolução desses fatores transforma a disputa em conflito triádico, ainda mais desproporcional, por sua intensidade; os outputs são as consequências desproporcionais para os três cérebros de cada um dos três subgrupos e cada um de seus membros. A negociação é o feedback que propõe as correções e ajustes, aparando arestas, limitando maximocracias e chamando as partes à razão, o que se traduz por um acordo proporcionalista.

Na etapa de coleta de dados, o que se fez foi buscar as raízes do descontentamento entre os três subgrupos em seus três cérebros, nos fatores operacionais, esferas dinâmicas e subsistemas, em números, quando possível; na etapa de processamento, o que se fez foi interpretar as informações sobre as raízes históricas e presentes do descontentamento, já transformado em conflito, estabelecendo a linha de causalidade (que são os inputs), seu agravamento posterior (que é o processo de transformação, gestação) e as consequências até o momento e previsíveis no futuro (que é o output). Não existe relação causa-efeito, estímulo-resposta em linha direta; entre causa e efeito há um processo de transformação, fermentação, metabolismo, de gestação do efeito. É dessa forma que a etapa 3 do CCF – processamento – trata de entender e explicar o que se está estudando e tratando de solucionar, tudo em contexto triádico e avaliado pela lei da proporcionalidade.

Na etapa 4 do CCF - diagnóstico - é tirar conclusões sintéticas, traduzindo a compreensão do trançado da problemática estudada que dará condições de intervenção corretiva. Assim fazem os médicos, os juízes, os administradores etc. O diagnóstico se apresentará em forma de sentenças afirmativas: "O problema que nos afeta é"; "a parte enferma é tal, e as partes que continuam boas são"; "a gravidade do delito é tal, e os atenuantes são tais" etc. Os administradores resumem o diagnóstico pela sigla DOFA: **D**ebilidades e **O**portunidades, **F**ortalezas e **A**meaças.

No âmbito da negociação, ocorre o mesmo. O diferencial do modelo sistêmico triádico é que ele não explica a causalidade – linear, interdisciplinar ou multicausal – como o faz o modelo cartesiano-monádico - uma causa, um efeito; ou tal gene, tal doença. Primeiro, entre causa-efeito, há o processo com seu devido tempo. A Psicologia mudou sua visão de S-R para S-O-R – estímulo-organismo-resposta. Segundo, a causalidade multi ou interdisciplinar é organizada a partir de três fatores que se podem ir multiplicando, holograficamente, em outros conjuntos de três; isso estabelece um método comum, evitando a dispersão facultada a cada investigador, nas Ciências Sociais e Humanas. Terceiro, são usadas ferramentas (já mencionadas), todas com critérios de proporcionalidade-desproporcionalidade, em parâmetros ou escalas de, pelo menos, 1 a 5, ou 1 a 10 graus.

Embora os cientistas puros pretendam evitar julgamentos e juízos de valor, nós nos atrevemos a emitir julgamentos, e avaliar triadicamente a normalidade e as oscilações em torno dela, chamadas anomalias, disfunções, sujeitas ao feedback. Se não existe possibilidade de dar e receber feedback, não podemos esperar nenhuma mudança, cura, reeducação, política, administração. Nossas ações sempre devem propor uma mudança, uma solução que supere o problema triádico diagnosticado. Para isso é preciso diagnosticar/avaliar os membros dos três subgrupos que integram o grupo maior, seja este político, econômico, religioso, integrado por homens, mulheres etc.

Para poder avaliar se requer:

• Que entre as partes da negociação não existam sentimentos de agressão ou de culpa. E que admitam o feedback.

• Que se faça feedback durante todo o processo da negociação, ao final de cada reunião, de cada dia, de cada etapa, para corrigir falhas e melhorar os passos seguintes. De nada servem explicações, depois que os problemas aconteceram. São os impertinentes "engenheiros de obras feitas": eu disse...

• Que as avaliações ou o feedback sejam do conhecimento de todos os envolvidos no processo de negociação. Não se pode ocultar nada a ninguém.

• Que quem emite julgamentos de valor e

sugestões de feedback sobre o problema ou conflito que se está tratando, esteja seguro que tem o suficiente critério e a prudência para o que vai apresentar sem desencadear reações que deitem tudo a perder. "O gato subiu no telhado"...

Para averiguar se nosso diagnóstico é correto, podemos perguntar-nos: se corrigimos tais e tais aspetos, o problema estaria resolvido? Existe claro encadeamento entre os efeitos finais e os acontecimentos intermediários, e entre estes e o fio inicial da meada?

A coleta de dados se baseia em hipóteses, suposições não confirmadas sobre o emaranhado dos fatores do conflito; no processamento, põem-se os dados em ordem para reflexões mais profundas e chegar a um diagnóstico mais seguro. Ainda assim, o diagnóstico não se apresentará como verdade absoluta e irretocável, mas como altas probabilidades de confirmação, ou não, da hipótese inicial. E será válido até aparecer algo melhor.

Por isso, aos interlocutores o diagnóstico é apresentado como muito provável ou verossímil (não falamos de certeza) e perguntando se consideram que o diagnóstico está correto, se a tri-causalidade do conflito está identificada e se é aceitável. Se não é assim, junta-se informação adicional, vinda da outra parte, até chegar, por consenso, a um diagnóstico definitivo. O que era mera suposição na hipótese inicial, agora se confirma, o que permitirá avançar para os próximos passos do CCF - futurologia, criatividade e tomada de decisões.

Nenhuma conclusão, tese ou teoria pode declararse absolutamente verdadeira: nunca será a última e definitiva; será sempre penúltima a ser superada por outra penúltima que seja melhor, de fato, e não porque o diga alguma autoridade ou "celebridade"[65].

O INTERCÂMBIO

A partir da situação diagnosticada, ambas as partes têm conhecimento das implicações que o conflito gera para cada uma. Por isso, desde este momento começam os primeiros ensaios de intercâmbio de propostas, pelo desejo de encontrar uma solução para o conflito. São primeiros ensaios porque não houve, ainda, futurição e criatividade para a expansão do horizonte de soluções. Mas ambas as partes, frente ao diagnóstico, devem ter baixado seu nível de exigência e, estar pensando em concessões; mas é preciso ter cuidado com as concessões apressadas.

As concessões apressadas e gratuitas[66] são arriscadas; têm que ter contrapartidas mais ou menos do mesmo valor. Se não há reciprocidade no intercâmbio, pode-se prejudicar a negociação.

Quando se expressem as condições para realizar uma concessão, estas devem ser muito concretas e específicas, livres de toda ambiguidade. Em muitas negociações, como é o caso das negociações coletivas, apresentam-se as reivindicações todas num só pacote; assim, o atendimento a uma delas fica condicionado ao atendimento das demais.

Quando chegamos a esta fase de ensaio de apresentação de propostas iniciais, Francisca Berrocal[67] nos faz umas sugestões muito oportunas:

✓ Estabelecer "pacotes" com os assuntos de menor ou escassa importância, para que não percam ainda mais valor.

✓ Tratar separadamente os assuntos prioritários, para não diminuir sua importância.

✓ Mostrar-se firmes no terreno do geral.

✓ Mostrar-se flexíveis nos detalhes concretos.

✓ Expressar primeiro as condições, de modo específico.

✓ Expor a continuação das propostas de forma exploratória.

✓ Fixar condições iniciais elevadas.

Faz, também, umas recomendações a ter muito em conta no processo de intercâmbio:

✓ Não fazer concessões iniciais elevadas.

✓ Não aceitar as condições alheias sem ter discutido as nossas.

✓ Não apresentar queixas, mas alternativas.

✓ Aceitar as concessões alheias com modéstia.

✓ Fazer nossas concessões com realismo.

✓ Evitar fazer concessões a troco de nada.

✓ Manter os temas interdependentes (não se aprova um sem aprovar o pacote todo) para não debilitar nossa posição.

✓ Condicionar todas nossas concessões aos nossos objetivos e ao acordo final.

PASSO 5 DO CCF

Futurição

Se já tivermos um diagnóstico do problema e constatarmos que as soluções iniciais ensaiadas para o problema, até agora não têm funcionado, é hora de entrar no passo 5 do CCF. É o passo do processo criativo em relação aos desdobramentos futuros da situação, e o passo 5.1 que é o processo criativo de achar soluções para o aqui e agora. Insistir nos mesmos comportamentos e instrumentos que produziram os erros, esperando diferentes resultados, é absurdo. Em outras palavras, a repetição seria como andar em círculo, sem avançar.

É hora de divisar novos caminhos, novos cenários, novas alternativas e estratégias de jogo triádico. Futurição e criatividade têm vários nomes: revelação, insight, inspiração, visão, prognóstico, premonição, pressentimento, sintonia com o pulsar da vida, feeling, voz interior, percepção em nível alfa e outros[68].

O processo criativo é espontâneo, não tem princípio nem fim; não está sujeito a regras, tempo e lugar. Não é sequencial, nem lógico: é aleatório, é global, é errático. Pode tomar coisas do passado ou do futuro, do físico ou do não manifesto. É próprio do cérebro direito que, imprevisivelmente, cria novos produtos, combinações ou ideias inovadoras.

Tem havido muitas tentativas de descobrir ou provocar a criatividade aplicada à solução de problemas, à invenção, tratando de codificar as regras deste processo e de dirigi-lo. Em vão e inútil. A criatividade rompe todas as regras, rompe todos os perímetros.

A HEURÍSTICA é um complemento desse processo. **É a arte de inventar, de descobrir** (eureca: descobri, achei, uau!). Todos os grandes e pequenos inventos da humanidade têm partido da **imaginação**. Nada do que se criou existiria se antes não o tivéssemos imaginado, sonhado, gestado e, por fim, concretizado. Com a imaginação, começamos a utilizar nossa capacidade criadora. Nós somos criadores. Nosso presente foi imaginado ontem. E o amanhã será o que imaginarmos hoje. "Tudo nasce da mente, tudo é mente". A criatividade futurizadora e, a do aqui e agora, são um passo indispensável do CCF, que faz ponte entre a inteligência lógica e a inteligência operacional.

Uma das técnicas mais conhecidas na futurição onde aplicamos a Heurística é o *brainstorming (chuva ou turbilhão de ideias)*, para entrever caminhos ou cenários por onde se desenrolará o evento que diagnosticamos. Baseados em pura imaginação, fantasia ou em plausibilidade ou probabilidade. Aí se podem fazer exercícios de clarividência, de prospectiva, de percepção extra-sensorial. Certamente, uma das melhores ferramentas para isso está na meditação, mediante o uso de ondas cerebrais de ciclagem reduzida: ondas alfa, theta e delta.

Isso não tem nada de místico, mágico ou sobrenatural. É uma expansão do poder tricerebral, que se consegue aprendendo a relaxar-se e a reduzir a ciclagem eletromagnética do cérebro, principalmente do cérebro direito. Até pouco tempo, só se dava importância ao cérebro esquerdo lógico-matemático e ao central-operativo. Criatividade, futurição, meditação, infelizmente não nos ensinam na escola nem na universidade - porque isso "não é científico", isto é, não obedece ao método das ciências físicas. Em que pese ao positivismo científico, dá magníficos resultados. O próprio Einstein valorizava muito a "inspiração". Descartes teve a "inspiração" das coordenadas e abscissas na hora da sesta, enquanto observava, distraidamente, o voo de uma mosca, no teto. Kekulé, um químico alemão, descobriu a cadeia de ligações do benzeno, sonhando com uma cobra mordendo o rabo. Esses cientistas não eram nada medíocres e, aferrados somente ao método positivista.

"Aprendamos a sonhar, senhores; pois então talvez nos apercebamos da verdade" (Augusto Kekulé, 1865).

> "Aprendamos a sonhar, senhores; pois então talvez nos apercebamos da verdade". (Augusto Kekulé, 1865).

Em páginas anteriores, quando falamos da **Chuva de Ideias,** do Modelo Harvard, na seção **"Invente opções de benefício mútuo",** apresentei instruções muito atinadas para conduzir o brainstorming (Ver pag. 84-85).

Waldemar De Gregori, considerado um dos cérebros criativos mais proeminentes da humanidade, complementa o modelo de Harvard com algumas orientações:

a) Explicar e motivar o exercício de criação de ideias, soluções, projetos, como algo importante, agradável e normal para o hemisfério direito do cérebro. O grupo se compromete com este objetivo e vai romper as resistências. A maioria das resistências vem

da programação de nosso próprio cérebro: o esquerdo diz "o que está fora da lógica é absurdo; o central diz "o que é inviável se despreza"; e o direito diz "o que está fora da moral é pecado, mesmo que seja só de fantasia".
Picasso dizia que "gênios nascem a toda hora, o difícil é que sobrevivam à educação familiar-escolar". Há outra frase que encerra muita verdade: "Os únicos que dizem a verdade são os loucos e as crianças; por isso, às crianças as "educam", e aos loucos os trancam nos hospícios".

b) Para iniciar o brainstorming, com principiantes, se busca um tema ou problema simples para que aprendam a buscar soluções, seguindo estas normas:

1. Criar um clima de relax, de desinibição, de disposição esportiva.

2. Durante o exercício, suspender toda censura lógica, moral e operacional.

3. Compromisso do grupo para não censurar nada nem ninguém, nem durante nem depois do exercício.

4. Cada um tem que expressar-se sem medos, sem explicações nem justificações, sem interrupções nem comentários de ninguém. Se há muito palavrório é sinal que se meteu o cérebro esquerdo e é preciso pará-lo.

5. Dar preferência às ideias mais exóticas, loucas e inusitadas, expressando sem censura tudo o que vier à cabeça, tratando de rir de tudo que se faz, diz ou escuta. A euforia e a catarse são bons sinais de estado criativo.

c) Determinar se o processo de criação é verbal, escrito, factual ou misto.

d) Depois disso, se dá a largada do exercício.

Uma vez terminado o exercício, se faz uma análise do cumprimento das normas, da qualidade das ideias, da desinibição dos participantes etc.

Se submetermos o tema que estamos estudando a vários brainstormings, com intervalo de alguns dias, a incubação das ideias expostas começa a dar fruto e podemos começar a selecionar aquelas que se transformarão em decisões e em plano de ação para o cérebro operacional.

Cada cérebro faz suas apostas para o futuro. Os de cérebro direito predominante fariam profecias; os de cérebro esquerdo, a partir de dados, fariam extrapolações e simulações; os de cérebro central predominante se arriscariam por ensaio e erro. O dia 31 de dezembro é uma data privilegiada para fazermos futurição: "O novo ano trará boa sorte"... Os homens fazem propósitos: "a partir de amanhã deixo de fumar". As mulheres dizem: "amanhã vou começar a dieta". E haja simpatias e amuletos para ter sorte (sem fazer força?)!

A Futurição significa adiantar-nos no tempo para ver a mudança que nos propomos conseguir. Significa imaginar e ver pequenas ou grandes mudanças para melhorar a situação atual. Significa visualizar como será a nova realidade se mudamos isto e aquilo, e como evoluirá a situação diagnosticada nos próximos dois, três, cinco, dez, vinte anos etc.

Apresento de maneira sucinta como se deve fazer a futurição[69]:

a) Estabelecer o que se quer ver.

b) Determinar o tempo no qual pretendemos ver

314

as mudanças, fixando ciclos de curto, médio e longo prazo.

c) Depois de futurizar as megatendências, passamos do mais amplo ao menos amplo, até chegar ao subsistema, esfera dinâmica e operacionais do problema que estamos estudando. Para entrever o que pode bloquear ou abrir caminhos, escolhe-se uma variável cada vez, do fluxo sistêmico do problema como input, imaginando ou observando o processamento, o resultado e a indicação de feedback, reforçador ou corretivo. Os computadores fazem boas simulações disso.

d) Refazer este exercício muitas vezes, introduzindo algum fator interveniente, variante fantasma ou surpresa.

e) Repetir o mesmo exercício pela perspectiva do subgrupo oficial, antioficial e oscilante. A perspectiva resultante é o futuro visto pelos três subgrupos, em separado e em conjunto.

f) Em toda futurição há que transformar os resultados da inspiração intuitiva, em linguagem lógica e operacional.

O exercício de Futurição vem antes do exercício Criatividade: futurição é criatividade para imaginar o amanhã; criatividade é para imaginar soluções para o hoje. As ideias têm que surgir com toda a desinibição que seja possível. A lógica que faz críticas e trava o processo criativo está presa ao passado e seria repetitiva quanto ao futuro. Ela prolongaria a ação e a vida do conflito. Quem divisa o futuro, ao longe, é a criatividade que, também, é capaz de inventar estratégias para criar soluções inéditas, hoje. Por isso, os participantes mais lógicos e pragmáticos deverão retrair-se nesta fase. E deixar que brilhem os que têm predomínio do cérebro direito.

PASSO 6 DO CCF

Propostas e decisões
"fechando um negócio"

Antes de falar das decisões, quero fazer algumas reflexões sobre o que se costuma chamar "fechamento". E o faço porque no modelo da Cibernética Social não há "fechamento": a relação entre as partes continua com o planejamento, a administração, a supervisão e o feedback. Para levar adiante essas fases, se exigirá continuidade da relação, pois supõem ação colaborativa e conjunta das partes.

Pelos outros modelos de negociação, quando se está chegando ao "fechamento" da negociação, nascem duas inquietações[70] assaltam os negociadores:

1. **Terei arrancado todas as possíveis concessões da outra parte?** Se eu quiser mais, o "fechamento" do acordo vai demorar mais.

2. **Devemos fechar o acordo como está, ou é melhor continuar negociando?** Quanto mais prolongada seja a negociação, mais concessões podemos obter da outra parte. Mas a outra parte também pode obter mais de nós. Olhando assim, é questão de astúcia e persistência...

Se estivermos muito pressionados porque estamos próximos à nossa posição limite, e não pensamos manter uma relação no futuro, devemos fechar. Qualquer dilação nos obrigará a novas concessões e, se não cedermos, pode perigar o acordo.

Não é prudente que as partes cheguem ao limite de suas posições. É muito arriscado: poderíamos cair no modelo de competição e, deitar abaixo tudo o que havia sido construído.

Escolher o momento do "fechamento" influi na credibilidade do negociador. A negociação é uma sequência de jogadas como em qualquer jogo, com seus rituais, períodos bons e menos bons, vai-não-vai, jogos de cena, fintas, teatralizações, arrependimentos, retratações etc. pelo que não se pode cair em precipitações. Provocar um fechamento apressado pode ser tomado, pela outra parte, como debilidade, medo de ter que fazer uma nova concessão, uma hostilidade ou pouco caso com a outra parte.

O objetivo do fechamento, nos outros modelos de negociação, é chegar a um acordo. O que implica deixar claro que não haverá novas concessões e que, o melhor para a outra parte, é chegar a um acordo logo.

O fechamento significa o fim do processo de negociação, ter um acordo escrito com as condições e corresponsabilidades que põem fim ao conflito. O documento deverá respeitar a regulamentação da Lei de Arbitragem e Negociação.

O processo finaliza quando as partes manifestam sua conformidade com o documento e o assinam. Qualquer dúvida, na hora de assinar ou nas interpretações do documento, pode jogar fora todo o esforço da negociação.

AS DECISÕES

No modelo da Cibernética Social, as decisões

devem nascer de um processo de futurição e criatividade, claro e audaz. Dele sai uma grande quantidade de ideias. Nem todas são viáveis ou com o suficiente suporte técnico, profissional e econômico, para serem levadas à prática. Será preciso fazer triagem, separação, e peneirar para ficar com as melhores e mais aproveitáveis. Como se faz a bateia no garimpo.

Que são as decisões? SÃO O ACORDO FINAL SOBRE O QUE FAZER. Antes do sacramentar propostas que se transformam em decisões, tem lugar os estudos de factibilidade ou viabilidade. Estes são ensaios de planejamento com fluxogramas e operacionalização, para melhor visualizar as deficiências, oportunidades, fortalezas e ameaças (DOFA). Pode-se visualizar e avaliar cada etapa operacionalizada de um fluxograma por este quadro:

RANKING DE ALTERNATIVAS									
CRITÉRIOS / ALTERNATIVAS	Espaço Distância		Cronologia Prazos		Personagens Capacitação		Custo Benefício		Jurisdição Alcance
	SIM	NÃO	SIM	NÃO	SIM	NÃO	SIM	NÃO	SIM	NÃO
1										
2										
3										
4										
5										

Os critérios de viabilidade devem incluir algo de ousadia e audácia, alimentadas por uma visão de futuro com um verdadeiro desejo de superação. Nada se faz sem correr riscos. Se não pedalar o suficiente, cai da bicicleta.

As propostas que forem aceitas por consenso de todos os participantes, transformam-se em decisões, que são o centro e a razão de ser da negociação. Para isso, temo-nos reunido e trabalhado. Daí em diante, as decisões são, simplesmente, **os projetos que estamos**

dispostos a levar à ação.

Vale enfatizar que há uma grande diferença entre as conclusões do diagnóstico, que são teóricas e derivam do processo lógico-científico e não são mais que informação; e as decisões que vamos a levar à prática. Por isso, nos treinamentos de dinâmica de grupo, há um Secretario Conclusor (para o diagnóstico) e um Secretário Propositor (para as propostas)[71].

As conclusões do diagnóstico indicam o que aprendemos, o que sabemos e o que falta saber. As decisões indicam o que vamos fazer, as ações, as correções, a terapia, o trabalho. A informação gera e orienta a ação. A decisão escolhe e inicia a ação e começa o trabalho para uma realização, para fazer que as metas e ideais do primeiro passo do CCF: **Tema, projeto ou ideal a perseguir** - se concretizem.

Cada operação que fazemos tem seu microciclo que reproduz o CCF, e vai-se ajustando ao conjunto de operações (ver pag. 131). Isso quer dizer que as metas iniciais que nos propusemos no primeiro passo, podem ser redefinidas à medida que avançamos no CCF. Isso dará maior coerência a todo nosso trabalho e esforço.

No CCF, a decisão é sempre um produto das cinco operações que lhe antecedem, ainda que na maioria das vezes isso nos passe despercebido. A sequência[72] ou fluxograma que deveríamos seguir para a tomada de decisões - depois de ter realizado todas as operações anteriores do CCF - será:

a)   Ter sempre presente o modelo triádico do Show do Jogo Planetário, nacional e local, dividido por seus modelos capitalistas, socialistas, teocráticos etc.

O contexto em que vivemos e disputamos com a outra parte tem janelas de oportunidades e condicionamentos que podem ser indicativos para nossas decisões.

b) Focalizar, como eixo das decisões, o poder econômico local e nacional que determina a dinâmica prestusuária ou econômica (o que vamos fazer, quanto nos vai custar, quanto vai render, quanto vão custar os impostos, taxas, cartórios etc.).

c) Fixar-nos, depois, na dinâmica grupal, de maneira que se tomem em conta todos os critérios para as decisões, dando atenção aos interesses de cada subgrupo dentro do jogo triádico proporcional.

d) Considerar, depois, a dinâmica individual, os interesses das pessoas.

Pelo paradigma sistêmico triádico, devemos tratar que as decisões se ajustem à lei da proporcionalidade, e não à igualação máxima (estilo comunista) ou à livre desigualação máxima (modelo neoliberal). A igualação máxima e a desigualação máxima desvirtuam o jogo triádico e a convivência mais pacífica. A real e verdadeira satisfação das partes se dará quando realizemos, na decisão tomada, uma partilha proporcional.

Se a decisão que tomamos diz respeito a um indivíduo, começaremos pela Dinâmica Individual e, depois, veremos a articulação dessa decisão com as outras esferas dinâmicas.

Se houver necessidade de mais detalhes sobre factibilidade das propostas, elas podem passar pelo filtro dos 14 subsistemas, até se tornarem projetos mais claros e específicos. Quando há projetos pelos 14 subsistemas, eles podem ser agrupados em programas, cada programa vinculado a um dos subsistemas. As decisões, de alguma maneira, têm que ajustar-se ao modelo social vigente. Em outras palavras, não podem ir contra as leis nacionais e regime de governo e mercado. Contradizer a lógica social ou pretender subverter o modelo é expor-se a sanções morais ou legais, complicando ainda mais a solução do problema. Além do mais, não funcionaria o Jogo Triádico, porque se daria uma polarização extremista; e, como consequência, uma luta inútil.

A Proporcionalidade nas decisões expressa a sabedoria da natureza; e nós somos parte da natureza. Não estamos à margem, nem acima, como donos da criação. Não esqueçamos que a natureza, finalmente, põe tudo em seu lugar. Não vale a pena querer iludir, quebrar ou desafiar as leis da natureza, como é a da proporcionalidade.

A maneira de transformar as propostas em decisões em um processo de negociação deve ser por consenso[73].

O procedimento é o que segue:

1. Nomeia-se um secretário que pede ao autor da proposta que seja conciso e a dite devagar, indicando claramente a intenção prática que tem em mente. Esta deve ser uma ação, não uma conclusão teórica. Os detalhes de onde, quando, quem, como, por que, para que etc. só entrarão depois, na hora da operacionalização.

2. Terminada a coleta de propostas, o secretário pede que se façam emendas, modificações, adições,

supressões, para cada uma delas.

3. Cada proposta deve ser debatida, da seguinte maneira: O autor da proposta é o defensor; busca-se um "advogado do diabo" que faça oposição à proposta, não à pessoa. Logo, passa-se a palavra ao defensor para que faça a justificação da proposta. Depois de um minuto, se pedirá a opinião de consenso dos presentes. O opositor tratará, depois, de desvalorizar a proposta e, ao cabo de um minuto, pedirá a opinião de consenso contra a proposta. Nos parlamentos, prevalece a maioria simples (metade mais um) ou a absoluta (dois terços).

4. Depois do debate, o secretário adverte de que se passará a uma aprovação por consenso da proposta original, sem as emendas, a menos que o autor aceite que se incluam as emendas na proposta, antes da votação. Se aprovada a proposta, submetem-se as emendas à aprovação por consenso.

A redação das decisões ou do acordo tem que ser sumamente clara. Não pode deixar dúvidas e interpretações particulares de nenhum tipo. Tudo tem que ser sumamente explícito.

Pessoalmente, gosto da forma como se buscam os acordos no modelo de negociação de Harvard. No momento de chegar a acordos, as duas partes se sentam ombro a ombro, olhando numa só direção. Já não estão frente a frente; estão "lado a lado". Já não disputam, não se confrontam. Deixaram de ser duas equipes que competiam, para ser uma só, onde todos colaboram. As ideias de uma ajudam à outra e vice-versa.

Por isso, as propostas devem ser redigidas de maneira conjunta e, lidas em voz alta, para que cada negociador conheça o alcance exato do compromisso que adquirem as partes.

Pode ser que a operacionalização de cada decisão levante pontos de discussão. Se este for o caso, o que está sendo discutido e aprovado são os detalhes da operacionalização e não a decisão. Então, a operacionalização da mesma terá que ser novamente debatida até ser aprovada por consenso. Aí, sim, o acordo estará completo para sua assinatura e, início de execução.

Quando se prevê que o processo de negociação será longo e difícil por sua complexidade, é preferível ir fazendo decisões parciais com a respectiva operacionalização, que deverão ser assinadas pelas partes à medida que ocorra sua aprovação. Ainda assim, essas decisões parciais não são definitivas, e estarão condicionados ao acordo final.

PASSO 7 DO CCF

Planejamento, fluxogramas e operacionalização

A passagem das decisões ao planejamento é onde começa a trabalhar mais o cérebro pragmático ou a inteligência operacional. Aqui é onde se põe em marcha o esforço individual e o trabalho coletivo para levar, com verdadeiro profissionalismo, o planejamento, a administração, as finanças, a supervisão e o controle. É o processo e caminho para que as decisões tomadas cheguem a ser algo real e concreto, e que passem de enteléquias e discursos mentais - a realidades palpáveis.

Certamente, estas operações pragmáticas do cérebro central dependem das operações lógico-analíticas do cérebro esquerdo e das operações intuitivo-sintéticas do direito. A inteligência operacional depende da inteligência racional e da inteligência emocional. O êxito ou é triádico, ou não é.

O planejamento é tão antigo como a guerra. Entretanto, sua aplicação fora da guerra, como ferramenta de gestão, é uma conquista recente. Como o mercado é cada vez mais uma guerra, em vez de um jogo triádico, o manual de Sun Tzu (722 a. C) - "A Arte da Guerra" é, atualmente, um dos tratados mais estudados na administração de empresas e a gestão de negócios (Maquiavel também é convidado). Os subgrupos oficiais foram os primeiros que aprenderam a fazer e utilizar planejamento. Os subgrupos antioficiais, também aprenderam, para conduzir movimentos populares e revoluções, mas não tão bem como os oficiais; são mais anárquicos e fragmentadores. Os oscilantes se movem mais pela espontaneidade, e só se organizam e planejam para festas ou para ver futebol e torcer.

Na negociação, cada decisão que tomarmos é um projeto, um programa que deve ser cuidadosamente visualizado pelas partes, numa sequência de atividades de inputs-transformação-outputs, até sua concretização final.

A isso chamamos *fluxograma.*

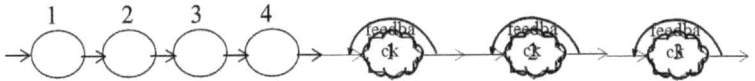

Todo projeto deve ter um *fluxograma.* Fazer um fluxograma significa dividir uma atividade em passos menores, intermédios, de maneira que a execução de um passo é um input para a execução do seguinte, até a realização de tudo o que estava previsto. Há diferentes maneiras de fazer um fluxograma. Uma das mais conhecidas é a programação ou rede PERT, mas a que estamos apresentando é mais fácil e prática, pelas ferramentas que temos.

Muita gente ainda não está familiarizada com o conceito de fluxograma. A sequência de ações para fazer um telefonema é um fluxograma. Uma receita de cozinha é um fluxograma. Sua música favorita é um belo fluxograma. Desde que se levanta pela manhã, você começa a desenvolver um fluxograma de preparativos para sair de casa; o trabalho é uma sequência de ações em fluxograma; a refeição segue um fluxograma. Enfim, o dia todo, a vida toda é um fluxograma ou sequência de atividades ou eventos. Basta conscientizar-se disso.

Planificar é reunir e compatibilizar os elementos de informação, de motivação e recursos operacionais, para fazer que as decisões se cumpram e apareçam os resultados desejados.

Todo planejamento se faz por escrito. O trabalho de reunir e adequar os recursos, distribuir o tempo e os prazos, distribuir as tarefas e selecionar as estratégias de ação sobre um papel, marca a pauta para sua execução. Este planejamento deve ter seu lado intelectual e seu lado criativo, em harmonia. Mas se não predominar o lado prático, não será plano; será só uma fantasia.

Quando se trata de uma organização algo mais complexa, cada nível hierárquico do grupo tem seu fluxograma; o desafio do planejamento e da gestão será sincronizá-los. É o que podemos ver no seguinte quadro:

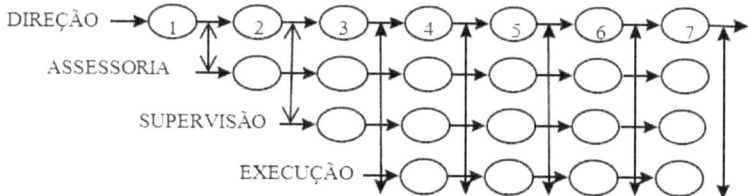

O planejamento não é tão difícil de fazer. O difícil é seguir o caminho e cumprir com os detalhes definidos no planejamento. Somos muito propensos à espontaneidade e à inconstância. Por isso é tão grande a distância entre nossas aspirações e nossas realizações.

Já que as partes da negociação chegaram a um acordo, o lógico é que o planejamento seja feito de maneira participativa, em conjunto. Estabelecido o fluxograma de cada decisão ou projeto, para que o plano seja completado, é preciso fazer a **Operacionalização.**

A **operacionalização**[74] significa tomar cada etapa ou passo de um fluxograma e detalhá-lo pelas perguntas dos quatro fatores operacionais: espaço, cronologia, personagens, procedimentos, com suas subdivisões, adequadas a cada caso. Isso se faz para minimizar os imprevistos, as falhas e tropeços que podem dar-se no curso de sua execução. Cada resposta dada às perguntas operacionalizadoras é uma nova decisão a ser aprovada; em cada uma se tomará em conta a convergência das metas pessoais com as grupais, empresariais, societárias e do ecossistema.

O Planejamento, então, compõe-se de decisões ou projetos cujo processo de realização é escalonado em passos que formam um Fluxograma e sua Operacionalização. Como exemplo, podemos ver este quadro:

Operacionalização FLUXOGRAMA	1	2	3	4	FB
Aterrizadores					
Onde					
Equipamento					
Início e término					
Horários de execução					
Quem executa					
Fortalezas					
e ameaças.					
Resultados ou benefícios					
Dificuldades esperadas					
Custos. Fonte de recursos					
Exigidor:					
Sanções por descumprimento					

Operacionalizar equivale a responder às perguntas:

ESPAÇO (onde)? Define o lugar ou os espaços onde vamos fazer algo, trabalhar, dar cumprimento ao que temos decidido. Além do endereço, é bom mencionar o cenário, os equipamentos, móveis, materiais, meios de trabalho etc.; se necessário, incluem-se as distâncias, os volumes, pesos etc. A ambientação física, com os demais recursos ou meios de produção, será para abrigar e favorecer quem vai trabalhar nesse projeto. Se houver aspetos desfavoráveis ou impeditivos, deverão ser removidos a tempo. Note-se que, ao pé do quadro anterior, está a figura de um exigidor para fazer a cobrança da execução prevista em cada etapa do fluxograma; o exigidor pode estabelecer multas prévias por falta de cumprimento. É a função de feedback (que se chamava avaliação; o feedback não é só avaliação: é correção e redirecionamento das ações, rumo às metas).

CRONOLOGIA (quando)? Fixam-se datas de início e término, duração, horários da execução de cada etapa do projeto. Se é de longa duração, podem-se estabelecer diferentes ciclos ou fases. Se houver reuniões, deverão figurar no cronograma, que é a soma de todas as decisões sobre tempo. Nas estimativas sobre tempo e prazos, deve-se prever reserva de tempo para recuperação ou extensão, no caso de haver interrupções e outros obstáculos que causem atrasos. A verificação e avanço do processo se nota pelo feedback que consta ao pé de cada etapa do fluxograma. Se não houve progresso, será preciso rever a operacionalização e refazer a etapa, eliminando ou superando os entraves.

PERSONAGENS (quem, com quem, contra quem)? Indicaremos os nomes das pessoas que vão participar do projeto em cada um dos quatro níveis do organograma: direção, assessoria, supervisão, execução, citando a instituição, se houver uma. Mencionou-se "quem, com quem e contra quem" porque sempre há um contexto de jogo triádico tanto interno como externo, que é preciso levar em conta. Os executores têm que ir todos na mesma direção, sem deixar que o trabalho ou esforço se perca em competições inúteis. Incluem-se também quem serão as pessoas favorecidas. Se possível, dá-se o número delas, bem como dos executores de cada nível.

PROCEDIMENTOS TRICEREBRAIS (o que, através de que, como, por que, para que, resultados)?

Agendas (o que se faz). Aqui se faz a listagem das tarefas específicas que devem ser realizadas em cada etapa, sejam de cérebro esquerdo, direito ou central.

Símbolos (linguagens). É a definição do tipo de linguagem (papéis escritos, matemática, estatística) e símbolos (logotipo, modelos, ilustrações, cores, uniformes, bandeiras, bótons etc.) para o marketing interno e externo das tarefas ou campanha a desenvolver.

Know-how (como). Explica o procedimento, o método, a didática, a tecnologia que se vai usar para cumprir com a tarefa em questão. Se há tradições, rotinas e hábitos tricerebrais favoráveis, podem ser mantidos; caso contrário, deverão ser afastados ou modificados.

Valores (com que meios tricerebrais). Além do orçamento que é o capital financeiro, é preciso saber se contamos com o capital intelectual (saberes) suficiente e, com o indispensável capital social (relações hu-

330

manas, solidariedade, entusiasmo).

Princípios (crenças, por que). Em que filosofia de vida ou princípios do paradigma triádico nos fundamentamos para nossas ações? Por que fazemos isso? Que nos motiva? Sobram razões ocultas que podem comprometer o avanço?

Resultados (sanções premiativas, punitivas – superávit, déficit e feedback). Indica-se, nitidamente, em que consiste o resultado - em forma de ganhos ou de prejuízos - bem como o método ou a maneira de medilos e de fazer feedback. Há que acrescentar como serão distribuídos os ganhos ou os benefícios, bem como as perdas, se as houver. Como garantir-nos que as partes vão cumprir os compromissos assumidos? Haverá um exigidor que negociará as multas devidas por descumprimento e a forma de pagá-las. Esta, sim, deve ser uma norma com a qual ninguém deve ofender-se. O projeto tem que avançar e não podemos permitir indolências, nem demoras injustificadas e, muito menos, abandono ou negação dos compromissos.

PASSO 8 DO CCF

A gestão, implementação, execução, liderança

Gestão, implementação, administração, **management** são sinônimos que nos falam de como conduzir, liderar o processo de trabalho para alcançar os objetivos desejados. O trabalho é dos ocupantes dos quatro níveis em seus três subgrupos, mas o piloto, o líder que conduz e sabe quando deve manter a marcha, quando deve acelerar e quando deve frear é o gerente, o diretor. A gestão mais eficiente, certamente, será conjunta, dos 4 níveis. E, se for o caso, poderá ser de uma equipe integrada por representantes das duas partes, agora conciliadas.

A gestão é alimentar a visão de futuro da instituição, do grupo e das pessoas para que trabalhem com gosto e afinco; e os gestores ou diretores devem saber comunicá-la de maneira contagiante, para poder obter a adesão entusiasta dos participantes.

O gestor não pode tocar sozinho a empresa ou o projeto. Deve saber transmitir sentido de missão, despertar o potencial das pessoas e alimentar suas aspirações, em sintonia com as do grupo ou instituição. Todos apontam para o mesmo alvo. Todos trabalham para fazer o gol, não importa a posição em que joguem. Ninguém quer ser mercenário, mas sócio no projeto.

O gestor deverá saber, também, dar ênfase aos

objetivos, aos ganhos e, não tanto ao processo. Para isso deve tratar que a hierarquia do organograma seja mais descentralizada, mais horizontal e não repressora.

Administrar significa fazer cumprir, fazer *"fazer"*, e executar o que foi estabelecido no papel, nos programas e nos fluxogramas operacionalizados. Se não se faz "acontecer", tudo seguirá no papel e será letra morta.

Os gestores ou administradores movem toda a hierarquia dos 4 níveis, mas trabalham mais diretamente com seus assessores do nível técnico, às vezes intitulados, vice-diretores. Estes criam as rotinas técnicas para o trabalho de execução, encomendadas pela administração e que são repassadas aos supervisores.

PASSO 9 DO CCF

Supervisão. acompanhamento, controle, coaching

D efinimos como supervisão a visita periódica de diálogo (que pode ser diária, semanal), com a finalidade de verificar a marcha das ações sendo realizadas pelos trabalhadores do nível de execução. É para avaliar a aproximação ou distanciamento das metas, para oferecer apoio e orientação. Não é só fiscalização. A responsabilidade e os resultados pertencem a todos, não só aos chefes.

Na supervisão também, se dá a proporcionalidade entre os grupos, e o êxito de uns é, também, o êxito dos outros. E se há discordância ou necessidade de correção de rumo, isso deverá ser feito participativamente e, por consenso entre os executores e os assessores técnicos. O remédio não é a bronca: é a presença, a orientação, o treinamento, o estímulo etc. A supervisão significa realimentar o fluxo da informação, da direção, da divisão de funções, da execução das tarefas, do nível de disciplina, da motivação, da documentação que se maneja na operacionalização do plano[75]. Tudo o que são as relações humanas se move em um ambiente que também se move, criando imprevistos; e se não estamos atentos, não há plano que se sustente. Para que durem os planos, devemos reorientá-los, retroalimentá-los, corrigi-los, estimulá-los todos os dias, para não perder de vista o objetivo.

Quando disparam um *drone* não é só apertar o botão lançador. Há que segui-lo permanentemente, corrigir constantemente o rumo para que acerte o alvo. Isso é supervisão.

Quando não existe este acompanhamento, tudo se converte em burocracia, tudo se congestiona, nada flui e, finalmente, surge a desmotivação, a rotina de robô. Vai ao local de trabalho para dar gosto ao chefe e, não fazer nada.

Para evitar a matadora burocratização, o chefe tem que abandonar seu bunker, caminhar ao lado dos seus, estimá-los, conversar com eles, elogiar, ensinar como fazer melhor, enfim, ser líder e *coach*.

Motivar significa acenar com ganhos tricerebrais e dar uma justificação para atuar. Isso gera nas outras pessoas CONVICÇÃO, isto é, uma ideia que apaixona. Quando tivermos compreendido bem essa ideia, somos capazes de sacrificar muitas coisas. Quem sacrifica algo, o faz porque aspira a algo que é ainda melhor. Isso o ajuda a suportar a pressão, os maus bocados etc. O que adquirimos com esforço nos alegra, nos satisfaz; por isso o celebramos com entusiasmo.

> "Não se trata que os demais façam o que você diga, mas que queiram o que você quer". (Tomás Alvira).

A persuasão é a capacidade de descobrir o que é bom para as pessoas, e então identificar se suas metas pessoais concordam com as da organização. Liderar é, então, desenvolver a habilidade para encontrar e atrair as pessoas idôneas que compartilham interesses comuns e saber motivá-las para que se esforcem por alcançá-los.

Ser empático é a primeira amostra de motivação. Ninguém pode dar o que não tem. Se o gerente, o supervisor não transmite emoção, será incapaz de conduzir sua equipe, porque tampouco entende os sentimentos de sua gente.

➤ A tarefa de um diretor é traçar um rumo e caminhar por ele com sua equipe.

➤ A missão do guia é facilitar o caminho.

➤ Deve fazer de um projeto, de uma iniciativa, algo amável e digno de ser desejado.

➤ Sua habilidade motivadora é saber traduzir os objetivos em ações pessoais efetivas.

➤ **"Ter um <u>por que</u> para viver suporta qualquer <u>como</u>"** (Víctor Frankl).

A supervisão, quando se faz nesse ambiente de diálogo, agrega informação e motivação extra e mantém o estado de alerta ante as oscilações do clima do grupo, reanimando-o.

A chave da supervisão está no feedback (pequenas sugestões, pequenos estímulos). É o feedback contínuo das tarefas realizadas durante o dia e, no fim do dia, preparar o que se vai fazer no dia seguinte. Também, pode-se dar o feedback de emergência frente aos imprevistos. Em suma, o que faz a supervisão é manter o processo nos trilhos, direcionando-o mediante o uso permanente do CCF.

Na realidade, a direção, a supervisão e o controle são ações simultâneas e complementares. Mas ocorrem em níveis e eixos diferentes: A administração é de nível

4, centrada na dinâmica prestusuária: negócios, contratos, investimentos, grandes objetivos e metas que repassa ao nível de assessoria; a supervisão é de nível 2, centrada na dinâmica de grupo, liderando e acompanhando o trabalho e a produtividade do nível de execução.

PASSO 10 DO CCF

Feedback. verificação de resultados

Quando fazemos o planejamento, estabelecemos metas, prazos, indicadores de chegada (tal dia do mês, fim de semestre, ano fiscal etc.). Ao cumprir-se tal prazo, há uma parada, para avaliar os resultados e o processo, com seus êxitos e fracassos, distribuídos entre todos.

O atual sistema de avaliação só premia "os ganhadores" (geralmente os chefes) e desestimula os que colaboraram para a vitória (o paradigma monádico só valoriza o primeiro lugar). O chefe leva os aplausos e os demais "não fizeram mais que sua obrigação". Esta visão monádica e míope gera mais competição individualista que cooperação, e pode atrasar a consecução dos objetivos.

Até para ganhar dinheiro é preciso ser solidário. Se ganha mais, é mais rápido, e se multiplica, se repartimos proporcionalmente.

Fazer feedback significa comparar os resultados alcançados com os resultados preestabelecidos e fixados no plano. Medimos a defasagem que se deu depois de um tempo. Medimos a distância entre o alcançado e o proposto nos objetivos. Por isso os feedbacks são periódicos, estabelecidos pelas partes, quando negociam qualquer acordo.

O procedimento para realizar o Feedback é recorrer novamente os 10 passos do CCF. Repetiremos isso cada vez que seja necessário corrigir o rumo para alcançar a meta. **Todo feedback termina com novas propostas e novo plano que inclua os corretivos e melhorias a fazer.**

Em todo feedback, notaremos ou encontraremos "crise". As crises não são sinal de desastre, apenas assinalam a finalização de um jogo triádico e a epigênese ou gestação de outro. Desatualização e renovação; o novo nasce com o desgaste do velho; a vida nasce da morte ("destruição criativa"). Por isso, cuidado com as tradições, a fidelidade às fontes, o conservadorismo. O que ontem servia e seguíamos como um dogma, hoje já não funciona mais, não dá a resposta que necessitamos. Tudo passa e passa, tudo muda e muda; e nós, viajando no barco do tempo, temos que nos adaptar, mudando junto. Esta é a única maneira de continuar a existir ou ter neguentropia; quando não pudermos mais mudar e nos adaptar, cairemos em entropia. Assim tem avançado a humanidade e assim seguirá no futuro. A transformação e o aperfeiçoamento constantes de indivíduos, grupos e sociedades é neguentropia; entropia é decadência, desorganização, enfermidade e morte, que se dá quando o feedback não é eficaz.

***

Este é o modelo de negociação que propomos. Percorremos cada um dos 10 passos do CCF, apresentando instrumentos muito bem desenhados em conexão com cada passo. Esta metodologia e estas ferramentas não as oferecem os modelos descritos anteriormente, sem negar seus muitos méritos. Graças a esses modelos anteriores e a quem os têm desenhado, a humanidade vive um pouco mais protegida das ameaças nucleares, e têm superado milhões de conflitos nos âmbitos familiar, empresarial, comercial, social e internacional. Deixo registrado, aqui, meu reconhecimento a esses verdadeiros "Guerreiros da Paz", nascidos na Escola de Harvard. Graças a eles, o mundo, hoje, é um pouco melhor.

O modelo proposto pela Cibernética Social tem visão de futuro, não fica preso à solução de conflitos que se geraram no passado e aos quais é preciso pôr um ponto final. Além de ser aplicável a qualquer caso de negociação, podemos utilizá-lo antecipando muitos problemas, antes que surjam. Certamente, é um método que gera dinamismo, sinergia e convivência pacífica em grupos e comunidades, sejam do tamanho e da identidade que forem. Com este modelo, não se fecha ou termina a negociação. A relação entre as partes continua sempre aberta.

O fato de que este novo modelo de negociação nos obrigue a trabalhar com os três cérebros (nosso cérebro triádico) e com os três subgrupos, ajuda a prever e dar respostas eficazes aos jogos triádicos, antes que se tornem mais agressivos e virulentos.

As Leis do Jogo Triádico e da Proporcionalidade sempre têm existido. Sempre têm estado aí. Mas nossa ignorância de sua existência é o que realmente nos têm causado os conflitos. Aprendamos a vê-las, a incorporá-las, a aplicá-las em nossas relações para viver em paz. É mais barato que desgastar nossas energias, nosso tempo e nosso dinheiro, em resolver conflitos.

15 A COMPOSIÇÃO DAS EQUIPES DE NEGOCIADORES

As equipes de negociação são compostas por personalidades com virtudes e defeitos tricerebrais. Querer encontrar uma equipe de negociadores perfeitos é irreal. Entretanto, podemos encontrar pessoas que, por sua maneira de tricerebrar e uma atitude subgrupal prudente, em vez de fustigar o Jogo Triádico, saibam moderá-lo e conduzir a negociação em termos de entendimento e superação do conflito.

Não é por ser presidente da nação que alguém pode fazer uma boa negociação sobre um conflito de fronteiras, por exemplo (e os diplomatas?). Não por ser presidente da empresa, uma pessoa pode fazer uma boa negociação com os competidores. É quase certo que tudo não passará de um aperto de mãos para a plateia ver, e nada mais. Pode, até, ser que se encerre o encontro com um agravamento das hostilidades e aprofundamento do conflito, pois os "presidentes" são os atores mais implicados emocionalmente, o que os faz perderem a visão holística do problema, presos demais a seus interesses unilaterais. Quando se lançam a essa aventura, será mais por marketing político para seus súditos, sempre ansiosos por aplaudir o valente machão que é seu chefe.

Alguém poderia perguntar:

- Se os potentados máximos não podem resolver o

problema, como pretendem fazê-lo outros que não têm tanto poder?

- Precisamente por isso: porque eles partem de posições de poder, de querer ter o controle da situação. E isso, na negociação, é garantia de fracasso. Ambas as partes são subgrupo oficial dominador em seu próprio feudo, dois machos alfa; mas frente à outra parte atuam como antioficiais. Isso gera um pugilato, mais aberto ou mais disfarçado, tentando um nocaute para a plateia sedenta de sangue.

Vejamos de maneira sucinta quais são os comportamentos de cada um dos subgrupos:

1. Se formarmos uma equipe de negociadores com gente briguenta, impositiva e intransigente, de cérebro central - que são características do Subgrupo Oficial - a única finalidade que têm é perpetuar-se no poder e vencer sozinho (nada de negociar e repartir com os outros).

Seu modelo de comunicação e negociação é impositivo, não busca outra coisa que não sejam resultados econômicos, estatísticos e a glória narcisista. Como estratégia de atuação, se escora nas leis, no controle da informação e do dinheiro. Só vai negociar em último caso, ao perceber que o outro é mais forte e pode levar tudo. Aí apela para a velha regra: "se não puder vencer o inimigo, alie-se a ele".

Mas, de modo geral, gente de cérebro central não quer e não consegue acordos. Estão acostumados a comandar e pisotear os demais; é mais provável que se rompam as negociações de supetão. Dois bicudos não se beijam, dois barrigudos não se abraçam. Haverá retirada da mesa de negociação e continuará uma guerra de trincheiras à distância.

2. Se formarmos uma equipe de negociadores com gente de cérebro esquerdo provocador, do contra - que é típico do Subgrupo Antioficial - será igualmente muito difícil que consigam acordos satisfatórios. Eles têm paixão por contradizer, contrastar, condenar uma vírgula fora do lugar, em vez de querer entender e dialogar com o interlocutor. Exibem cultura, argumentos técnicos, científicos, ironias, mas não é para negociar: é para rebaixar e humilhar o outro. Até o dia ou a terapia de uma tomada de consciência de que isso só desgasta, não leva a nenhum lugar, e há necessidades práticas mais urgentes a satisfazer. Este seria seu desempenho positivo: consciente, questionador, lutador, inovador, mas com propostas construtivas e de cooperação e convivência.

3. Se formarmos uma equipe de negociadores só com pessoas de cérebro direito idealista, conciliador, generoso, desprendido - que é típico do Subgrupo Oscilante - também não haverá negociação: haverá rendição prévia. Apostam mais na boa vontade, ignorando a competição. Mas também são espontâneos e oportunistas. São muito volúveis e querem resultados rápidos, sem lutar e sem sofrer. Sempre é o Governo quem tem que solucionar seus problemas ou satisfazer suas necessidades, a troco de votos. Sua visão é de muito curto prazo, pra já. Querem tranquilidade para poder desenvolver suas atividades e seguir com seus costumes e suas rotinas. Qualquer mudança os apavora. Sempre é o outro quem tem que mudar, eles não. Geralmente, estão sob o comando de algum líder religioso.

Pôr em mãos de oscilantes um processo de negociação é garantia de fracasso. O acordo será nulo, mesmo que esteja assinado, porque não é possível levá-lo à prática. Serão declarações de amizade e de boas intenções. Não há planos nem indicadores consistentes que nos permitam ver a superação do problema. Possivelmente terminem a "negociação" com abraços, troca de cartões, convites a uma festa ou à própria casa, para uma cerimônia pela paz.

4. Se formarmos uma equipe com gente que funciona com os três cérebros proporcionais, como seria? Uma equipe assim teria, pelo menos, uma pessoa com predomínio de cérebro central para coordenar; uma de cérebro esquerdo, para assessorar e secretariar; e, pelo menos, duas de cérebro direito para equilibrar, fazer a integração e manter um bom clima de trabalho. Mas todas elas deveriam ter os três cérebros proporcionais, não importando qual fosse o predominante. Os três tipos de predomínio tricerebral se necessitam mutuamente para alimentar o intercâmbio em forma dinâmica e de crescimento. Se não se consegue esta integração harmônica nos limites da proporcionalidade, cairemos na maximocracia, no distanciamento interno, no jogo de poder e no rompimento.

Se as pessoas da equipe tiverem cérebros proporcionais e, igualmente a equipe, a solução do conflito será mais facilmente encontrada e, inclusive, os resultados da negociação superarão a suas próprias expectativas. Isso se deve, além dos pré-requisitos pessoais e de equipe, ao uso do CCF e das demais ferramentas da Cibernética Social que todos dominam, dando-lhes disciplina mental e de grupo. O acordo certamente será proporcional, fácil de concretizar e a contento das partes, pelo critério de proporcionalidade.

As partes terminarão vendo o conflito de maneira muito diferente de como o viam no começo. E passarão a tratá-lo como uma oportunidade nova, insuspeitada, de integração, de crescimento, de transformação. O opositor já não é inimigo; é sócio, é colaborador.

A composição das equipes de negociadores é crucial para a definição dos resultados da negociação. Por isso é preciso ser sumamente cuidadosos na seleção deles e treinamento como equipe (como em qualquer jogo).

Como pista para começar a seleção, sugiro o teste **"Revelador do Quociente Tricerebral"**. É uma magnífica ferramenta, devidamente provada e validada mais de uma vez. Uma delas é a validação que se fez na Faculdade de Psicologia da Universidade Cooperativa de Bucaramanga (Colômbia), que comprovou que suas medições se ajustam muito à personalidade dos negociadores do meio latino-americano.

O ideal seria aplicar o mesmo teste às mesmas pessoas depois de uma semana ou pouco mais, depois de observá-las no dia-a-dia, para confirmar os resultados na prática. É possível que haja algumas variações como, infravalorizações ou supravalorizações, em consequência de oscilações no estado de ânimo da pessoa, dado que se trata de autoavaliação. Pode-se, até, estudar um perfil ideal de negociadores e, depois, fazer a sobreposição da curva do teste com a proposta da curva ideal. Pode-se também completar essas informações com uma entrevista pelos 14 subsistemas.

Com a aplicação do teste de Quociente Tricerebral,

podemos identificar a hierarquia tricerebral e o **potencial** de cada cérebro, nos 4 níveis de competências. Unindo os pontos de potencial mais alto descobrimos também como se desempenham esses três cérebros no CCF, sua capacidade de aprendizagem, comunicação, uso dos sentidos e respectivos pendores profissionais ou vocacionais.

A seleção com o uso destes dados pode ser verdadeiramente imparcial: serão escolhidos **os melhores de cada cérebro,** independentemente da posição ou hierarquia que ocupam na empresa, instituição ou entidade da que formam parte. Estes são os que de fato vão encontrar as soluções para os conflitos.

Por muita preparação académica e profissional especialista que tenha uma pessoa, isso não a qualifica para ser negociadora. Os profissionais especialistas podem ser magníficos assessores, contribuindo com informação especializada para os negociadores que sempre terão que ser interdisciplinares. Como dizia Cohen: "Além de ser um profissional competente, é preciso ter a capacidade de negociar para conseguir o que se quer".

Quero comentar um fato que conheci de perto e que nos serve de exemplo para ilustrar melhor o que venho expondo. Quando a Companhia Repsol "teve que obrigatoriamente negociar" com o novo Governo do Equador para passar do contrato de exploração de petróleo a um contrato de prestação de serviços, pude falar com um dos altos representantes da companhia espanhola. Perguntei quantos negociadores a companhia tinha para negociar com o Governo.

A resposta foi - nenhum; não os tinha. A quinta companhia petroleira mundial que teve um lucro líquido de 6.600 milhões de dólares em 2010, triplicando o resultado de 2009, disse ter o melhor time de advogados do mundo, para defender seus interesses. **Mas não tem uma equipe de negociadores!** Tampouco sabe onde encontrá-los.

Quem negociou com o Governo equatoriano? Os gerentes e os advogados. Os menos indicados. Os gerentes, porque são os mais envolvidos desde a perspectiva da companhia (subgrupo oficial) com toda a carga emocional que isso comporta; os advogados, porque não têm outra perspectiva que a da lei. Então, o Governo equatoriano mudou a lei e se riu dos contratos que eram "perfeitamente legais" até aquele momento. Deixou os advogados sem base e deixou a Repsol sem contrato. Simplesmente, fez o que bem entendeu, unilateralmente, sem negociação.

O que conseguiram os gerentes e os advogados? Praticamente nada. Assinaram o contrato nos mesmos termos impositivos que o Governo fixou, ao melhor estilo soviético. Se não, tinham que retirar toda sua maquinaria (700 milhões de dólares) e equipes técnicas, com a demolição das instalações, ou vender tudo ao Governo a preço de banana. Tiveram que aceitar ganhar um pouco para não perder tudo.

O que ganhou a Repsol nessa "negociação"? Conseguiu estender por dois ou três anos o fim do contrato proposto pelo Governo. Depois...

Que gosto terá ficado na boca dos representantes da Repsol e de toda a empresa? Amargo, sem nenhum desejo de investir. Só procurando alguém que queira comprar as instalações, mas o comprador não aparece. O que ganhou o Governo? Inicialmente, mais dinheiro, porque aumentou a porcentagem devida ao Governo pela petroleira (e que também teria podido conseguir da Repsol, se o tivesse negociado); e o petróleo passou a ser propriedade exclusiva do Estado. Depois, uma desilusão, pela "greve" de investimento da Repsol e outras petroleiras que tiveram o mesmo tratamento. Em consequência, houve retração na exploração; e o que o governo ganhou nas porcentagens, perdeu pela redução das exportações. E, finalmente, ganhou a fama internacional que o Equador não oferece garantias legais para o investimento estrangeiro.

Há muito bons advogados, legalistas, jurisconsultos - todos muito profissionais - mas não resolvem bem os problemas; às vezes, os agravam por sua visão estritamente legalista. Mas a problemática das pessoas, das empresas e dos Estados vai além do marco estático da lei. A sentença que dita um juiz, além de sumamente demorada, não satisfaz os afetados, porque sendo monádica, a lei supõe que um lado carrega toda a culpa e o outro é totalmente inocente, o que é uma aberração na vida real. Como exemplo, pergunte-se a um casal que decidiu fazer um divórcio litigioso. O único que ficou satisfeito foi o advogado que cobrou seus honorários. Mas o problema ficou como estava: sem resolver; e o casal vai continuar tendo encontros conflitivos na vida real.

Há também uma proliferação caótica de leis que não se cumprem. Os legisladores e seus intérpretes não têm o paradigma tri-uno (continuam com o paradigma monádico do império romano, oficialista) e não tem a disciplina do CCF e seus referenciais, principalmente o dos 14 subsistemas e o modelo de sociedade que pretendem regular. Se tivessem, depois de organizar o subsistema jurídico pelos 4 fatores operacionais, determinariam como regular cada um dos outros 13 subsistemas, para as esferas dinâmicas (matergística; ambiental; mental; individual; prestusuária; poder grupal; simbólica e futuro-universal). Ainda assim, seria demasiado míope e rudimentar qualquer solução de um conflito, baseando-se unicamente na lei, já que a vida anda e a lei fica parada. O passado estático não é medida para o presente e futuro que são dinâmicos. Isso confere validade à negociação e conciliação, com a perspectiva triádica e proporcionalista, tanto em privado, como nos tribunais.

A solução dos problemas não está só no cumprimento das leis, mas também no desejo de encontrar *soluções conjuntas a um problema comum* que afeta as pessoas, os grupos, as instituições, empresas e nações, bem como o ecossistema em que estamos imersos. A solução dos problemas, desde a perspectiva da lei, principalmente a de agora que é monádica, não é mais que uma camisa de força, de alcance sumamente limitado e de prazo de validade muito curto.

Conhecendo o jogo triádico e o modo de agir dos três subgrupos, compreende-se que as leis sempre são formuladas pelos subgrupos oficiais do poder e suas conveniências, não as do bem comum aos três subgrupos. Estarão expressas em leis gerais e em pedra, como o Código de Moisés, ou em papel, tendo as autoridades e as forças armadas como guarda-costas; mas não são de carne e osso, nem diferenciadas por níveis, como se fosse possível a igualdade, o que gera toda a desigualdade (*summum jus, summa injuria*).

No fundo, não são nada mais que truques disfarçados com declarações altissonantes para sustentar o poder dos subgrupos oficiais, intimidar os antioficiais e depenar impunemente os oscilantes. Dizer às suas vítimas "isso está de acordo com a lei" equivale a dizer isso está de acordo com o que querem e defendem os subgrupos oficiais. Apesar de impor sanções, multas, prisão etc. há, infelizmente, cada vez menos gente acreditando na força da lei e da justiça torcidas pelo oficialismo e, apostando no vale tudo nacional e internacional. Que tal fazer as leis reguladoras da convivência, consultando os três subgrupos e com critérios proporcionais? Enquanto prevalecer a legislação monádica que só favorece os subgrupos oficiais, a negociação privada será cada vez mais necessária e solicitada.

16 CONSIDERAÇÕES FINAIS

Depois de ler a parte final do capítulo anterior, o leitor talvez tenha a ideia que tenho aversão a leis e advogados. Não é isso. Fico indignado com a injustiça, mas prefiro calar-me. E quando vejo os resultados do que fazem, acho melhor que não se metam em Negociação, porque, salvo alguma rara exceção (mais rara que um cachorro verde) não sabem fazê-lo.

Os problemas certamente existem e existirão sempre; e a única maneira de resolvê-los é negociando, com a participação e aceitação das partes envolvidas. Elas são as que poderão encontrar as soluções verdadeiramente eficazes e duradouras. A intervenção externa (juiz ou árbitro) é só parcialmente eficaz, e isso sempre e quando as partes aceitem a sentença de maneira obrigatória. Digo "parcialmente" porque as partes sairão como inimigas, rompendo relações para sempre. A verdadeira solução do problema ou do conflito se dá na continuidade da relação que se constrói conjuntamente, depois de ter alcançado conjuntamente o acordo.

Necessitamos profissionais de pensamento futurista e dinâmico e não, movendo-se somente no âmbito de leis feitas para responder a um determinado momento do passado. Não obstante, cresce o número de advogados e juízes, a grande maioria criadora de conflitos, porque a única visão que têm é a gaiola da lei, e não o campo aberto e livre da vida.

Na arena de leis envelhecidas, a letra miúda dos contratos que as empresas impõem podem surpreender-nos com argúcias e condições leoninas que excedem qualquer lógica e que quase ninguém lê, mas que será obrigado a cumprir ou a pagar um preço que não pode. Até proibições de recorrer à justiça comum, o poder econômico do mercado está incluindo nessas letras miudinhas... **Isso não é negociação.** Mas, no fim das contas, tudo virou negócio, a justiça também; já não é **um direito**, ainda que o proclame a Constituição. E claro, como é negócio, paga-se comissão!

O fato é que hoje temos pouquíssimos negociadores. Temos que reconhecer e lamentar que não haja uma disciplina com conteúdos organizados que capacitem as pessoas a resolver os problemas ou conflitos que nascem das relações interpessoais e intergrupais. A maioria das pessoas aprende por ensaio e erro, batendo a cabeça para achar um caminho. Mas onde está o caminho?

Esta é a resposta a ser dada por esta nova disciplina – Negociação - que pretendo lançar com a apresentação deste livro. Desejo de coração que seja útil a quem o tenha em suas mãos e, adotado sua proposta. As ferramentas e os procedimentos estão aqui descritos e à sua inteira disposição.

Chegado o momento de concluir este trabalho, continuam dando voltas em minha cabeça umas quantas perguntas e reflexões:

- Por que as universidades não dão resposta a esta

necessidade das pessoas e aos grupos humanos para ajudá-los a encontrar soluções a problemas de convivência?

- Quantos milhões de dólares se perdem anualmente em confrontações estéreis e em julgamentos que não levam a nada, ou em sentenças legais que não se cumprem, ainda que o imponham a lei e a Constituição?

- Quantas toneladas de papel e quantas horas/homem **se perdem**, em qualquer país, para fazer pronunciamentos que não se leem nem se cumprem? Quantas cavilações e artimanhas inventam os advogados para postergar uma sentença que lhes seria desfavorável?

- Quantos recursos e pretextos sujos inventam os condenados para não cumprir uma sentença?

- Quantos trâmites, providências, despachantes têm que manejar os advogados para que se mova sua questão e arranque uma sentença? Num julgamento, dizem os críticos, uma parte ganha e outra perde, mas o advogado e os juízes sempre ganham. Quem escolhe o caminho dos tribunais comprovará que é sumamente lento, ineficiente e, sobretudo, **muito caro** e com uma carga de muito sofrimento. Notarão que o problema poderá continuar como estava, porque os litigantes poderão cumprir ou não a sentença e continuar como inimigos.

Como disse na apresentação do livro, é melhor aprender a negociar e a resolver esses problemas numa relação direta com a outra parte envolvida. O acordo, fazem-no as duas partes e o compromisso de cumprimento também.

Quero mencionar, adicionalmente, o tema do divórcio, como um problema ao qual não se tem dado uma resposta coerente e eficaz, e que está afetando milhões de pessoas e crianças em escala planetária. O divórcio, como está concebido hoje em dia, não é mais que uma fonte interminável de sofrimento. Por isso, a urgente necessidade de buscar alternativas aos procedimentos existentes.

Quantos divórcios se dão anualmente num país e no mundo, em que as partes disputam a partilha dos bens, a custodia dos filhos, as pensões e não entram em acordo? Segundo a idade dos filhos, o juiz dará a custódia à mãe, embora hoje se fale em custódia compartilhada. É, o pai, um malfeitor que não tem direito a ver seus filhos porque se divorciou ou porque a mãe o impede? E que opinam os filhos? Quem sofre as consequências da separação dos pais?

Claro, depois vêm os desajustes emocionais e comportamentais das crianças, a agressividade, as depressões, o baixo rendimento escolar, a droga etc. Esses problemas e suas causas nunca os solucionarão nem a lei, nem o juiz, nem os advogados. Será isso justo e prático, ainda que em cumprimento de sentença judicial?

Temos que encontrar outra forma de enfrentar um divórcio, que seja mais civilizada, inteligente e, menos dolorosa para os filhos e para os próprios pais. Mas isso, até agora, não o tem encontrado a Lei, nem o fará... porque os grupos humanos se podem reprimir pela lei, mas só pela lei não se constroem.

Sim, está mais que na hora de instaurar uma nova disciplina que capacite a solucionar mais pacificamente e construtivamente os conflitos, as dissensões, os divórcios, a violência emocional-moral etc. Esta é minha proposta: **Criar Escolas de Negociação** e, em nível profissional, preparar **novos Profissionais da Negociação.**

Já que somos forçados a conviver com nossos semelhantes (mas que são diferenciados), façamos que nossa convivência seja harmônica, saudável e menos dramática. A humanidade avançará muito mais com a cooperação e com o amor, que com o ódio, as pelejas, batalhas e guerras.

17 CONCLUSÃO

Espero ter apresentado bem este novo modelo de negociação, apoiado em uma nova metodologia triádica, criada pela Cibernética Social. A diferença com as metodologias anteriores é que elas não têm as ferramentas que a Cibernética Social tem:

• A possibilidade de observar as pessoas e seu conflito dentro do fluxograma evolutivo[7] pessoal, grupal e social, para localizar a origem, diagnosticar seu momento atual e propor solução adequada a tal conflito.

• Com os referenciais do cérebro tri-uno com seus quatro níveis, com os quatro fatores operacionais, com os 14 subsistemas, podemos abranger e processar muito mais informação e de maneira muito mais organizada e eficiente que as metodologias meramente lineares e de livre associação que trabalham com mais dificuldades.

• Mas a ferramenta específica para a negociação é a que nos dá o referencial do Jogo Triádico, que descobre as posturas das partes envolvidas como subgrupo Oficial, subgrupo Antioficial e subgrupo Oscilante, em seus quatro níveis. Sendo, como realmente é, uma lei na formação dos grupos, não podemos ignorá-la, porque sempre nos cobrará o preço. Esta é a verdadeira estratégia que nos levará ao princípio de ganha–ganha–ganha, proporcionalmente, onde estão a vida, o bem comum e a paz. Com a vantagem adicional da satisfação de ter alcançado os resultados desejados.

• A Proporcionalidade ou proporcionalismo

356

com base matemática triádica, sendo também uma lei, vai além da ética meramente discursiva, dando-lhe forma, conteúdo e contornos que podem libertar-nos do subjetivismo e individualismo pessoal, subgrupal e nacionalista. É guia seguro e objetivo para conseguir acordos justos, saudáveis, para a convivência de menor atrito possível, ainda que com a presença de conflitos, porque estes nunca vão faltar.

É por isso que o modelo de negociação proposto neste livro é UM PASSO ADIANTE DE HARVARD.

É um salto superador, epigenético, e não, negador. Aprendamos a negociar em vez de armar-se cada vez mais marcialmente. **Negociando, todos ganham; guerreando todos perdem.** Negociando, a humanidade civiliza-se; guerreando, barbariza-se: negociação ou barbárie.

Espero que as contribuições apresentadas neste livro tenham sido de verdadeira utilidade para você, estimado leitor; que o tenha ajudado a ver os problemas ou conflitos da vida diária como oportunidade de transformação e de crescimento; e que o tenha convencido que você é um sócio indispensável na criação de um novo modelo de convivência, em sua casa e no mundo, que é sua casa maior.

Obrigado a todos.

18 GLOSSÁRIO

Advogado do diabo: pessoa encarregada de achar falhas e impedimentos para evitar que, em controvérsias, uma das propostas seja favorecida sem considerar objeções sérias.

Anatropia: oposto de entropia que significa decomposição, decadência. Anatropia é sinônimo de neguentropia (negação da entropia) indicando progresso, superação, avanço, melhoria.

Autocanonização: artifício dos malandros subgrupos oficiais e seu marketing, para fazer-se passar por santos e sacrificados frente aos demais, especialmente os oscilantes.

Autocondução: processo de amadurecimento das pessoas que assumem e se responsabilizam por sua vida tricerebral, no contexto do jogo triádico proporcional.

Brainstorming: torvelinho ou chuva de ideias. Técnica de criatividade (cérebro direito) usada na busca de solução de problemas, que seja inovadora, alternativa.

Capital mental triádico ou tricerebral: é a eficiência ou produtividade de cada um dos três cérebros em seus quatro níveis, operando complementarmente no CCF (Ciclo Cibernético de Feedback, em 10 passos).

Cânone da arte: princípio de estética e harmonia descoberto por Pitágoras, que marca ou determina a aplicação da Lei da Proporcionalidade, representada pela letra ϕ (FI) equivalente a 1,618. Depois de Pitágoras, foi reelaborado por Vitrúvio e Leonardo Da

Vinci.

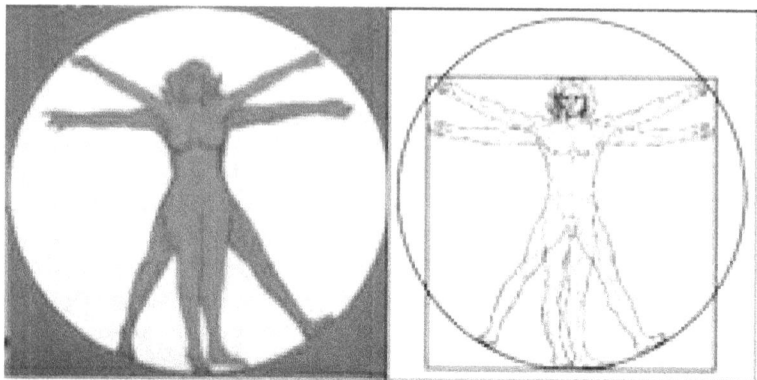

Cérebro Tri-uno ou Triádico: é uma teoria de neurociência que começa sua abordagem do cérebro pelo enfoque tridimensional, defendido principalmente por Freud, Piaget, Paul MacLean, Alexander Luria, Henri Laborit, Stéphane Lupasco etc. Na horizontal seria: esquerdo, central e direito; na vertical-evolucionista seria: reptiliano, límbico e neocortical. Na transversal seria: frontal, têmporo-parietal e occipital.

Cibernética Social: é a interação e governabilidade entre as partes de um todo, seja uma instituição, uma empresa, uma sociedade. É uma síntese teórica e prática que oferece ferramentas básicas gerais para todas as ciências sociais e humanas aplicadas.

Ciclagem reduzida: o cérebro funciona com diversos tipos de ondas eletromagnéticas, conforme o exija alguma atividade ou o imponha o ambiente. Ondas entre 13 e 24 ciclos por segundo caracterizam um estado mental desperto, de vigília, de atividades com atenção e reflexão. São as ondas beta. Ondas com ciclagem superior são ondas gama, que caracterizam pressa, esforço intenso, agito, seguidos de stress. Ondas com frequência entre 7 e 12 ciclos por segundo são ondas alfa, que se caracterizam por relaxamento, concentração, "virar-se pra dentro de si mesmo", sonolência e sono leve. De 3,5 a 7 ciclos por segundo são as ondas theta, de sono médio; e de 0,5 a 3 ciclos por segundo são ondas delta. As ondas alfa, theta e delta, que oscilam durante o sono, são chamadas "ciclagem reduzida". Nesta ciclagem, ocorrem os fenômenos parapsicológicos, como telepatia, inspiração, clariaudiência, meditação, visões, curas "milagrosas", hiperdinamismo etc.

Ciclo Cibernético de Feedback (CCF): é o conjunto das operações realizadas pelos três cérebros como processo de investigação, criatividade e aplicação para obter uma mudança que queremos conseguir.

Comunicação factual: é o que comunica nossas ações, exemplos, modos de fazer as coisas, os fa(c)tos, mesmo silenciosos e, quase sempre, ocultos. Aprender a ler é aprender a ler o falado e escrito, o manifestado por expressões corporais e o "revelado" pelos fatos que acontecem.

Desdobramento: é a interpretação do discurso e das expressões não verbais e factuais de cada um dos três subgrupos, tratando de descobrir suas intenções latentes, inconscientes ou camufladas.

Dinâmica (esferas dinâmicas): é um referencial que organiza a realidade em esferas, órbitas concêntricas ou entrelaçadas, de amplitude progressiva; contextos de vibração, de esforço, de movimento triádico de poder e sobrevivência. Distinguimos vários círculos, "redemoinhos", campos ou esferas deste dinamismo, todos articulados entre si: dinâmica matergística (energia quântica, física, química etc.); dinâmica ambiental (evolução, recursos naturais, ecologia); dinâmica mental (os três cérebros e seus processos); dinâmica individual (personalidade e autodesenvolvimento); dinâmica prestusuária (produção e distribuição de satisfatores de nossas necessidades); dinâmica de grupo (relações humanas, poder político, competição, cooperação); dinâmica da simbolosfera ou simbólica e cultural (representação da realidade por símbolos como teorias, dinheiro e artes); dinâmica futuro-universal (tudo o que transcende nossa existência, o infinito, eterno, superior, cósmico). Cada uma dessas esferas dinâmicas se descreve pelos 14 subsistemas e seus quatro níveis.

Dinâmica agendonômica ou prestusuária: é o conjunto de agendas ou atividades (antes se dizia trabalho) de todos os 14 subsistemas, não só da economia ou da indústria, cuja linguagem divide a vida em "dias úteis" e "tempo livre", em "atividades produtivas e improdutivas". O novo conceito abrange todas as agendas ou atividades prestadias e usuárias dos 14 subsistemas em seus quatro níveis, monetarizadas ou não.

Dinâmica Grupal: é a organização dos grupos com seus respetivos subgrupos: oficial, antioficial e oscilante, com seus jogos de poder, competição e colaboração. "Dinâmica de Grupo Generalista" é a estrutura triádica do poder político, econômico e sacral supremos de um país e do planeta; "dinâmica de grupo específica" é a estrutura triádica do poder em cada um dos 14 subsistemas.

Dinâmica Individual: é o processo de autocondução tricerebral que cada pessoa exerce em busca de realização.

Dinâmica Ambiental/potencial: refere-se ao ambiente, ao ecossistema, à evolução, aos recursos naturais, ecologia etc. "Potencial" refere-se àquilo que temos, mas que ainda não se pôs a funcionar.

Dinâmica Prestusuária: é a dinâmica que se gera no processo de intercâmbio de valores e serviços entre prestadio e usuário. Prestadio é o que presta, vende, oferece. Usuário é o que compra, recebe, usa. Veja **dinâmica agendonômica.**

Dinâmica Futuro-Universal ou do Absoluto: refere-se a tudo o que transcende nossa existência, o infinito, eterno, superior. Refere-se ao processo de transformação que se gera em nível micro e macrocósmico, e ao homem em seu processo de integração e transcendência como um dos elementos desse todo.

Duplipensar: depois de termos uma versão de algum evento, consiste em dar outra versão inteiramente oposta. Tente inverter os ditos populares, como fazia Millôr Fernandes: duplipensar. É que existe o unipensar, o pensamento único do subgrupo oficial; a ele se opõe o duplipensar que é a versão do subgrupo antioficial; a terceira versão – triplepensar - seria a do pensamento que inclui um terceiro lado, componente ou jogador.

Ecossistema planetário: é a articulação, em rede tridimensional, de todos os sistemas ou ocupantes do planeta, pois são triadicamente complementares para sua mútua sustentabilidade.

Endomarketing: é uma das ações recomendáveis

quando se quer introduzir uma mudança ou nova ideia numa empresa ou instituição. É o marketing no domínio interno. No domínio externo ou mercado é, simplesmente, marketing ou publicidade.

Energia triádica: é a manifestação da energia em três componentes, como no átomo, ou como nas partículas elementares que Murray Gell-Mann reuniu em conjuntos de três "quarks", pelo que recebeu o Prêmio Nobel de Física. Daí a dedução que o molde da complexidade seja a triadicidade, em arranjos cada vez maiores e mais densos.

Epigênese: é uma nova manifestação brotada da anterior. É o surgimento de um novo ciclo quando ainda não se esgotou o anterior, algo assim como as gerações de pais e filhos.

Eventos disparadores: são aqueles fatos ou as circunstâncias que disparam a irrupção manifesta de um conflito. São o input, estímulo ou a causa de um jogo triádico que se intensificará rumo aos extremos, se não se conseguir mantê-lo num topo mais baixo e menos desastroso, por meio de negociação.

Extrapolação: são exercícios mentais ou simulações de computador que permitem levar uma proposta a desenvolvimentos progressivos para ver que efeito teria.

Faixas de negociação: é a determinação dos campos de negociação, em que se fixam os objetivos a alcançar, os que são negociáveis, e seus limites máximos e mínimos.

Feedback: capacidade de autorregulação ou ajuste e direcionamento de um sistema para corrigir os desvios ou falhas no caminho para alcançar um objetivo. Pode ser um intrafeedback de automodificação; ou interfeedback que é ajustamento às pressões e exigências do ambiente ou de competidores. Está de moda dizer que é preciso ter "resiliência", para quem não domina a teoria de sistemas e o conceito de feedback.

Feeling: sentimento, intuição, impressão, ressonância, captação "direta" de informações sem interferência de cérebro esquerdo, só por estar em sintonia elevada ou profunda com a correnteza dos fatos mais sutis. É próprio do estado mental em ciclagem reduzida.

Fluxograma: sequência de passos ou atividades de um processo, que conduzem à execução de um projeto até alcançar seu objetivo.

Fractalidade ou recorrência: etimologicamente, vem de frações. Todas as formas dos sistemas são como frações de curva que se vão repetindo em diferentes escalas, mas seguindo um mesmo padrão. A teoria da geometria fractal foi desenvolvida pelo matemático Benoît Mandelbrot, baseado na teoria de Einstein (o mundo é curvo e não plano ou de linhas retas, como pensavam os matemáticos gregos, principalmente a geometria de Euclides).

Haraquiri: palavra japonesa que significa suicídio ritual que utilizavam os samurais para evitar perder a honorabilidade ou para resgatá-la.

Heurística: é o conjunto de métodos, técnicas e drogas para estimular a mente na arte de procurar, descobrir, inventar.

Hológrafo: é o referencial global da Cibernética Social, composto pelo conjunto dos referenciais parciais ou menores. Ver **subsistemas.**

Holográfico: relativo a holograma e suas propriedades, como a de que o todo contém a parte, e esta contém o todo. O exame de uma célula do seu cabelo pode dar o diagnóstico de seu estado geral de saúde. A clonação usa o mesmo princípio, partindo de uma célula que reproduz o todo.

Input: é a entrada de recursos ou estímulos num sistema. Ao comprar algo estamos comprando inputs para nossas necessidades ou de alguém.

Insight: é ter a compreensão súbita de algo, numa espécie de estalo, de iluminação mental. Costuma ocorrer em estado mental de ciclagem reduzida (alfa, theta, delta).

Inter, multicausalidade: conjunto de causas que intervêm e determinam a aparição de um acontecimento, como é típico nas ciências sociais. Nas ciências físicas, pode-se trabalhar com uma só causa, variável independente e isolada, atravessando um processo e influenciando uma variável dependente (relação causa-efeito). Em ciências sociais não, porque os fenômenos são muito mais complexos e multivariados.

Isomorfismo: consonância ou correspondência entre teoria e prática, entre o que se diz e o que se faz.

Linguagem sistêmico-triádica: é transmitir uma informação descrevendo o fluxo sistêmico de algo, e expressando a triadicidade que lhe é inerente. Um conflito tem um fluxo sistêmico (estímulo deflagrador-processo-resultados) em torno da disputa de algo entre três participantes (geralmente só se notam os dois na frente da batalha – o lado oficial e o antioficial - esquecendo quem luta para fornecer toda a logística – os oscilantes); e a informação nascida de cada participante vem codificada nos três modos de comunicação ou três linguagens: verbal, não verbal e factual.

Lei da proporcionalidade: uma distribuição tridimensional de satisfatores, cujo fundamento é a lei da média e extrema razão, representada em porcentagens 62% e 38%, aproximadamente, ou pela lei das distribuições de Carl Gauss ou pela série Fibonacci.

Lei matemática da média razão e extrema razão: princípio da composição de sistemas e obras de arte com harmonia e beleza, descoberto por Pitágoras. Muito aplicado à arquitetura e belas artes, determinado pela letra φ que equivale a 1,618 e seu oposto 0.618 (arredondado para 620 ou 62% X 38% ou 60% X 40%).

Mandar sinais: mensagens pela linguagem não verbal ou factual ou pelas entrelinhas da linguagem verbal, indicando algo inconsciente, ou algo que não se quer expressar direta e verbalmente.

Maximocracia: é a propulsão à expansão máxima, como os gases. No caso dos seres humanos e seus subgrupos, é o ímpeto ou aspiração a conquistar tudo e algo mais, deixando os outros na miséria ou na rabeira da história.

Mini-max: é uma lei da própria natureza: economia de meios; ou **mini**mo de investimento e **máx**imo de benefício.

Modo desproporcional: modo de atuar sem limites, maximocrático, individualista e unilateral, resultando em desigualdade e injustiça para os demais que, cedo ou tarde, se insurgirão contra seus autores. Daí os conflitos que, sem a negociação, desencadearão guerras.

Modo Proporcional: modo de atuar com medida, mesura, justiça, solidário com os demais, orientado por princípios da lei da Proporcionalidade.

Monádico (unipensar): modo de pensar unilateral, uniforme, fundamentalista, o único admissível e verdadeiro, como produto de um paradigma que nega a diversidade triádica. Qualquer dos três subgrupos pode ser monádico, mas o monádico mais ferrenho é sempre o subgrupo oficialista, a quem se deve a maioria dos conflitos, das perseguições, dos assassinatos e das guerras, para garantir a perpetuação de seu poder e privilégios.

Multidimensional: relativo às três, quatro ou mais dimensões do espaço.

Níveis de Atuação: é a tradicional divisão de trabalho, agendas ou atividades que, no mínimo, são quatro: execução, supervisão, assessoria e direção (se aparecem menos, é porque alguém está fusionando ou absorvendo dois níveis; uma pessoa solteira exerce os quatro níveis da vida doméstica). São as hierarquias marcadas no organograma de um grupo ou uma instituição ou na carreira de cada um dos 14 subsistemas.

Níveis de Vivência: níveis de ganhos e de desfrute tricerebrais: minivivência, mediovivência, grãvivência e maxivivência. São proporcionais aos níveis de atuação e, inversamente proporcionais ao número dos que integram cada nível. Daí o dito "poucos em cima com muito e muitos embaixo com pouco".

Observatório extraterrestre: imaginar-se bem

alto, longe, fora do planeta, observando e interpretando com o "eu superior" tudo o que acontece "lá embaixo", inclusive nosso outro "eu terrestre". Ser ator e observador ao mesmo tempo.

Operacionalidade: característica de um projeto ou programa de ser levado à realidade, dada a compatibilização entre os 4 fatores operacionais.

Operacionalização dos fluxogramas: resposta a perguntas dos 4 fatores operacionais – espaço, cronologia, personagens, procedimentos – para situar e descrever, tecnicamente e em detalhe, o que fazer em cada etapa de um processo ou fluxograma. Popularmente, é - onde, quando, quem, o que, como, por que, com que meios e resultados.

Output: é o resultado do fluxo sistêmico, iniciado com demanda de inputs que, processados ou transformados, terminam em comportamentos, produtos, oferta e intercâmbio.

Paradigma monádico-cartesiano-oficialista: "cartesiano" porque Descartes foi um dos que propuseram o método científico (o paradigma) de decompor o objeto de estudo em sua unidade última para análise, nas ciências físicas; "oficialista" porque os subgrupos oficiais se auto intitulam escolhidos pelos deuses ou pela evolução para representar o poder, a verdade e a vida. "Cartesiano-monádico-oficialista" são tomados como sinônimos.

PERT (rede PERT): é uma sigla para *Program Evaluation Review Technique* (diversos fluxogramas superpostos) que ficou famoso por ter sido utilizado por Robert MacNamara, secretário de defesa dos EUA.

Prestadio: é quem produz bens e serviços ou satisfatores, em qualquer dos 4 níveis e os presta, oferta, entrega aos usuários dos 4 níveis.

Prestusuário: é contração de prestadio + usuário, porque todos somos prestadios e usuários para e de alguém. Alvin Toffler criou o conceito de *prosumer* ou prossumidor que é contração de Pro(ducer) and (Com)sumer, em linguagem típica da era industrial.

Psicossíntese: é a forma de recompor uma situação diagnosticada em suas partes, para reconstruí-la, mostrando valores e elementos positivos do todo, não só as partes problemáticas.

Recorrência: é a repetição, ou uma nova ocorrência dos mesmos fatos ou comportamentos do passado inconsciente, que se projetam no presente ou futuro, sem que a pessoa se dê conta. Por exemplo, amor à primeira vista é recorrência de nossos amores de infância. O formato sistêmico triádico de tudo é recorrência do formato da energia tri-una. Seria mais apropriado dizer recorrência epigenética, porque a cada lance se agregam ou perdem elementos. Ver **fractalidade**.

Quatro Fatores Operacionais: um referencial gráfico de quatro categorias gerais – espaço, cronologia, personagens, procedimentos - que, antes, se diziam "as perguntas chave" para descrever ou fixar um fato na realidade: onde, quando, quem, como etc. ou os 5 W + H dos norte-americanos da Qualidade Total.

Relativização: não é pensar e aceitar que tudo é relativo, subjetivo, ou que vale tudo. É ver um mesmo sistema ou fato pelos seus três ângulos tricerebrais ou trigrupais, ou pelos 14 subsistemas. São as interfaces, para examinar a complexidade a partir de, pelo menos, três aspectos; ou para comparar o que diriam três observadores, cada um vendo um lado de uma pirâmide triangular em cores diferentes. Um monádico insistiria que a cor do lado que está vendo é a única, enquanto os outros dois discordariam. É uma boa metáfora para a causa dos conflitos: falta de relativização, de ver e considerar o ponto de vista dos outros dois lados.

Resiliência: ter flexibilidade ou jogo de cintura para reagir e adaptar-se, rapidamente, a imprevistos ou pressões circunstanciais.

Satisfatores: novo nome para todos os bens/serviços que satisfazem necessidades. Estas podem ser classificadas pelos 14 subsistemas e seus 4 níveis de vivência, assim como os satisfatores delas. Pode-se começar por uma classificação mais simples, como a dos três cérebros e seus 4 níveis. O problema que se quer corrigir é a medida de tudo pelo aspecto econômico unicamente, que corresponde ao cérebro central; há necessidades e satisfatores para o cérebro esquerdo e direito também.

Série Fibonacci: é a descoberta, pelo matemático Leonardo de Pisa, em 1202, do algoritmo de multiplicação de muitos seres (ele estudou plantas, abelhas, coelhos etc.) que consiste numa progressão em que cada número é o resultado da soma de seus dois anteriores: o, 1, 1, 2, 3, 5, 8, 13, 21$_n$

Simbolosfera: é o conjunto das três culturas cerebrais – racional-numeral, icônica-ficcional, monetarista-comercial - transformadas em símbolos e teorias, no seu mais alto nível de abstração, a partir do nível 1 tricerebral; este é o concreto, biológico, inconsciente, instintivo, o que está ao alcance dos sentidos, é o dia-a-dia, guiado pelo senso comum e, não por teorias. Dizer "simbolosférico" é referir-se à teoria, longe da prática. A correção disso é este ciclo: parte-se da prática para a teorização; desta para a criatividade; e, por esta que é como uma escada, se desce outra vez à prática. É o CCF.

Sinergia: é a canalização e soma de energias que ocorre quando há cooperação entre subgrupos e grupos. Todo fluxo sistêmico consome e dissipa energia (a energia é dissipativa, dizia Illya Prigogine). Mas é melhor usada e "dissipada" na sinergia, quando somada para cooperar, solucionar conflitos, proporcionar ajuda, que quando usada para guerrear. O jogo triádico se alimenta sugando a energia de cada beligerante.

Sistemas-parte: se focalizamos um sistema qualquer, diremos que é tri-uno, ou toto-total. Mas como cada sistema é composição de três que formam um e que cada um é, por sua vez, tri-uno também, para fazer distinção falaremos em sistema toto-parcial ou sistema-parte. Por exemplo, ao analisarmos uma empresa, a tomamos como sistema toto-total, em 14 subsistemas-parte. Se quisermos analisar só o sistema de capacitação da empresa, podemos tomar o subsistema S07-Educação como toto-total e os demais subsistemas como toto-parciais.

Sub-eixo: todo o sistema eixo que atua como central (oficial) de uma profissão ou cidade etc., tem um que atua de antioficial e que, logicamente, é o antioficial, oposto, sendo os demais, oscilantes de um e outro.

Subgrupo Antioficial: é o subgrupo divergente, do contra, heterodoxo, apóstata, que faz oposição. Também se lhe diz subgrupo de liderança natural.

Subgrupo Oficial: é o subgrupo regente, que está no poder político, econômico e sacral (autoridade generalista), ou no poder de qualquer dos 14 subsistemas (autoridade específica e subordinada à autoridade generalista).

Subgrupo Oscilante: é o que está formado por indivíduos neutros, disponíveis, subordinados, passivos, o povo ou a maioria silenciosa e impotente. O rebanho a ser tosquiado.

Subsistemas: qualquer sistema vegetal, animal, humano, comunitário toto-total pode ser descrito em 14 subsistemas ou canais que formam sua estrutura e por onde realizam sua existência. São parte da Teoria da Organização Humana (TOH) de A. R. Müller, que toma a sociedade como "o sistema" (toto-total) composto por 14 subsistemas. Waldemar De Gregori reformulou os 14 subsistemas com operacionais e esferas dinâmicas, acrescentou a teoria sistêmica de Bertalanffy e Wiener, a triadicidade quântica de Gell-Mann, formulou o CCF a partir das neurociências e compôs o Hológrafo. Ver **Hológrafo.**

Teleologização: é colocar-se metas, objetivos, ideais que deem sentido à vida.

Televidência: é "ver" à distância, como telepatia é sintonizar o pensamento de outrem à distância, fenômenos que só se produzem com o cérebro em ciclagem reduzida.

TOH (Teoria de Organização Humana): conjunto dos 14 subsistemas, ideado por A. R. Müller, antropólogo e economista brasileiro, para classificar exaustivamente todos os setores da organização social de comunidades tribais ou urbanas. Waldemar De Gregori a reformulou e inseriu no corpo da Cibernética Social.

Transdisciplinar: é a abordagem de algo por mais de uma ciência ou por meio de muitas ciências e, até, de saberes intuitivos. Quando se diz "supradisciplinar", quer-se informar que os saberes foram reorganizados sem utilizar seus nomes tradicionais e sem admitir que sejam campos independentes e exclusivos.

Uni-triádico: é o fio da meada da complexidade a partir da energia considerada um sistema "uni-triádico": três que formam um e cada qual apenas um de três. Esse seria o molde da energia que se repete como princípio organizador de tudo ao longo da cadeia evolutiva e da formação do ecossistema. Por isso se diz que o cérebro é tri-uno ou uni-triádico, que um grupo é triádico ou tri-uno, que as pessoas são templos de tri-unidades etc. Às vezes, por brevidade, se diz apenas "triádico", mas deve-se subentender "uni-triádico ou tri-uno".

Usuário: é a posição e o papel de quem recebe, usa e consome satisfatores recebidos de quem está na posição e papel de prestadio. Prestadismo é a cadeia de prestadios nos 14 subsistemas, responsável pela produção e oferta de satisfatores tetranivelados; usuarismo é a cadeia de usuários responsável pela demanda e compra dos satisfatores nos 14 subsistemas tetranivelados.

Visão (cosmovisão) diádica ou dialética: é ver tudo como luta de contrários, de facções em disputa com interesses opostos, como fruto de um paradigma mental dual ou diádico. O marxismo consagrou a dialética de base 2, vinda de Hegel. Dialética pode significar "dialógica" ou busca de entendimento mútuo pelo diálogo entre todos, sem indicar o número; por isso, caracterizamos o marxismo como dialética de base 2 ou confronto entre 2 (com o terceiro excluído ou fusionado com um dos dois primeiros).

Visão (cosmovisão) monádica: é ver tudo como um só bloco ou por unidades individuadas e separadas, sem muita relação estrutural entre elas. É mais aplicada nas ciências físicas. Mas os subgrupos oficiais pretendem que seja assim também nas ciências sociais ou na prática política (uma só autoridade), na prática econômica (tudo é dinheiro) e na prática religiosa (único Deus verdadeiro ou uma só religião verdadeira). Com isso, quem sair dessa linha unicista é considerado desordeiro, subversivo, infiel e todos os demais são apenas suporte vital para a fartura e glória dos subgrupos oficiais. A intransigência numa negociação tem, como guia, um paradigma monádico "eu sou mais eu".

Visão (cosmovisão) uni-triádica: é ver tudo como conjuntos ou sistemas com estrutura de três elementos, por imposição da natureza da energia que é uni-triádica. Fala-se, também, em trialética sistêmica ou sistemismo uni-triádico. Na negociação, tudo começa pelo entendimento do jogo triádico em que estão metidos os disputantes: dois deles são sempre os mais visíveis porque um dispara e outro responde, mas tem um terceiro disputante que está nas trincheiras oferecendo suporte aos primeiros: teoria do terceiro incluído. A Cibernética Social está baseada no paradigma uni-triádico.

Vitória de Pirro (pirrônica): é vencer, mas a um

374

custo maior que os ganhos. Refere-se ao rei Pirro que, após uma batalha ganha, teria dito aos seus generais: "com mais uma vitória dessas estarei acabado"!

20 ILUSTRAÇÃO DE NÍVEIS DE CONSUMO SEMANAL

Alemanha US$ 544,31

Estados Unidos US$ 341,98

Japão US$ 317,25

Itália US$ 310

Inglaterra US$ 253

Kuwait US$ 222

México US$ 189

China US$ 155

BIBLIOGRAFIA

BATISTA, S. *Aproximación al concepto del derecho desde la perspectiva triádica. Descripción de su estructura, dinámica y finalidad* (tesis de doctorado). Universidad de Almería, Almería – España, 2004.

BLOG DE MARU CANALES. *Imágenes de Peter Menzel y Faith Aluisio para el libro "Hungry Planet: What the world eats"*.

CASTILLO LEAL, J. A. & PEDROZO AVILÉS, V. J. *Validación del CT – Revelador del cociente cerebral triádico nivel 1, de Gregori*. Bucaramanga (Colombia): Universidad Cooperativa de Colombia, 2007.

COHEN, Herb. *Todo es negociable*. Barcelona: Editorial Planeta, 1980.

DE GREGORI, Waldemar & VOLPATO, Evilásio. *Capital intelectual*. Bogotá: McGraw-Hill, 2002.

DE GREGORI, W. *Cibernética social – um método interdisciplinar das ciências sociais e humanas*. São Paulo: PANCAST, 1984.

_____. *Construção familiar-escolar dos três cérebros*. B. Horizonte: Ed. LUZ, 2002.

_____. *Neuroeducação para o Êxito*. https://books.google.com.br/books/about/Neuroeduca%C3%A7%C3%A3o_para_o_%C3%8Axito.html?id=JtdTDAAAQBAJ&redir_esc=y

DE GREGORI, W. & SANT'ANNA, S. *Proporcionalismo ou caos*. São Paulo: Lorosae, 2000.

FISHER, Roger e URY, William. *Como chegar ao sim*. Rio de Janeiro: Imago Ed., 1994.

MUNDUATE, L., BYRNE, C., DORADO, M. A. El contexto psicosocial de la intervención de terceras partes. En *Revista de psicología del trabajo y de las organizaciones*. Madrid: 1996. Pag. 113-126.

SCHERMERHORN, J., HUNT., J. G., OSBORN, R. N. *Comportamiento organizacional*. Barcelona: Ed. Limusa-Noriega, 2005.

URY, William. *Cómo negociar con personas que adoptan posiciones obstinadas.* Bogotá: Editorial Norma, 1993. WALTON, Richard E. *Conciliación de conflictos interpersonales: Confrontaciones y consultoría de mediadores.* México: Fondo Educativo Interamericano, 1973.

[1] H. Cohen, 1980, "Todo es negociable".

[2] H. Cohen, 1980, "Todo es negociable".

[3] Schermerhorn-Hunt-Osborn. Comportamiento Organizacional, 2004, pág. 387.

[4] Schermerhorn-Hunt-Osborn. Comportamiento Organizacional, 2004, Pág. 387.

[5] Schermerhorn-Hunt-Osborn. Comportamiento Organizacional, 2004, Pág. 387.

[6] Schermerhorn-Hunt-Osborn. Comportamiento Organizacional, 2004, Pág. 388.

[7] Schermerhorn-Hunt-Osborn. Comportamiento Organizacional, 2004, Pág. 388.

[8] Walton. Conciliación de conflictos interpersonales, confrontaciones y consultoría de mediadores. Fondo Educativo Latinoamericano, 1973, pág. 78.

[9] Walton. Conciliación de conflictos interpersonales, Confrontaciones y Consultoría de mediadores. Fondo Educativo Latinoamericano, 1973, pág. 82.

10 Walton. Conciliación de conflictos interpersonales, Confrontaciones y Consultoría de mediadores. Fondo Educativo Latinoamericano, 1973, pág. 77.

[10] Francisca Berrocal, "Gestión del Conflicto y la Negociación" Universidad Politécnica de Madrid, U4/1.

[11] Francisca Berrocal, "Gestión do Conflicto y la Negociación" Universidad Politécnica de Madrid, U4/1.

[12] Francisca Berrocal, "Gestión del Conflicto y la Negociación" Universidad Politécnica de Madrid, U3/10.

[13] Francisca Berrocal, "Gestión del Conflicto y la Negociación" Universidad Politécnica de Madrid, U3/25.

[14] Munduate, Byrne y Dorado. "Psicología social de las Organi-

Prof ALFREDO MARTÍNEZ GONZÁLEZ

zaciones", 1996, Pag. 179.

[15] H. Cohen. "Todo es negociable" Planeta, 1980, Pág. 99.

[16] H. Cohen. "Todo es negociable" Planeta, 1980, Pág. 100.

[17] H. Cohen. "Todo es negociable" Planeta, 1980, Pág. 100 y 101.

[18] H. Cohen. "Todo es negociable" Planeta, 1980, Pág. 101.

[19] H. Cohen. "Todo es negociable" Planeta, 1980, Pág. 101-124.

[20] H. Cohen. "Todo es negociable". Planeta, 1980, Pág. 113.

[21] H. Cohen. "Todo es negociable". Planeta, 1980, Pág. 125.

[22] Resumo tomado de Wikipédia.

[23] Francisca Berrocal. "Gestión del Conflicto y la Negociación" Universidad Politécnica de Madrid.

[24] H. Cohen. "Todo es negociable". Planeta, 1980, Págs. 133-135.

[25] H. Cohen. "Todo es negociable". Planeta, 1980, Pág. 135.

[26] H. Cohen. "Todo es negociable". Planeta, 1980, Pág. 138-162.

[27] Roger Fisher y William Ury. Sí...¡de acuerdo! Bogotá: Ed. Norma, 1985.

[28] Roger Fisher y William Ury. Sí...¡de acuerdo! Bogotá: Ed. Norma, 1985, Pag. 9.

[29] Roger Fisher y William Ury. Sí...¡de acuerdo! Bogotá: Ed. Norma, 1985, Pags. 11-17.

[30] Roger Fisher y William Ury. Sí...¡de acuerdo! Bogotá: Ed. Norma, 1985, Pags. 23-46.

[31] Roger Fisher y William Ury. Sí...¡de acuerdo! Bogotá: Ed. Norma, 1985, Pags. 47-65

[32] Roger Fisher y William Ury,.Sí...¡de acuerdo! Bogotá: Ed. Norma, 1985, Pags. 66-93

[33] Roger Fisher y William Ury. Sí...¡de acuerdo!. Bogotá: Ed. Norma, 1985, Pag. 79.

[34] Roger Fisher y William Ury. Sí...¡de acuerdo! Bogotá: Ed. Norma, 1985, Pags. 95-107.

[35] De Gregori, Waldemar. Cibernética social – um método interdisciplinar das ciências sociais e humanas. São Paulo: Cortez, 1984.

[36] Gregori, Waldemar y Volpato, Evilásio. Capital Intelectual y Ad-

A NEGOCIAÇÃO COM O MODELO DA CIBERNÉTICA SOCIAL

ministración Sistémica. Bogotá, MacGraw-Hill, 2002, Cap. I.

[37] Gregori, Waldemar y Volpato, Evilásio. Capital Intelectual y Administración Sistémica. Bogotá, McGraw-Hill, 2002, Cap. I.

[38] Gregori, Waldemar De. Construção Familiar-escolar dos três cérebros. B. Horizonte: Ed. LUZ, 2001.

[39]Gregori, Waldemar & Volpato, Evilásio. Capital Tricerebral e Administração Sistêmica: https://books.google.com.co/books? id=7GOxBgAAQBAJ.

[40] Gregori, Waldemar & Volpato, Evilásio. Capital Tricerebral e Administração Sistêmica: https://books.google.com.co/books? id=7GOxBgAAQBAJ.

[41] Gregori, Waldemar & Volpato, Evilásio. Capital Tricerebral y Administración Sistémica. Bogotá, McGraw-Hill, 2002, Pág.10,11

[42] Gregori, Waldemar e Volpato, Evilásio. Capital Tricerebral e Administração Sistêmica: https://books.google.com.co/books? id=7GOxBgAAQBAJ.

[43] Gregori, Waldemar y Volpato Evilásio. Capital Intelectual y Administración Sistémica. Bogotá: McGraw-Hill, 2002, Págs.22,23.

[44] Blog de Maru Canales.

[45] Blog de Maru Canales; Imágenes de Peter Menzel y Faith Aluisio para el libro "Hungry Planet: What the world eats.

[46] Gregori, Waldemar y Volpato, Evilásio. Capital Intelectual y Administración Sistémica. Bogotá: McGraw-Hill, 2002, Pág.22.

[47] Gregori, Waldemar y Volpato, Evilásio. Capital Intelectual y Administración Sistémica. Bogotá: McGraw-Hill, 2002, Pág.11.

[48] Tomado de Wikipédia.

[49] Os números de Fibonacci têm interessantes propriedades e são muito utilizados em matemática. As estruturas naturais, como o crescimento de folhas em espiral em algumas árvores, apresentam a forma da sequência Fibonacci. Microsoft ® Encarta ® 2007. © 1993-2006 Microsoft Corporation.

[50]Gregori, W. Proporcionalismo ou Caos: www.youtube.com/watch? v=yotJtAQ-Abg.

[51] "Em qualquer empresa, cedo ou tarde, todo empregado é promovido de uma posição de competência a uma posição de incompetência". Laurence J. Peter y Raymond Hull. O Princípio de

Peter.

[52] Gregori, Waldemar e Volpato, Evilásio. Capital Tricerebral e Administração Sistémica (p. 131): https://books.google.com.co/books?id=7GOxBgAAQBAJ.

[53] Gregori, Waldemar e Volpato, Evilásio. Capital Tricerebral e Administração Sistêmica. Pag. 191: https://books.google.com.co/books?id=7GOxBgAAQBAJ.

[54] Gregori, Waldemar e Volpato, Evilásio. Capital Tricerebral e Administração Sistêmica,Págs. 61-68: https://books.google.com.co/books?id=7GOxBgAAQBAJ.

[55]Gregori, Waldemar & Volpato, Evilásio. Capital Tricerebral e Administração Sistêmica, Pág. 54: https://books.google.com.co/books?id=7GOxBgAAQBAJ.

[56] Berrocal, Francisca. Gestión del Conflicto y la Negociación. Universidad Politécnica de Madrid, U7, pág. 1-34.

[57]Gregori, Waldemar e Volpato, Evilásio. Capital Tricerebral Administração Sistêmica. Pág.5,6: https://books.google.com.co/books?id=7GOxBgAAQBAJ

[58]Berrocal, Francisca. "Gestión del Conflicto y la Negociación" Universidad Politécnica de Madrid, U3/25.

[59] Berrocal, Francisca. "Gestión del Conflicto y la Negociación. Universidad Politécnica de Madrid, U 4/8 – 11.

[60] Ury, William, ¡Supere el no! Cómo negociar con personas que adoptan posiciones obstinadas. Bogotá: Editorial Norma, 1993. Pg. 24.

[61] Berrocal, Francisca. Gestión del Conflicto y la Negociación, Universidad Politécnica de Madrid, U 8.

[62] Berrocal, Francisca. Gestión del Conflicto y la Negociación, Universidad Politécnica de Madrid, U 8 Pag.23.

[63] Berrocal, Francisca. Gestión del Conflicto y la Negociación. Universidad Politécnica de Madrid, U 8 Pag. 19.

[64] Berrocal, Francisca. Gestión del Conflicto y la Negociación. Uni-

versidad Politécnica de Madrid, U 8 Pag.19.

[65] Gregori, Waldemar & Volpato, Evilásio. Capital Intelectual y Administración Sistémica. Bogotá, Mac Graw Hill, 2002, Pág. 109.

[66] Berrocal, Francisca. Gestión del Conflicto y la Negociación. Universidad Politécnica de Madrid, U 9 Pag. 1.

[67] Berrocal, Francisca. Gestión del Conflicto y la Negociación. Universidad Politécnica de Madrid, U 9 Pag.10 y 11.

[68] Gregori, Waldemar & Volpato, Evilásio. Capital Intelectual y Administración Sistémica. Bogotá, Mac Graw Hill, 2002, Pág.115.

[69] Gregori, Waldemar & Volpato, Evilásio. Capital Intelectual y Administración Sistémica. Bogotá, Mac Graw Hill, 2002, Pág. 124-126.

[70] Berrocal, Francisca. Gestión del Conflicto y la Negociación, Universidad Politécnica de Madrid, U 9 Pag.14 -16.

[71] Gregori, Waldemar e Volpato, Evilásio. Capital Tricerebral e Administração Sistêmica. Pág. 229: https://books.google.com.co/books?id=7GOxBgAAQBAJ

[72] Gregori, Waldemar e Volpato, Evilásio. Capital Tricerebral e Administração Sistêmica Pág. 171: https://books.google.com.co/books?id=7GOxBgAAQBAJ

[73] Gregori, Waldemar y Volpato, Evilásio. Capital Intelectual y Administração Sistémica. Bogotá, MacGraw-Hill, 2002, Pág. 131.

[74] Gregori, Waldemar e Volpato, Evilásio. Capital Tricerebral e Administração Sistêmica. Pág. 206: https://books.google.com.co/books?id=7GOxBgAAQBAJ.

[75] Gregori, Waldemar e Volpato, Evilásio. Capital Tricerebral e Administração Sistêmica. Pág. 224: https://books.google.com.co/books?id=7GOxBgAAQBAJ.

www.ingramcontent.com/pod-product-compliance
Lightning Source LLC
Chambersburg PA
CBHW072129170526
45158CB00004BA/1304